21세기 군사동맹론

Military Alliances in the Twenty-First Century (1st Edition)
by Alexander Lanoszka

Military Alliances in the Twenty-First Century

21세기 군사동맹론

알렉산더 라노츠카 지음 ㅣ **박동철** 옮김

이 책은 군사동맹을 형성부터 종료까지 전반적으로 다룬다. 핵과 미사일로 무장한 북한, 위협적인 모습으로 굴기한 중국, 수정주의 러시아에 둘러싸인 우리에게 한미군사동맹은 여전히 안보의 초석이다. 오늘날 한국은 우방국들과 정보협력을 강화하고 나토(NATO)가 주관하는 사이버 연합 군사훈련에 참가하는 등 안보의 외연을 넓혀가고 있다. 이 점에서 21세기 세계의 군사동맹을 개관하고 기존 통설을 검증하는 이 책은 학계와 실무진에 유용한 기본서가 될 것이다.

한울
아카데미

차례

옮긴이의 말

이 책(원제: *Military Alliances in the Twenty-First Century*)을 쓴 알렉산더 라노츠카(Alexander Lanoszka)는 캐나다 온타리오주 소재 워털루 대학교에서 국제관계학 조교수로 재직 중이며, 국제안보 분야에서 활발하게 활동하고 있는 소장 학자다. 그는 2018년 출간된 첫 저서『핵 보장: 핵 확산의 동맹정치(Atomic Assurance: The Alliance Politics of Nuclear Proliferation)』에서 핵확산과 관련된 군사동맹 문제를 탐구했고 이 책에서는 군사동맹을 그 형성부터 종료까지 전반적으로 다루었다.

핵과 미사일로 무장한 북한, 위협적인 모습으로 굴기한 중국, 수정주의 러시아 등 주변 환경이 바뀌지 않는 한, 한미군사동맹은 여전히 우리 안보의 초석이다. 나아가 우리는 우방국과 정보협력을 강화하면서 나토[North Atlantic Treaty Organization(NATO), 북대서양조약기구]가 주관하는 '사이버 연합(Cyber Coalition)' 군사훈련에 참가하는 등 안보의 외연을 확대하고 있다. 이 점에서 21세기 세계의 군사동맹을 개관하고 기존 통설을 검증하는 이 책이 학계와 실무진에 유용한 기본서가 될 것으로 본다. 끝으로, 가치 출판을 지향하는 한울엠플러스(주)의 출간 결정과 편집진의 수고에 감사드린다.

2023년 7월 박동철

감사의 말

이 책을 쓰는 필자는 분명히 거장들의 업적을 딛고 서 있다. 필자는 폴 슈뢰더(Paul Schroeder), 글렌 스나이더(Glenn Snyder), 퍼트리샤 위츠먼(Patricia Weitsman) 등을 만난 적이 없고 불행히도 앞으로도 만날 수 없을 것이다. 그러나 이 책에서 그들이 언급되지 않더라도 그들의 영향은 도처에 스며 있다. 그들이 함께 이룩한 학문적 성과는 필자에게 영감과 통찰력을 제공해 준 풍부한 원천이었다. 이 책이 동맹정치에 관해 여러 분야의 탐구를 종합하고 있지만, 궁극적으로 그것은 그들의 선구적 연구에 대해 감사하는 필자의 마음을 조금이나마 표시하는 것이다.

필자가 큰 빚을 진 루이즈 나이트(Louise Knight)는 맨 먼저 이 책에 대한 아이디어를 제시하고 필자가 주장하고 싶은 것을 숙고하도록 독려했다. 그녀 없이는 이 책도 분명히 나오지 않았을 것이다. 필자는 이 책을 쓰는 내내 큰 도움을 받았다. 이네스 박스먼(Inès Boxman)은 책을 검토하고 출판하는 전 과정을 감독했다. 조던 코헨(Jordan Cohen)은 각 장의 초안에 대해 탁월한 논평을 제공했다. 브래들리 실베스터(Bradley Sylvestre)는 연구조수 역할을 훌륭하게 수행했다. 필자는 이 책을 코로나 팬데믹 기간에 집필했기 때문에 완성된 초고에 대한 가상 워크숍을 조직했다. 조던 코헨, 캐서린 엘긴(Katherine Elgin), 매슈 페이(Matthew Fay), 그리고 마이클 헌제커(Michael Hunzeker)가 예리하고 탁월한 논평을 제공한 덕분에 필자가 논지를 명료하게 다듬게 되었다. 또한 휴고 마이어(Hugo Meijer)와 루이스 시몽(Luis Simón)이 초고의 여러 부분에 대해 제공한 논평에도 감사드린다. 익명의 두 독자가 중요한 약점을 지적하고 그 치유 방안을 제시한 것이 큰 도움이 되었다. 역시 다년간에 걸쳐 필자는 프린스턴 대학교, MIT, 다트머스 대학교, 런던 금융가, 런던 대학교, 워털루 대학교 등의 여러 교수와 스승, 친구들로부터 많은 지혜와 지식을 흡수했다. 그들은 이 책에서 탐구한 이슈와 관련해 대립적 견해와 사상을 다양하게 제시했다. 그렇긴 해도, 최종 산물에 포함된 모든 오류와 부적절함은 전적으로 필자의 책임이다.

끝으로, 필자는 이 프로젝트에 대해 지원과 열의를 아끼지 않은 아내 에마뉘엘 리셰(Emmanuelle Richez)에게 감사하고 싶다. 아내는 때때로 ("잡소리"라고 부른) 필자의 식탁 장광설을 참아냈다. 또한 이 책의 저술은 우리 아들 맥시밀리언(Maximilien)이 이 미친 세상에 태어나 보낸 첫해와 겹쳤다. 이 책을 그에게 헌정한다. 우리 아들의 탄생과 팬데믹, 저술이 시기적으로 일치한 것은 거의 전적으로 우연이다. 그토록 긴 시간 동안의 효과적인 봉쇄가 낯설었지만, 우리는 아들 덕분에 아주 잘 버텨냈다.

캐나다 온타리오주 윈저(Windsor)에서

도표 차례

표

그림

서론

　21세기 세 번째 10년대에 들어선 지금에는 흔한 일이지만, 동맹정치가 또다시 수많은 뉴스 헤드라인의 토대가 된 것이 정확히 언제였는지는 찾기 힘들 것 같다. 직감적으로 일부 독자는 2016년을 가리킬지도 모르겠는데, 그해 영국 유권자들이 유럽연합(European Union, EU) 탈퇴를 선택하고 미국 유권자들은 도널드 트럼프(Donald J. Trump)를 차기 대통령으로 선출했다. 이 두 사건은 양국에서 다자협력에 대한 깊은 환멸을 드러냈는데, 역사적으로 다자협력은 이른바 규칙 기반의 자유주의 국제질서를 뒷받침하는 초석이었다. 트럼프가 오랜 조약 파트너들의 경제정책이나 군사지출에 대해 들이받음으로써 미국에 우호적인 각국 정부들이 깜짝 놀랐다. 그럼에도 혹자는 2013년 3월 14일부터 2014년 3월 18일에 이르는 12개월 기간을 가리킬 수도 있을 것이다. 그 첫 일자는 시진핑이 중화인민공화국의 종신 주석이 된 날인데, 동아시아의 미국 파트너들 간에 시진핑의 독재적 리더십하에 전개될 중국의 대외정책 방향을 둘러싸고 새삼 우려가 촉발되었다. 그 마지막 일자에는 크림공화국의 러시아 가입 조약이 체결되었는데, 이로써 1945년 이후 처음으로 유럽에서 영토 병합이 공식화되었다. 러시아의 서쪽 인접 국들이 깜짝 놀란 것은 당연하다. 그들은 자신들도 곧 군사 공격의 대상이 될 것이라고 두려워했으며 따라서 미국의 보호를 바라보게 되었다. 적어도 미국 주도의 동맹에 관한 한, 그 12개월을 획정하는 두 사건이 불안감을 키웠으며 2016년의 운명적인 투표 결과는 그 불안감을 더욱 증폭시켰다.

2008년은 미국이 전 세계 군사동맹을 어떻게 관리할 것인지와 관련해 분수령이 된 해임이 거의 틀림없는데, 당시에는 이를 깨달은 사람이 거의 없었다. 여기서 고려할 첫 번째 주요 사건이 루마니아 수도 부쿠레슈티에서 발생했는데, 나토의 26개 전 회원국 지도자들이 그 도시에 모여 동맹의 미래를 논의했다. 핵심 의제 하나가 조지아와 우크라이나에 대해 '회원국 행동계획(Membership Action Plans, MAPs)'을 적용할 것인지 여부였는데, 그 조치가 승인되면 양국이 정회원국이 되는 길을 밟게 될 것이었다. 조지 W. 부시(George W. Bush)가 영도하는 미국이 양국의 나토 가입을 강력하게 옹호했다. 조지아와 우크라이나가 미국의 지지를 얻은 것은 큰 성과였다. 어쨌든, 폴란드와 라트비아 같은 다른 중유럽 국가도 주로 미국 덕분에 1990년대에 나토 회원국이 될 수 있었다. 그러나 워싱턴이 나토 확대를 꾸준히 추진한 기록이 있음에도 불구하고 이번에는 달랐다. 부쿠레슈티 정상회의에서 프랑스와 독일이 미국의 제안에 반기를 들었다. 그 부분적인 이유는 프랑스와 독일이 그 국가들의 나토 가입에 반대하는 러시아의 반감을 사고 싶지 않았기 때문이었다. 나토는 전원일치로 의사를 결정하기 때문에 결국 조지아와 우크라이나는 그토록 열망했던 '회원국 행동계획'을 거부당했다. 몇 달이 지나 그해 8월에 조지아가 러시아와 짧은 전쟁을 치렀다. 그 한 달 뒤에는 당시 우크라이나의 친서방 집권 연정이 무너졌다.

2008년의 두 번째 주요 사건은 금융 붕괴였다. 정말이지 그해 9월 중순 주요 투자은행인 리먼브라더스(Lehman Brothers)의 파산 선언은 이미 2007년 초부터 서브프라임 모기지 시장이 흔들리면서 부글거리던 위기의 정점을 찍었다. 그렇지만 그 특정 은행의 파산으로 주식시장의 큰 손실이 촉발되고 미국 내의 다른 여러 중요 금융기관도 파탄이 났다. 미국의 실업률이 수십 년 만의 최고 수준으로 치솟고 상품과 서비스 생산이 급감했다. 위기가 확산되어 유럽과 아시아 시장에도 타격을 입혔으며 대공황 이후 가장 심각한 위기로 발전했다. 미국을 덮친 금융위기로 인해 이제 초강대국이 비틀거리며 쇠퇴하는 것처럼 보이니까 중국이 대외정책상 이익을 더욱더 적극적으로 주장할 기회가 생겼다는 조지프 나이(Joseph Nye, 2011)의 의견까지 나왔다. 미국 경제를 활성화하기에는 너무 많은 부가 증발한 반면에 너무 많은 부채가 발생함으로써 미국이 국제 공약을 유지할 수 있을지 여부를 묻는 사람들이 많았다. 위기의 여파로 인해 일부 안보 분석가들은 미국이 국내문제에 집중하기 위해 동맹국에 대한 군사지원을 중단하는 긴축이 필요하다고 주장했다. 그들은 미국의 동맹국들이 자국 방위를 지탱할 수 있을 만큼 충분히 튼튼하다고 주장했다(MacDonald and Parent, 2018; Posen, 2014 참조).

세 번째 사건은 2008년 11월 미국 대선에서 민주당 후보 버락 오바마(Barack Obama)가 당선된 것이었다. 오바마 후보는 부시 대통령이 이라크에서 인기 없는 전쟁을 벌임으로써 2001년 9월 11일 공격 이후 그의 행정부가 받은 국제사회의 호의를 대부분 낭비했다고 주장하면서 미국의 세계 지위를 정비하겠다고 공약했다. 오바마는 러시아 같은 국가들과 다시 어울리겠다는 쪽으로 언급하면서, 미국의 군사동맹과 동반자관계에 대해서는 핵확산부터 테러리즘에 이르기까지 위협을 처리할 수 있도록 재건하자고 요구했다. 그는 또한 아프가니스탄에서 나토 주도의 작전을 되살리겠다고 약속했다. 그러나 오바마 대통령이 유럽 지도자들과 회동하고 베를린 군중 앞에서 주요 대외정책 추진 방향에 관해 연설했음에도 불구하고 그의 의제는 주로 국내를 지향했다. 그는 의료 혜택 확대를 주창했으며 금융위기가 한창일 때는 시장 안정, 일자리 창출 및 조세 개혁을 집중 강조했다. 그의 대선 승리에 뒤이어 낙관론이 팽배했지만, 금융위기로 초래된 경제적 타격은 미국이 그의 임기 중 내부 지향적이 될 것임을 시사했다. 세계 자본주의가 큰 곤경에 처하자, 오바마는 기업에 대해 "미국산 구매(Buy American)"를 요구하는 보호무역주의 조치를 수용하는 한편, 무역협정의 재협상을 다짐하면서 세계 자유무역에 대해 회의론을 피력했다.

이 책에서 탐구하는 동맹정치의 기본 주제가 모두 2008년 한 해에 일어난 사건과 관련되어 있다. 그 사건들의 파급 영향은 현재에도 미치고 있다. 미국이 나토를 더욱 확대해 새로운 공식 동맹관계를 형성(form)하려고 했지만, 러시아와의 원하지 않는 분쟁으로 옭히는 것(entrapped)을 두려워한 오랜 동맹국 일부에 의해 거부당했다. 심각한 경제위기의 여진 속에서 동맹국들은 미국이 자신들에 대한 공약을 약화시킬지 모른다고 우려하기 시작했으며 나아가 유기(abandonment) 우려까지 나타냈다. 정말이지 나중에 오바마 행정부의 일부 관리들, 특히 로버트 게이츠(Robert Gates) 국방부 장관이 미국의 동맹국들을 향해 무임승차를 꾸짖고 보다 공평한 부담분담(burden-sharing)을 요구했다. 게이츠가 토로한 실망감의 일부는 미국의 아프가니스탄 경험에서 비롯되었는데, 나토가 임무를 주도한 그곳에서 미국의 병력이 더 많았을 뿐만 아니라 유럽 동맹국들은 자국군의 군사적 효과성을 억제하는 단서를 달기도 했다. 이라크전쟁과 아프가니스탄전쟁은 미국 동맹국과 협력국의 일부만이 참가한 연합 전쟁(warfare)의 본보기였다. 그러나 2008년 금융위기로 초래된 지정학적 변화는 미국이 일부 동맹을 더 이상 지원할 능력이나 의사가 없다면 그런 동맹은 결국 끝날 수 있음을 시사했다. 물론 오바마 행정부 때 정말로 폐기될 위험이 있었던 동맹은 없었다. 그러나 그러한 공약이 얼마나 지속될 수 있을지 그리고 일부 동맹이 종료(terminated)되어야 하는지 여부는 점차 논란의 대상이 되었다.

이러한 관찰의 또 다른 시사점은 이러한 이슈가 2016년 트럼프가 대통령이 되기 전에 또는 2013~2014년 중국의 자기주장과 러시아의 공세에 대한 우려가 돌출하기 전에도 팔팔하게 살아 있었다는 점이다. 트럼프는 첫 대선 운동 기간에 나토를 "한물간" 것으로 치부하고, 미국이 방위지출 공약을 이행하지 않은 동맹국들은 돕지 않을 것임을 시사했다. 그는 핵무기를 획득하려는 한국과 일본의 노력을 묵인할 수도 있음을 시사했는데, 이는 조약 동맹국들에게 수십 년 동안 견지한 미국의 핵 비확산 정책과 배치되는 것이었다. 대통령이 되어서도 동맹 관리에 관한 그의 접근법은 조금도 누그러지지 않았다. 트럼프 대통령은 워싱턴조약(Washington Treaty, 일명 북대서양조약) 제5조 ─ 나토 회원국 하나에 대한 공격은 모두에 대한 공격이라고 규정함 ─ 에 대해 실제로 기회가 주어질 경우 지지하지 않겠다고 콕 집어서 말했다. 그는 유럽 동맹국들과 일본을 상대로 무역전쟁을 개시했으며, 캐나다와 한국을 상대로 자유무역협정을 재협상하면서 주요한 경제제재를 가하겠다고 협박했다 ─ 모두 미국의 오랜 동맹국이다. 그는 나토 회원국들이 자신들의 공정한 몫을 지불하지 않는다고 거듭 맹공격했다. 트럼프 행정부는 한국 내 미군 기지의 지위와 재원을 둘러싼 회담에서 한국 측에 엄청난 금액을 요구했다. 러시아·북한과 협상을 타결하려는 트럼프의 욕망이 그 주변에 위치한 동맹국들을 불안하게 만들었는데, 그들을 희생시키는 대타협이 이루어질 것이라는 우려가 팽배했다.

이에 따라 트럼프 대통령 임기 중에 미국 군사동맹의 종말이 임박한 것 같다는 결론이 나올 법했다. 그가 2020년에 재선되었더라면 아마도 그런 일이 정말로 일어났을 것이다. 결코 장담할 수는 없더라도 지난 10년의 기록에 비추어 볼 때, 오늘날 동맹 관리에서 숱하게 많이 나타나는 다수의 난제가 이전에 나타난 것이라는 대안적 평가가 가능하다. 트럼프주의(Tumpism)가 어쩌면 백미러에 보이더라도 그 난제들은 미래에도 존속할 것이라고 말해도 좋다. 앞으로 이 책에서 보겠지만, 때때로 이들 문제는 냉전 시대와 같은 과거에 훨씬 더 심각했으며 유럽에서 양차 세계대전 사이의 역사적 시대에도 그랬다. 동맹정치에서 마찰은 불가피한바, 특히 상대가 새로운 위협과 도전을 제기할 때 그렇다. 정책결정자들은 과거에 그런 도전에 직면해 일부 성공을 거둘 수 있었던 것처럼 또다시 그럴 태세에 있다. 겉보기와는 달리, 미국의 동맹공약 대부분은 종말이 임박한 것이 아니다. 무임승차 동맹국에 대한 온갖 독설에도 불구하고, 사실 미국은 트럼프의 임기 중에 유럽에 대한 군사공약을 강화했는데, 독일과 폴란드 주둔군을 늘렸다. 트럼프는 집권 말기에 유럽에 주둔한 미군의 태세를 재조정하려고 했음에도 불구하고, 어떤 조약 동맹국에서도 주된 병력을 감축하지 않았다(Lanoszka and Simón, 2021). 트럼프 행정부 때 미국은 새로운 조약 동맹국을 얻었다. 즉, 몬테네그로와 북마케도니아가 각각 2017년과 2020년에 나토에 가입했다.

그렇긴 해도 2008년 사건들에서 보았듯이 현재 진행되고 있는 세계정치의 변화를 보면, 한편으로는 유럽과 동아시아에서 미국의 안전보장 확약에, 그리고 다른 한편으로는 중국이나 러시아를 포함한 군사협력 관계에 중요한 조정이 이루어질 조짐이 보인다. 이러한 변화는 트럼프, 블라디미르 푸틴(Vladimir Putin), 시진핑 등과 같은 어느 한 지도자의 개성이나 수사(rhetoric) 문제로 축소될 수 없다. 오히려 이러한 변화는 국제환경의 변환을 반영하는바, 그 변환의 특징으로는 중국의 부상과 러시아의 악행 외에도 한때 최첨단이었던 기술의 성숙과 확산, 사이버 활동과 역정보 공작의 악의적 사용 등을 들 수 있다. 사실 이러한 변화는 트럼프가 대선 출마를 선언하기 몇 년 전에 이미 시작되었으며 미래에도 계속 전개될 것이다. 결국 동맹정치를 일반적으로 특징짓는 것은 엇갈리는 지정학적 이해관계, 공약의 결과에 대한 우려, 그리고 오늘날의 기술적 맥락에서 부담분담 논쟁이다. 트럼프의 후임자 조지프 바이든(Joseph Biden)이 끊임없이 미국의 군사동맹에 대해 호의적으로 발언했음에도, 이러한 이슈들이 앞으로의 동맹정치 전개를 규정할 것이다. 각국이 코로나 팬데믹의 경제적·정치적 여파에 시달림에 따라 그 팬데믹이 이러한 추세를 가속화할 수 있을 것이다.

이 책의 논지

동맹정치는 앞으로도 꾸준히 국제문제의 한 축을 이룰 것이다. 그러나 이 책에서 주장하듯이 그 이유는 군사동맹이 종종 놀랍고 반직관적이며 이해하기 힘든 방식으로 작동한다는 데 있다. 그 이유를 알기 위해 동맹협정이 처음 협상될 때부터 종국적인 종말을 맞을 때까지 그 동맹이 어떻게 기능하고 어떻게 기능해야 하는지에 관해 학자와 실무자들이 흔히 주장하는 다음의 표준적 주장을 검토해 보자. 필자는 다음의 논의에서 그러한 통설은 무엇이며 왜 문제가 있는지 개관하는 의미에서 이 책의 각 장에서 전개되는 논점을 미리 제시한다.

통설 1: 각국은 세력균형을 위해 또는 타국에 대한 영향력을 갖기 위해 동맹을 형성한다.

각국이 안보 도전에 직면해 세력을 모으기 위해 또는 타국에 대한 영향력을 갖기 위해 군사동맹을 형성한다는 데 동의하는 관찰자들이 많다. 때로는 두 동기가 모두 작용한다. 동맹 형성에 관한 이 원론적 이해는 직관적이고 파악하기 쉽지만 논의할 여지가 많다.

그러나 제1장에서 보듯이, 세력균형과 영향력 추구가 동맹 형성의 특정한 경우를 추동할 수 있다고 하더라도 이러한 설명은 불충분할 뿐이며 각국이 군사동맹에 동의할 필요조건을 밝히지도 못한다. 정말이지 이러한 설명은 얼마나 많은 동맹이 실제로 형성될지를 과도하게 예측하는 경향이 있다. 가장 중요한 것으로, 조약으로 문서화된 동맹을 갖는 것이 적대국에 대한 세력균형을 위해 또는 잠재적 동맹국에 대한 영향력 투사를 위해 도대체 왜 필요한지 불분명하다.

동맹공약을 문서화하면, 모순으로 보이는 두 가지 전략적인 과업이 성취된다. 그 과업 중 하나는 조약 당사국들이 특정 안보 도전에 대응함에 있어 중대한 이해관계를 공유한다는 것을 국내외에 알리는 것이다. 또 다른 과업은 당사국들이 조약상의 책무가 발동되는 조건을 일부러 모호하게 함으로써 동맹국과 적대국이 모두 정확히 무엇이 주된 방어 조치를 촉발하는지 모르게 만드는 것이다. 이러한 모호성은 조약 동맹들의 이해관계가 비슷하지만 동일하지는 않다는 부분적 이유에서 중요하다. 공통점과 마찬가지로 차이점도 문서화된 공약의 필요성을 추동한다. 조약에 힘입어 각국은 억지력 증강을 위해 공약을 입증하는 것과 동맹국과 적대국이 모두 종잡을 수 없도록 충분한 모호성을 확보하는 것 사이에서 보다 효과적으로 난제를 처리할 수 있게 된다.

이는 다시 훨씬 더 많은 군사협력을 위한 길을 틀 수 있는데, 그 이유는 각국이 안보관계(security relationship) 투자에 대해 더욱 편안해지기 때문이다. 그럼에도 일부 공조사항(alignments)이 문서화된 공약 수준으로 오르지 못하는 것은 각국 간의 차이점이 공통점을 압도하기 때문이다.

통설 2: 동맹 딜레마는 모든 군사동맹이 지닌 근본적 문제다.

학자와 관찰자들은 전쟁 가능성에 대비한 공약 수립에는 날카로운 상충관계가 수반한다는 것을 강조하기 위해 이른바 동맹 딜레마를 자주 언급한다. 동맹국에 광범위한 군사공약을 제공하는 국가는 그 수혜국이 대담해져서 전보다 더 공세적인 대외정책을 취하고 나아가 모종의 원하지 않는 전쟁 리스크를 높일지 모른다고 우려할 수 있다. 그러나 그러한 이른바 옭힘 리스크를 상쇄하기 위해 군사공약을 약화시킨다면, 수혜국은 동맹국들로부터 유기당해 적대국의 약탈 대상이 될 것이라는 두려움에 빠질 수 있다. 그래서 옭힘과 유기는 동전의 양면이며 정책결정자들이 동맹을 설계하고 관리할 때 부딪치는 심각한 상충관계다.

동맹 딜레마는 얼마나 심각한가? 제2장과 제3장에서 옭힘과 유기 이슈를 각각 탐구해 이 딜레마는 진정한 딜레마가 아니라는 논지를 세운다. 여기에 거론된 문제는 오히려 다루기 쉬우며, 모든 동맹에 고질적인 문제가 아닌 것은 확실하다. 제2장에서 실재하는 옭힘 리스크의 여러 근원을 살펴보고 동맹국들이 그 리스크를 완화하기 위해 어떤 전략을 채택할 수 있는지 언급한다. 동맹조약 자체, 공격·방어 균형과 양극성 같은 시스템 요인, 평판에 대한 집착, 초국가적 이념 네트워크 등이 그 근원이 될 수 있다. 때때로 이런 리스크 요인들은 서로 보완할 수도 있고 상쇄할 수도 있다. 옭힘이 경험적으로 드물기는 하지만, 역사 기록에 의하면 정책결정자들은 진정으로 옭힘을 걱정한다. 그러나 그들이 옭힘을 심각하게 여기기 때문에 옭힘은 자기부정의 예언이 된다. 유기 우려와 관련해, 군사적 역량을 갖춘 적대국에 대응해 방위 지원을 받을 것이라고 합리적으로 확신하는 국가는 없다. 제3장은 외부 위협에 직면해 유기 우려는 정상이지만 그런 우려의 강도가 높아져 각국이 중립주의나 핵확산을 고려하게 되는 경우는 좀처럼 없다고 설명한다. 제3장은 유기 우려의 강도에 영향을 미칠 수 있는 요인을 살펴보고 각국이 동맹국들에게 그들의 안보 우려에 유념하고 있음을 확신시키기 위해 어떤 재확약 조치를 취하는지 논의한다.

동맹 딜레마는 처리할 수단이 있기 때문에 말처럼 그리 쉽게 표출되지 않는다는 것이 제2장과 제3장을 아우르는 핵심이다. 그 딜레마가 함축하는 상충관계도 항상 존재하는 것이 아니다. 때때로 각국은 적대국에 대응해 정치적 이해관계에 따라 서로 공조하기 때문에 동맹정책을 결정할 때 그런 난제에 직면하지도 않는다. 일부 관찰자들이 현대적 형태의 전복(subversion)에 대처하기 위해 필요하다고 주장하는 어떤 조치는 동맹국의 우려 불식과 관련해 불필요할 수 있으며 반생산적일 수도 있다.

통설 3: 미국의 동맹국들은 공동방위 부담의 공정한 분담을 위해 더 기여해야 한다.

트럼프 대통령은 유럽과 동아시아 동맹국들이 자국 군대에 충분히 지출하지 않고, 따라서 집단방위 부담에서 자국 몫을 다하지 않는다고 자주 책망했다. 그는 나토 회원국들이 2014년에 약속한 대로 국내총생산(GDP)의 2퍼센트를 방위비로 지출하도록 압박하면서 유기 위협으로 협박했다. 그러나 역대 미국 대통령 가운데 트럼프가 독특한 것은 그의 어조였다. 그의 전임자들 다수가 미국의 동맹국들이 더 공평한 부담을 위해 더 기여할 수 있다고 불평했었다. 냉전 기간의 미국 대통령들은 동맹국들이 미흡하다고 보고 짜증을 냈다. 이러한 동맹 비판론은 오랫동안 회자되었지만, 그런 불평이 최근 들어 득세한 것은 미국이 예전처럼 강력하지 않기 때문이다.

그러나 대체로 재정적 근거에 따른 오늘날의 부담분담 논쟁은 대부분이 잘못된 전제를 갖고 있다. 그것은 동맹국들이 더 공평한 방식으로 공동방위 부담에 기여할 수 있을 것이라는 가정이다. 이는 합리적으로 들리지만, 실제로는 무엇을 의미하는가? 제4장의 설명을 보면, 부담분담 논쟁이 제일 먼저 발생한 부분적 이유는 어떻게 군사동맹이 오래 존속하게 되었는지에 있는바, 이러한 존속은 핵무기에 비추어 전쟁 자체의 대가가 너무 커진 데 따른 결과다. 결정적인 것으로, 군사기술의 발전이 방위지출과 관련해 모순된 유인을 창출한다. 한편으로는, 무기 플랫폼이 더욱 정교해지고 복잡해짐에 따라 각국은 자국 군대가 경쟁국이나 심지어 동맹국보다 뒤지지 않도록 지속적인 장기 투자를 필요로 한다. 다른 한편으로는, 핵 억지력이 군사적 분쟁의 개연성을 줄이는데, 이는 다시 각국의 방위지출 의지를 감퇴시킨다. 어떤 국가는 재래식 군사력 지출이 핵전쟁의 개연성을 높인다고 생각할 수도 있다. 억지력이라는 공동선과 방위지출 간의 관계는 적어도 단선적이지 않다. 방위 기여를 평가하기 위한 공동의 한계치는 ― 나토가 사용하는 2퍼센트 지침에서처럼 ― 타당성이 거의 없다.

통설 4: 군사동맹은 역량을 총합하며 따라서 회원국들이 안보 도전에 더욱 효과적으로 대처하게 만든다.

동맹을 형성하는 하나의 동기는 공유하는 위협에 대응해 균형을 잡는 것이라는 표준적 주장이 앞에서 언급되었다. 이 주장은 각국이 무언가 보유한 동맹국들과 합심한다면 더욱더 효과적으로 안보 도전을 물리칠 수 있다는 것을 함축한다.

이 견해는 그럴듯하지만 기껏해야 불완전하다는 것이 제5장의 주장이다. 오늘날의 동맹은 전부는 아니라도 대부분이 전쟁을 방지하기 위해 존재한다. 그러나 제2차 세계대전 종전 이후 미국이 (또는 소련/러시아가) 주도한 동맹 가운데 주적과 직접 싸운 동맹이 없다. 사실 동맹은 일반적으로 전쟁을 하지 않는다. 연합과 같은 임시 약정이 전쟁을 한다. 그리고 전쟁을 하거나 다국적 군사작전을 전개할 때, 조약 동맹국들은 흔히 (대개 동일하지는 않지만) 공동의 목표를 이루기 위해 비조약국을 파트너로 삼아 연합에 참가시킨다. 각국이 그런 작전에 참가하는 동기는 다양한데, 특히 동맹 자체의 책무가 당장의 작전과 직접적인 관련이 없을 때 그렇다. 게다가 역량총합이 군사적 효과성을 보장하지는 않는다. 우리는 동맹이 역량을 모으는 역할을 한다고, 즉 군사력과 회원국이 더 많을수록 동맹이 더 효과적이고 성공적으로 대적할 것이라고 생각할 수 있다. 그러나 전략적·조직적·기술적 요인들이 일련의 문제를 야기함으로써 다자 군사작전을 원하는 대로 성공시킬 수 있는 연합의 능력을 저해할 수 있다. 그렇긴 해도 군사동맹은 자체적으로 추진하는 합동군사연습과 표준화를 통해 더욱 효과적인 전투 조직이 될 수 있다. 그러나 단순히 역량을 총합하기 때문에 그렇게 되는 것은 아니다.

통설 5: 군사동맹은 그 출현을 초래한 전략적 환경이 유지되는 동안만 유용할 뿐이다.

현실주의 학파 지지자들은 군사동맹이 그 동맹을 낳은 전략적 필요와 비례해 존재한다고 (또는 적어도 존재해야 한다고) 주장한다. 앞서 언급한 첫 번째 표준적 주장을 재검토해 보자. 이유야 무엇이든 각국이 특정 위협에 대해 균형을 취하거나 타국에 대해 영향력을 가질 필요가 없다면, 그런 이해관계 증진을 위해 설립된 군사동맹은 존속을 멈추어야 한다.

하지만 군사동맹은 여러 가지 이유로 종료될 수 있다. 제6장은 역사적으로 동맹조약들이 어떻게 종료 조건을 스스로 규정했는지 논의하면서 역사상 동맹들이 어떻게 종료되었는지 — 당초의 임무 완수, 군사적 패배, 몰락, 일방적 파기, 변환 등 — 개관한다. 제6장의 핵심적 관찰은 동맹을 수립하도록 각국을 추동하는 요인이 왜 동맹이 종식을 맞이하는지를 설명하는 요인과 거의 일치하지 않는다는 것이다. 동맹 창설을 자극하는 전략적 필요가 때로는 그 동맹보다 오래간다. 동맹이 구체적 필요와 전략적 환경의 함수로서 존재할 뿐이라는 견해는 다소 규범적인 견해다. 그 견해는 경험적으로 발생하는 사건을 서술하지 않는다.

* * *

요컨대, 이 책은 표준적 주장을 면밀히 검토하고 비판론을 제기하면서 독자들에게 군사동맹에 관해 한 가지 요점을 각인시키려고 한다. 즉, 이러한 조직은 설명하기 쉽지 않으며 종종 너무 수수께끼 같아서 미국의 군사동맹이 — 또는 여하한 타 동맹이 — 때때로 역기능적으로 보일 수 있는 것은 놀랄 일이 아니다. 각국은 조약에 자신들의 정치적·군사적 공약을 성문화할 때 자신들의 의도를 명시하는 동시에 행동으로 옮길 상황에 대해서는 모호함을 유지하려고 한다. 지도자들은 동맹국의 무모한 행동 때문에 자국이 원하지 않는 분란에 끌려들어 가는 것을 두려워한다. 그러나 지도자들이 그런 걱정을 하기 때문에 그 두려움이 현실이 되는 경우는 별로 없다. 동맹국에 의한 유기를 우려하는 것은 자연스럽고 합리적이지만, 이런 우려가 일국의 외교·국방 정책을 대폭 개편시킬 정도로 고조되는 일은 좀처럼 없다. 이는 능숙한 동맹 관리 덕분이기도 할 것이다. 부담분담 논쟁이 냉전 개시 이후의 동맹 내 토론을 지배했지만, 그런 논쟁은 틀림없이 핵 억지력 덕분에 동맹이 과거보다 훨씬 더 오래 존속한 결과의 일부다. 핵 억지력은 각국의 군사 지출 의욕을 꺾을 수 있다. 물론 각국이 평시 억지와 전시 우세를 위해 군사역량을 — 고르게 증강하지는 않더라도 — 궁극적으로 증강하지만, 다국적 군사공세가 동맹의 전체 회원국을 포함하지 않는 경우가 많다. 다국적 공세는 흔히 비동맹국을 포함하는데, 이 때문에 혹자는 도대체 왜 공식적 동맹을 애써 보유하려는지 물을 수 있다. 왜 각국이 우선적으로 군사동맹 형성에 동의하는지를 설명하는 요인은 왜 동맹이 종료에 이르는지에 관해 별다른 해명을 주지 않는다. 모순이 도처에 있다.

군사동맹의 정의

이런 논의를 더욱 세밀하게 구체화하기에 앞서 중대한 문제가 남아 있다. 즉, 군사동맹이란 정확히 무엇인가? 이 문제가 현혹될 정도로 단순하게 보이는 것은 특히 뉴스 매체가 광범위한 안보장치 — 예를 들어 나토가 있고 미국이 이스라엘, 사우디아라비아, 파키스탄과 같은 국가와 쌍무적으로 맺은 동반자관계, 중국과 러시아 사이에 싹트고 있는 협력 등을 포함함 — 를 묘사하기 위해 그 용어를 자주 인용하기 때문이다. 그리고 정말로 일부 학자는 그런 관계가 동맹을 구성한다는 데 동의한다. 마이클 바넷과 잭 레비(Michael Barnett and Jack Levy, 1991: 370)가 내린 정의에 의하면, 동맹이란 "가장 넓은 의미로 보면, 둘 이상의 국가 사이에 장래 일정 조건하에서 안보 이슈에 관해 일정 수준의 정책조정을 상호 기대하는 공식적 또는 비공식적 안보협력 관계를 가리킨다". 스티븐 월트(Stephen Walt, 1987: 12)가 동맹에 관한 중요한 저술에서 비슷하게 내린 정의에 의하면, 동맹이란 "둘 이상의 주권국가 간 안보협력을 위한 공식적 또는 비공식적 장치다". 이처럼 학자들은 온갖 방식으로 동맹의 수를 셌기 때문에 그 실제 수효에 관해 혼란을 일으키고 사과를 엉뚱하게 오렌지와 비교하는 위험을 안았다. 예를 들어 미라 랩-후퍼(Mira Rapp-Hooper, 2020: 17)의 기술에 의하면, 2020년 기준으로 미국의 동맹국은 37개국이다. 그러나 그녀는 이스라엘과 파키스탄(양국은 미국과의 공식적인 방위협정이 없음)을 셈에 넣고, 일반적으로 리우조약(Rio Pact)으로 불리는 미주상호원조조약(Inter-American Treaty of Reciprocal Assistance, 관념적으로 미국과의 공식적인 방위협정이 포함됨) 당사국들은 제외한다.

이 책의 목적상, 필자는 보다 제한적인 정의를 채택한다. 구체적으로 필자는 군사동맹을 적어도 하나의 공동 목표를 향해 군사정책을 조정한다는 취지의 성문 조약을 기초로 해 둘 이상의 주권국가 간에 마련된 장치(arrangement)라고 정의한다. 이 정의에는 상술을 요하는 여러 구성 요소가 들어 있다.

첫째, 오직 주권국가만 군사동맹을 보유한다. 주권은 당연히 다의적 개념이다. 대내외 정책 면에서 완전히 자주적인 국가는 거의 없는데,

이는 각국이 사법권 일부를 국제기구에 위임하든지 의사결정 일부를 더 강력한 국가에 종속시키기(또는 둘 다) 때문이다(Krasner, 1999). 하지만 현대적 맥락에서 볼 때, 일국이 국제기구에서 대표권을 가지고 있고 가장 중요하게는 다른 국가들에 의해 국가로서 승인을 받고 있다면 적어도 명목상으로는 주권국가다. 물론 폭력적인 비국가행위자가 상식적인 의미의 동맹을 갖기 위해 국가 또는 다른 비국가행위자와 공조할 수 있다(Tamm, 2016; Grynaviski, 2015 참조). 가장 유명한 공식 사례는 프랑스왕국과 미국 13개 주가 미국독립전쟁 기간에 체결한 1778년 동맹조약이다. 이 사례에도 불구하고, 그런 관계는 흔히 임시적이며 나중에 보듯이 군사동맹을 구성하는 다른 핵심 요소를 결여한다. 그렇긴 해도 주권국가는 초국가적 운동에서 비롯되는 위협에 대응하기 위해 군사동맹을 형성할 수 있고 또 형성해 왔다.

둘째, 군사동맹은 어떤 성문 조약에 기반한다. 이 특징은 필자가 이 책에서 사용하는 정의에 대단히 중요하다. 조약은 상호관계를 제약하는 게임 규칙을 개술하며 그 명료성(또는 혹자가 말하는 모호성)의 수준이 다양하다. 조약은 약속과 책무를 명시하고 때로는 각 조항이 발동되거나 발동되지 않을 조건을 열거하기도 한다. 성문화된 공약이 모두 비슷하지는 않다. 나토의 경우처럼 상호 간의 책무를 규정한 상호방위조약이 동맹을 구성할 수 있지만, 미·일동맹의 경우처럼 안보조약이 단순히 일방적인 책무를 수반할 수도 있다. 미국은 태국의 동맹국인데, 설립 조약인 동남아시아집단방위조약[Southeast Asia Collective Defense Treaty, 일반적으로 마닐라조약(Manila Pact)으로 불림]이 만든 다자기구가 1977년 해체되었는데도 그렇다. 마닐라조약 외에 1962년 타낫·러스크(Thanat-Rusk) 공동성명과 2012년 태국·미국 방위동맹을 위한 공동비전성명이 현재 양국 간 안보 동반자관계의 토대다.

필자는 성문 조약의 존재가 중요함을 강조함으로써 바넷, 레비, 월트 등 다른 학자들의 저술에 포함된 비공식 동반자관계나 공조를 제외한다. 또한 필자는 이른바 "편의동맹(alliances of convenience)", 즉 긴급한 안보 도전을 처리하기 위해 적대국들이 비공식적으로 협력하는 경우(Resnick, 2010/11)를 다루지 않는다. 필자는 여러 가지 근거에서 편의동맹을 제외할 만하다고 본다. 동맹을 정의할 때 비공식(즉, 비조약) 장치와 공식(즉, 조약) 장치를 모두 포함하면 우호적 외교와 적극적 군사 동반자관계 간의 구분이 흐려진다. 우리가 애정 관계를 논할 때 연애와 결혼을 구분하는 것은 그 둘이 수반하는 기대와 책무가 다르기 때문이다. 우리는 국제 안보협력에 관해서도 비슷한 구분을 해야 한다. 공조와 동맹을 호환성 있게 다루면 개념 정립에서 불필요한 어려움이 따른다. 즉, 조약이 없을 경우 얼마나 많은 공조가 있어야 군사동맹으로서 자격이 생기는가? 이 질문에 대한 답은 자명하지 않다. 필자는 군사동맹의 공식 체결을 강조함으로써 이런 어려움을 피한다. 그럼에도 불구하고 필자는 필자의 결정으로 다른 문제가 야기될 수 있음을 알고 있다. 미국은 나토를 통해 북마케도니아의 조약 동맹국이지만 이스라엘이나 사우디아라비아의 조약 동맹국은 아니다. 현재 중국과 러시아 사이에는 역사상 일부 조약 동맹국들의 군사협력보다 더 많은 군사협력이 이루어지고 있음이 거의 틀림없다. 호주, 인도, 일본, 미국을 포함하는 4자 안보대화, 즉 쿼드(Quadrilateral Security Dialogue, Quad)는 다시 활성화되었어도 문서화된 안보 보증에 기반하지 않기 때문에 동맹으로서는 자격 미달이다. 그렇다면 왜 이처럼 전략적으로 보다 중요한 관계를 분석에서 제외하는가? 그런 국가들이 아무리 긴밀하게 공조하는 것처럼 보이더라도 군이 조약을 체결하지 않는 것은 동맹으로 생길 수 있는 문제를 피하려는 의도적인 선택이라고 설명하면 현재로서는 족하다.

셋째, 군사동맹은 주로 군사정책의 조정에 중점을 둔다. 이 점은 사족처럼 보이나 강조할 필요가 있는 것이 각국이 서로 협력하는 이슈가 광범위하기 때문이다. 경제 영역을 보자면, 각국은 관세동맹, 화폐동맹 등 여러 유형의 경제동맹 외에도 자유(또는 특혜)무역지대, 공동시장 등을 형성할 수 있다. 또한 각국은 인권 증진, 환경보호, 사회개발 등에 집중하는 국제기구에도 참여할 수 있다. 그러나 이들 국제기구가 모두 군사동맹으로서 자격 미달인 것은 군사정책 ─ 구체적으로 말하면, 제3자에 대한 동적·치명적 무력 사용과 관련된 계획과 결정 ─ 을 조정하는 것과 무관하기 때문이다. 그러므로 유럽연합 회원국 다수가 나토에 소속되어 있어도 미국은 공식적으로 말해 유럽연합의 군사동맹국이 아니다. 물론 군사동맹도 때로는 그 헌장에 비군사적 조항이 들어 있다. 나토 설립 문서, 즉 워싱턴조약 제2조는 회원국들이 "자유 제도를 강화함으로써 평화롭고 우호적인 국제관계 증진에 기여하며 상호 간에 경제 협동을 촉진"한다고 규정한다(NATO, 2019). 그렇긴 하지만 비군사적 목표는 흔히 열망을 나타내며 대개는 다른 협력 방식 ─ 예컨대 나토 회원국의 경우 유럽연합, 세계무역기구(World Trade Organization, WTO), 국제통화기금(International Monetary Fund, IMF) 등 ─ 을 통해 추진된다. 나토의 내부 논의는 주로 소련이 서유럽, 북미, 동지중해 등을 타격할 경우에 대비한 방어 기획과 전쟁 준비를 중심으로 했다. 한 학자는 제2조가 "냉전 기간에 사문화"되었다고까지 기술했다(Haglund, 1997: 469). 그럼에도 불구하고 군사동맹의 업무가 오로지 고강도 위협에만 집중될 필요는 없다. 나토는 대테러, 방위 부문 개혁, 반확산, 해적 퇴치, 정보 협력, 민간 비상사태 기획 등도 다룬다.

끝으로 넷째, 동맹은 회원국들이 어떤 공동의 안보 목표를 성취하려고 애쓰는 수단이다. 동맹의 목적은 방어적일 수도 있고 공격적일 수도 있다. 방어적 동맹은 적을 상대로 전쟁을 방지하고 회원국의 영토 보전과 정치적 자주성을 유지하는 역할을 한다. 반면에 공격적 동맹은 역사적으로 매우 드물며 따라서 이 책에서 방어적 동맹보다 훨씬 덜 다루어진다. 군사동맹은 회원국들이 모든 점에 합의할 것을 요하지 않음을 유념하자. 사실, 각국이 서로 다른 이해관계를 가지고 있고 종종 이견을 보인다는 바로 그 이유 때문에 이 책에서 논의되는 동맹 관리 이슈가 존재하는 것이다. 한 회원국 때문에 동맹이 위태로울수록 다툼이 커진다. 정말이지 각국은 핵심적으로 중요한 군사 이슈에 대해 폭넓게 합의하기 때문에 동맹을 형성하지만, 나중에 보듯이 의견 충돌을 관리하기 위해서도 동맹을 형성한다.

따라서 군사동맹은 다른 유형의 안보협력과 구별된다. 불행히도, 계량적 연구를 위해 동맹에 관한 자료를 수집하려는 데이터 세트 다수가 흔히 연합, 불가침조약, 화약 등을 군사동맹과 함께 끌어모은다(Wilkins, 2012: 57). 이런 장치들이 포함되어서는 안 된다. 연합(coalition)은 임시적이며 대개 전시에 구체적인 군사작전이나 임무를 둘러싸고 결성되는데, 다만 각국이 군사동맹에 의거해 연합을 결성할 때가 더러 있다. 불가침조약(Nonaggression pacts)은 각국이 서로 공격하지 않겠다고 약속하는 것인데, 한 당사국이 제3자의 공격을 받으면 지원하겠다는 약속을 포함하지 않는다. '양해'를 뜻하는 불어에서 온 화약(和約, entente)은 조약 기반이 없기 때문에 "동맹보다 제휴에 훨씬 더 가까우며", 우호적인 형태의 지정학적 공조로 이해할 수 있다(Kann, 1976: 616). 군사동맹은 "협조체제(concert)"도 아닌바, 협조체제는 "협상을 통해 갈등을 조정해 평화와 질서를 유지하는 것"을 강조한다(Snyder, 1997: 368). 협조체제도 상호보호 규정을 포함할 수 있지만, 19세기의 전형적 사례인

표 1 2021년 기준 활동 중인 군사동맹

미국이 참여하는 동맹	호주·뉴질랜드·미국 안전보장(ANZUS) 조약
	미주상호원조조약(미국 외 16개국)
	대한민국·미국 상호방위조약
	필리핀·미국 상호방위조약
	나토(미국 외 29개국)
	미국·일본 상호협력 및 안전보장 조약
	태국·미국 방위동맹
중국이 참여하는 동맹	중국·북한 상호원조 및 우호협력 조약
러시아가 참여하는 동맹	집단안보조약기구(러시아 외 5개국)

유럽협조체제(Concert of Europe)가 보여주듯이 서로를 동맹국은 고사하고 꼭 우방국으로 보지도 않는 국가들 간의 상호관계를 흔히 규율한다(Slantchev, 2005: 579).

이 책의 구성

이 책은 현시대의 군사동맹 정치에 관한 책이다. 이론적 엄격성과 역사적 감수성을 결합시키면서 동맹 관리와 관련해 주요한 실무 문제와 정책 논의를 다룰 것이다. 앞서 밝힌 대로 제1장은 왜 각국이 군사동맹을 수립하는지를 탐구한다. 제2장은 옭힘 이슈를 다루는 반면 제3장은 유기에 중점을 둔다. 제4장과 제5장은 동맹의 부담분담 논쟁과 연합의 전투 수행을 각각 다룬다. 제6장은 동맹 종료를 논한다. 결론에서는 이 책의 논지를 개괄하고 파트너 국가의 전향적 움직임을 확보하기 어려운 점과 군사동맹의 가치에 대해 최종적으로 고찰한다. 〈표 1〉이 보여주듯 2021년 기준 대부분의 동맹이 미국을 포함하기에 이 책이 주로 다루는 것은 미국이 주도하는 동맹이다. 중국·북한 동맹과 러시아 주도의 집단안보조약기구(Collective Security Treaty Organization, CSTO)와 같이 미국을 제외한 동맹을 검토하고, 러시아·중국 동맹 등 새로운 동맹에 대한 전망도 살필 것이다. 역사 기록에서 다수의 사례, 특히 19세기 말과 20세기 초에 독일이 오스트리아·헝가리와 맺은 동맹, 양차 세계대전 사이에 프랑스가 중유럽 제국과 맺은 동맹, 냉전 시대의 바르샤바조약, 북한이 소련과 맺은 동맹 등을 인용할 것이다.

제1장

동맹 형성

각국은 왜 군사동맹을 수립하는가? 한동안 이 질문은 더 이상 정책 관련성이 없는 것으로 보였고 따라서 역사적 흥미를 유발할 뿐이었다. 부시 행정부가 유럽 7개국의 나토 가입을 감독했겠지만 조지아와 우크라이나를 궁극적으로 회원국으로 가는 확실한 길에 올려놓는 시도에는 실패했다. 가장 중요한 것으로, 부시의 리더십하에서 미국은 이라크에 대해 군사공세를 펼치기 위해 '의지의 연합(coalition of the willing)'을 결성하는 방안을 선택했다. 나토가 아프가니스탄에서 전개한 임무에서 일부 국가는 자국 군대의 사용에 대해 단서를 달았으며 이는 다른 파트너 국가의 실망과 개탄을 불렀다. 2009년 심각한 세계경제 위기 속에 버락 오바마가 백악관에 입성하면서 군사동맹은 너무 융통성과 실용성이 없어진 도구처럼 보였다.

느슨해진 안보장치가 흔하게 되었다. 토머스 윌킨스(Thomas Wilkins, 2012: 54)는 "제1차 세계대전 이전과 냉전 패러다임에 기반한 공식 군사동맹은 이제 더 이상 안보협력 동맹의 표준형이 아니"라고 단언했다. 브뤼노 테르트레(Bruno Tertrais, 2004: 139)는 "영구적인 다자동맹은 점차 과거사로 보인"다고 명쾌하게 언급했다. 그의 견해에 따르면, 미국의 동맹국 다수가 미국의 리더십을 경계하게 되었으며 반면에 미국 자신도 동맹을 예전보다 훨씬 더 부담스럽게 여기게 되었다. 라잔 메논 (Rajan Menon, 2003: 16)은 더 나아가 양자동맹이든 다자동맹이든 "동맹의 종언"을 선언했다. 그는 "미국이 그 역사에서 대부분의 기간 동안 따랐던 패턴으로 되돌아갈 것인바, 고정된 장기 동맹 없이 세계를 경영하고 일단의 파트너들과 협력을 추구할 것"이라고 주장했다. 이러한 정서를 반영해 스티븐 월트(2009: 137~138)는 세계 패권을 잡고 있는 워싱턴이 "자신의 레버리지와 행동의 자유를 극대화하는 임시 연합, 신축적인 전개 및 양자협정에 더 많이 의존할 것 같다"라고 서술했다. 이와 비슷하게 파라그 카나(Parag Khanna, 2008: 324)는 이제 각국이 "동맹이 아닌 공조의 세계에서" 움직인다고 보았다.

그렇다 하더라도, 이런 발언이 나온 지 겨우 10년밖에 안 되었을 무렵 군사동맹이 부흥하기 시작했다. 허드슨 연구소의 세스 크롭시(Seth Cropsey, 2020)는 세력이 커지는 중국에 대응해 지역방위를 제고하기 위해 "미국·대만 동맹을 강화"하자고 주장했다. 중국이 러시아와 "동맹을 맺기 직전"이라고 주장하는 학자가 적어도 한 명은 있다(Korolev, 2019). 2020년 봄에 호주와 인도는 일국이 타국의 군사적 여력(military balance)을 이용하도록 허용하는 상호병참지원협정을 체결했는데, 이것은 앞으로 양국이 군사 교류·연습을 늘릴 것이라는 신호다. 이미 인도·태평양 지역 전역에 걸쳐 종래 군사협력을 피했던 국가들 사이에 다양한 형태의 안보관계가 나타났는데, 이는 중국의 부상과 그에 따른 도전을 관리하는 것을 목표로 해 새로운 방위조약이 형성될 수도 있음을 시사한다(Simón et al., 2011). 동맹 형성(Formation)보다는 확대 사례라고 인정되지만, 몬테네그로와 북마케도니아가 2017년과 2020년에 각각 나토에 가입함으로써 미국은 조약 동맹국 명단에 2개국을 새로이 보탰다. 실로 러시아가 우크라이나의 크림공화국을 병합함으로써 제기된 안보 도전이 나토를 소생시켰다. 일부 동맹 학자들은 어떻게 나토가 중국에 대해 균형을 맞추는 데 기여할 수 있을지를 언급했다(Moller and Rynning, 2021: 185). 런던과 워싱턴이 유럽 등지에서 위협에 대처하기 위해 20세기에 '특별관계'를 가졌다고 본다면, 국제문제의 무게중심이 인도·태평양으로 이동함에 따라 도쿄와 워싱턴이 양국 간 안보조약을 토대로 21세기에 '특별관계'를 가질 수도 있을 것이다.

표준적 견해에 의하면, 각국은 상호배타적이 아닌 적어도 두 가지 이유에서 군사동맹을 수립한다. 첫 번째 이유로 각국은 흔히 직면하는 위협에 대해 균형을 맞추고 싶어 한다. 두 번째 이유는 강한 국가가 동맹관계를 타국에 대한 영향력을 확대하는 수단으로 쓴다는 것이다. 이것은 비대칭적 동맹에 특별히 해당될 텐데, 이는 적어도 한 회원국이 군사적·경제적 역량에서 타 회원국보다 월등한 경우다. 이러한 장치에서는 강한 국가가 약한 파트너로부터 핵심적 양보를 끌어낼 수 있다.

그러나 이 장에서 설명하듯이, 동맹 형성에 관한 이러한 표준적 주장에는 세 가지 문제점이 있다. 첫째, 위협을 근거로 하는 주장이 각국이 동맹을 형성하는 이유를 강력하게 설명하지만, 위협 인지의 공유가 항상 공식 동맹으로 이어지지는 않는다는 단순한 이유 때문에 우리가 아는 패턴을 설명하는 데는 여전히 불충분하다. 체계적으로 각국을 동맹 체결로 이끄는 요인은 아예 없는데, 그 부분적 이유는 동맹에 대가가 따르기 때문이다. 때로는 각국이 잠재적 동맹국의 논란 대상이 되고 싶지 않을 수 있다. 둘째, 기존의 견해는 강대국이 조약에 의해 약소국으로부터 받아낼 수 있는 양보를 과장한다. 셋째, 동맹 형성에 관한 앞서의 설명은 왜 성문화된 동맹조약이 균형 유지나 양보 획득과 같은 목적을 성취하는 데 사실상 필요조건이 되는지를 설명하지 못한다. 서명된 동맹조약은 단지 공약 조건을 정의하는 것뿐 아니라 역설적으로 조약 문언에 일정 수준의 모호성을 담기 위해서도 바람직하다는 것이 이 장의 논지다. 동맹조약은 확실성과 모호성 사이의 난제를 처리하며, 그래서 당사국들이 원할 경우에는 더욱 편안하게 군사협력을 심화할 수 있는 것이다.

불확실성, 폭력, 정치적 차이

각국은 왜 동맹을 수립하는지에 관해 논의하려면 국제정치에 관한 적어도 세 가지 관찰부터 시작해야 한다. 첫째, 무정부상태(anarchy)의 국제환경에서 각국이 군사동맹을 형성하고 유지한다는 관찰을 보자. 국가보다 상위의 정부 당국은 존재하지 않는다. 즉, 각국이 이유야 무엇이든 준수할 수밖에 없다고 느끼는 규칙을 만들어 시행할 수 있는 당국은 없다. 따라서 각국은 동맹국이건 적국이건 타국의 의도에 관해 확신하지 못하는데, 이는 상위 당국의 부재로 인해 타국이 무엇을 계획하고 있는지에 관해 믿을 만한 첩보를 입수하기가 더욱 어렵기 때문이다. 세계정치에서의 불확실성 성격(Rathbun, 2007 참조)이나 무정부상태의 의미(Nedal and Nexon, 2019 참조)에 관해 활발한 학구적 논의가 있다. 그러나 어느 정도의 불확실성은 궁극적으로 국제관계에 존재한다는 것이 요점이다.

두 번째, 폭력은 무정부상태에서 가능할 뿐만 아니라 극단적으로는 국가 또는 국가를 다스리는 정치체제의 소멸로 이어질 수 있다는 관찰(Fazal, 2007)을 보자. 이러한 폭력 잠재성이 국제협력에 걸린 판돈(stakes)을 높인다. 일부 국가는 타국의 지원 없이도 대부분의 위협에 대처할 수 있는 충분한 역량을 구사할 수 있을 것이다. 대부분의 국가는 그런 복이 없어서 자신에게 닥친 도전을 다루려면 외부의 지원을 추구해야 할 것이다. 큰 판돈이 걸려 있다는 바로 그 이유 때문에 동맹의 결정이 감정적일 수 있는바, 때로는 공포, 불신, 분노 등에 좌우될 수 있다. 동맹정치에 강한 감정적 차원이 있다는 것이 자동적으로 비합리적 행동을 함축하지는 않는다. 국립공원 방문객은 도중에 배고픈 회색곰을 만나는 것이 마땅히 두려울 것이다. 그러나 그런 위험을 완화하기 위해 어떤 대비를 하는 것은 무엇보다도 더 합리적이다.

세 번째 관찰은 각국이 대외정책 결정에서 증진하고자 하는 이익이 서로 다르다는 것이다. 물론 많은 국가가 영토보전, 대내외 정책을 결정할 자유, 경제적 번영, 국민복지 향상, 위해로부터의 안전 등 똑같은 것을 원한다. 그럼에도 불구하고, 이익이 자주 겹친다는 사실이 각국이 모두 현상유지를 선호하는 성향이 있다거나 현상유지를 똑같이 해석한다는 것을 함축하지 않는다. 각국 지도자들은 어떻게 그러한 공공재를 획득할지에 관해 서로 신념이 충돌할 수 있는데, 일부 지도자는 안보보다 팽창을 중시하면서 현상유지에 적대적일 수 있다(Schweller, 1996: 106~107). 그보다 각국은 똑같은 것들을 중시하더라도 우선순위가 다를 수 있는데, 이 때문에 어느 것이 가장 중요한지를 놓고 불일치가 생긴다. 우리가 천연자원, 시간, 관심 등의 면에서 희소성의 세계에 살기 때문에 각국은 바라는 목표를 성취하기 위해 어떤 역량을 개발할지 그리고 그 역량을 어떻게 사용할지 선택해야 한다. 이러한 이슈들을 더욱 복잡하게 만드는 것이 근대성(modernity) 문제인데, 존 아이켄베리(John Ikenberry, 2010: 14)의 기술에 따르면, 근대성이란 18세기에 시작된 과학, 기술 및 산업주의의 힘에 의해 촉발되어 세계적으로 이루어진 국내사회와 국제사회의 심층적 변모를 가리킨다. 근대성은 각각의 사회와 그 사회를 다스리는 국가들 사이에 개발 수준이 서로 다를 수 있고 따라서 부와 번영을 어떻게 성취할지를 놓고 선호나 생각이 서로 다를 수 있음을 의미한다. 세계의 모든 사회가 점차 서로 연결되더라도 또는 그 까닭에 그러한 불일치가 존재할 수 있다. 이처럼 복잡한 글로벌 시스템에서 어떻게 관계를 설정할지는 논쟁의 대상이 될수 있다. 국제정치란 간단히 말해서 폭력이 가능한 환경에서, 전체의 심판 역할을 할 최고 권위가 없는 환경에서 각국의 이익과 가치가 종종 충돌하는 부분에 관한 것이다.

국제정치에 관한 이러한 세 가지 관찰이 동맹 형성을 추동하는 요인에 관해 하나의 이론을 제시하지는 않는다. 결국 군사동맹은 공격형이거나 아니면 방어형이다. 동맹국 사이에 제3국에 대한 공격을 조율하는 공격형 동맹은 비교적 이해하기 쉽다. 잭 레비(Jack Levy, 1981: 590)의 견해에 의하면, 1815년 이전의 군사동맹은 흔히 공격형이었는데, 그설립 조약이 외부의 군사공격이 없는 경우에도 무력 사용을 요구했다. 적어도 공식 기록에 의하면, 나폴레옹전쟁(1803~1815년) 이후에는 공격형 동맹이 아주 드문 국제정치 조직이 되었다. 그럼에도 랜들 슈웰러(Randall Schweller)에 의하면, 각국은 때때로 이윤 획득을 위해 편승하는바, "자국의 지위를 높일 뿐만 아니라 전리품을 나누기 위해서" 더힘센 국가와 공격형 동맹을 형성한다. 예컨대 1508년 오스트리아, 프랑스, 스페인 지도자들이 베네치아 영토를 나누어 가지려는 의도에서 캉브레동맹(League of Cambrai)으로 뭉쳤다. 1939년 3월 이탈리아의 파시스토 지도자 베니토 무솔리니(Benito Mussolini)가 아돌프 히틀러(Adolf Hitler)에 대한 당초의 거부감을 극복하고 나치 독일과 강철조약(Pact of Steel)을 체결했다. 무솔리니는 그해 가을 독일의 폴란드 침공으로 뒤통수를 맞았지만 1940년 6월 얼마간 지체하다가 프랑스 전투에 참전했다. 각각의 경우 동맹 지도자들은 현상유지가 바람직하지 않으며 동반자관계에 힘입어 상호 만족하는 방향으로의 현상변경이 가능할 것이라는 믿음을 공유했다.

그러나 대다수 군사동맹은 성격상 방어적이다. 그럼에도 방어적 동맹이라는 관념은 부적절한 명칭인데, 그 이유는 방어적 군사동맹의 역할이 방어전을 수행하기보다는 전쟁을 억지하는 것이기 때문이다. 실로 방어적 군사동맹은 확장 억지력을 행사한다. 여기서 억지력이란 군사동맹이 침공 감행 시의 대가가 너무 크다는 것을 적국에 알림으로써 얼마나 전쟁을 방지하는지를 가리킨다. 확장 억지력이란 제3국, 특히 조약 동맹국에 대한 외부의 공격을 방지하고 싶은 수호국에 의해 실행되는 형태의 억지력이다. 방어적 군사동맹은 (확장) 억지력을 작동시키기 위해 잠재적 전쟁에서 이길 것임을 과시할 필요는 없으나, 현상유지에 반대한다고 여겨지는 적국에게 받아들일 수 없는 고통을 가할 정치적 의지, 군사적 역량 및 각오를 가지고 있음을 어떻게든 전해야 한다(Jervis, 1979). 억지력은 현혹될 정도로 단순해 보이는 개념임은 틀림없다. 그저 적국이 공격적으로 행동하지 않았다고 해서 반드시 억지력이 작용했다고 볼 수는 없다. 적국이 결코 공격할 의향이 없을 수도 있는데, 이러한 경우 성공적인 억지력은 착각이 되고 잘못된 긍정이 된다(Lebow and Stein, 1995). 적국의 의도를 알기가 힘들 수 있고 때때로 실재적인 위험을 안고 있는 각국은 지나치게 조심한 결과, 억지력을 높이기 위해 군사동맹 형성과 같은 조치를 취해야 한다고 느낀다. 그리고 끝으로 억지력이 군사적 방어 전략을 가지고 있음을 의미하지는 않는다. 때로는 공세를 취하는 것이 억지력이 실패할 경우에 대가를 부과하는 최선의 방안이다.

위협에 대한 균형 맞추기: 동맹 형성에 관한 고전적 설명

그러나 동맹 형성을 추동하는 위험이란 정확히 무엇인가? 왜 각국이 방어적 군사동맹을 수립하는지에 대한 고전적 설명은 각국이 세력균형을 추구한다는 것이다. 세력균형론에 의하면, 각국은 잠재적 패권국, 즉 우세한 군사적·경제적 역량을 휘두를 것으로 예측되는 국가가 부상해 시스템을 지배하는 것을 방지하기 위해 뭉치는 경향이 있다(Levy, 2004: 37). 군사동맹은 현상유지를 강화하는 데 도움이 되고 따라서 현상유지를 위한 소중한 수단을 제공할 수 있다.

언뜻 보기에 이 주장은 직관적이고 그럴듯하다. 나폴레옹의 프랑스와 나치 독일의 등장으로 압박을 받은 각국은 공동의 명분으로 결속하고 그런 패권 추구를 분쇄하기 위해 서로 역량을 합쳤다. 그러나 자세히 들여다보면, 세력균형 이론은 설명하는 것이 거의 없다. 실증적으로 세계 역사를 보면, 너무나 많은 국가가 라이벌 연합을 패배시킴으로써 지역 시스템을 지배할 수 있었다(Wohlforth et al., 2007). 앞의 사례에서도 패권국을 열망하는 나폴레옹의 프랑스와 나치 독일이 전쟁을 통한 정복을 추진한 이후에도 각국은 그들에 대항하는 강력한 동맹(더 정확히는 군사적 연합)을 형성하지 않았다. 나폴레옹의 프랑스가 영구히 패배할 때까지 일곱 차례 연합이 시도되었다. 비판적으로 보면, 2022년 국제정치의 최강대국 미국은 잠재적 라이벌 중국보다 훨씬 더 많은 동맹을 가지고 있다. 중국의 공식적 조약 동맹국은 북한뿐이다. 세력균형 이론은 가장 단순한 방식으로도 21세기 초의 국제환경을 설명할 수 없다(Brooks and Wohlforth, 2008). 오히려 냉전 종식 이후 미국에 편승하는(또는 더 강한 편에 합류하는) 경우가 미국에 대해 균형을 맞추려는 시도보다 많았다.

그래서 학자들은 동맹 형성을 더 잘 설명하도록 세력균형 이론을 다듬는 시도를 했다. 특히 스티븐 월트(Stephen Walt, 1987: 5)의 주장에 의하면, 각국은 인지된 위협에 근거해 타국을 평가하며 그 위협은 지리, 인지된 적대적 의도, 공격 역량 등을 포함하는 제 요인의 복합체다. 이 주장을 비틀어서 폴 포스트(Paul Poast, 2019)는 전쟁계획들의 호환성과 외부 옵션들(책임 전가, 일방적 행동 또는 제3의 동맹)의 가용성이 동맹 형성을 추동한다고 주장한다. 토머스 크리스텐센(Thomas Christensen)과 잭 스나이더(Jack Snyder)는 지배적인 군사기술상 방어보다 공격이 유리하고 다른 모든 사정이 같다면 각국은 공동의 위협에 대응해 서로 동맹할 가능성이 클 것이라고 상정한다. 그 추론은 단순하다. 방어가 비교적 쉬울 때, 각국은 타국도 인지된 위협에 대응해 싸움을 벌일 수 있다고 생각할 것이다. 그러한 "책임 전가"와 "무임승차" 때문에 동맹이 발생하지 않거나 적어도 매우 약한 동맹이 형성될 것이다. 그러나 공격이 방어보다 쉽다면, 균형이 보다 쉽게 무너질 수 있을 것이다. 그래서 "균형을 유지하고 싸움 결과에 영향을 미치기 위해 정책결정자들은 미리 동맹 결성을 타결하고 처음부터 총력전을 펼쳐야 한다고 생각한다"(1990: 48). 크리스텐센과 스나이더에 의하면, 확실히 그런 명령은 지역적 또는 국제적 맥락에서 강대국이 셋 이상 존재할 때, 즉 다극체제에서 가장 절박하다. 그와 달리 실력이 엇비슷한 강대국이 둘만 있는 양극체제에서는 하나의 동맹국이나 그룹이 균형을 깰 수 없기 때문에 동맹이 실제 전쟁 수행에는 훨씬 덜 중요할 것이다.

군사적 균형의 영향에 관해 개선된 이러한 주장은 바로 비판을 받게 되었다. 포스트의 주장의 문제점은 동맹이란 흔히 그 설립 후 한동안은 실제 전쟁계획에 관해 합의하지 않으며 많은 협상이 이루어진 다음에도 한동안 그렇다는 데 있다. 그렇다면 어떻게 전쟁계획은 동맹 형성을 예견할 수 있으나 실제 동맹은 전쟁계획을 예견할 수 없는가? 나아가 일부 학자는 우리가 무기체계를 공격·방어 2진법으로 깔끔하게 분류할 수 있는지 여부를 문제 삼는다(나중에 옭힘 이론을 논의할 때 다시 살펴볼 것임). 제임스 모로(James Morrow)는 크리스텐센과 스나이더에 대해 반론을 제기하면서 각국은 동맹 수립(즉, 외부적 균형 맞추기)과 자체 군비 확충(즉, 내부적 균형 맞추기) 사이에서 선택할 때 상충관계에 직면한다고 주장한다. 동맹은 일국의 안보 느낌을 비교적 신속하게 제고할 수 있으나, 실제 위기 시에 도울 수도 있고 돕지 않을 수도 있는 장래 동맹국의 협력을 얻기 위해 일정한 이익과 신축성을 희생시키는 대가를 치른다. 일국의 군비 확충은 자체 군사력을 더욱 믿음직하게 만들지만 다른 용도에 쓰일 자원을 전용하는 정치적 비용을 치른다. 각국은 군비와 동맹의 일정한 혼합을 선택함으로써 이러한 상충관계를 관리하는바, 군비나 동맹을 확보하는 비용이 그 편익을 초과하지 않도록 양자 간의 최적화를 도모한다. 이런 비용을 결정하는 것은 대개 국내 정치다(Morrow, 1993: 216). 일국의 군비 획득은 흔히 그 국가가 긴급한 안보 필요를 충족하기 위해 얼마나 많은 것을 사회에서 거둘 수 있는지에 달려 있다. 일반적으로 강대국은 인력과 군사역량을 충분히 동원할 수 있기 때문에 ― 그래서 강대국임 ― 동맹의 필요성이 적다. 약소국의 경우, 군사동맹을 형성하는 데 국내 장애가 존재할 수 있다. 미국에 비해 약소국인 사우디아라비아가 좋은 사례인데, 사회 구성원들 사이에 반미주의가 매우 강해서 그 지도자들이 미국과 동맹조약을 협상하고 싶지 않을 것이다(Pollack, 2003: 37). 동맹과 군비 사이의 그런 상충관계가 존재하는지 여부는 논란의 여지가 있는데, 모로(1993: 214)도 동맹을 맺은 국가들이 이빨 빠진 호랑이가 아님을 인정하고 있으며, 순전히 안보 관점에서 볼 때 군비 없는 동맹은 그리 바람직하지 않을 것이다(Horowitz et al., 2017 참조). 각국이 군비와 동맹 사이에 자원을 합리적으로 배분한다는 명제는 군사조달 활동이 얼마나 문제가 많은 지를 잘 아는 사람들에게는 뜻밖일 것이다(Alic, 2007: 107).

각국이 그런 상충관계에 직면한다는 관념은 군사동맹과 관련한 국내 정치의 중요성을 강조한다. 냉전 기간에 경쟁하는 두 초강대국 ─ 소련과 미국 ─ 이 한쪽 진영에 공산국가들을 모으고 다른 진영에는 반공국가들을 결집해 이데올로기를 바탕으로 군사동맹을 형성한 것은 아마 우연이 아닐 것이다. 한 연구에 의하면, 1945년 이후 민주적이든 독재적이든 정권(regime) 유형이 비슷한 국가들끼리 서로 동맹할 확률이 높다(Lai and Reiter, 2000). 다른 통계적 분석은 동맹 형성과 정권 유형 사이의 상관관계를 밝히는 데 어려움을 겪었는데, 특히 나토와 바르샤바조약기구(Warsaw Treaty Organization)는 역사 기록에서 이례적이었다(Simon and Gartzke, 1996). 나토 자체는 대부분 민주적이었지만 냉전 기간에 비민주국가(1967~1974년 그리스와 여러 시기의 튀르키예)를 포함했다. 그렇지만 서로 다른 정치체제를 가진 국가들이 동맹을 형성하더라도 여전히 국내 정치가 중요할 수 있고 그 문제로 인해 이데올로기가 중요할 수 있다. 냉전 기간에 미국과 동맹한 일부 국가는 민주적이지 않았어도 그 지도자들은 공산주의 팽창과 전복에 관해 두려움을 똑같이 공유했다. 이승만이 그런 지도자였는데, 그는 기질과 방법 면에서 독재적이었지만 한국 대통령이 되기 한참 전에 반공주의 이상을 피력했다(Kraus, 2017: 261~262).

전술한 주장들은 모두 각국이 어떤 외부 위협에 의해 제기된 안보 도전을 관리하는 방안으로서 방어적 군사동맹을 형성한다는 것을 시사하고 있다. 그런 의미에서 월트의 최초 이론의 핵심이 유효하다. 그러나 각국은 때때로 상호 분쟁을 완화하기 위해 동맹을 형성하기도 했다.

폴 슈뢰더(Paul Schroeder, 2004: 196)의 견해에 의하면, "실제의 동맹이 항상 일국의 권력과 안보를 제고하는 데 기여하는 것은 아니며, 동맹국들은 종종 공동의 명분으로 결속하기보다 서로 충돌한다". 퍼트리샤 위츠먼(Patricia Weitsman, 1997: 162~165)은 "묶기(tethering)"라는 용어를 사용해 어떻게 각국이 서로 잠재적 적대관계를 관리하기 위해 동맹을 형성하는지 설명했는데, 각국은 동맹을 통해 장기적으로 더욱 우호적인 관계를 구축하고 싶어 한다. 삼제동맹(League of Three Emperors)의 목적이 바로 그러했다. 1873년부터 1880년까지 독일, 러시아, 오스트리아·헝가리제국이 발칸반도 — 오스트리아와 러시아가 지배권을 다툰 지역 — 에서 삼국의 활동을 조정하려는 부분적 목적을 위해 이 동맹을 활용했다. 정말이지 분쟁이 더욱 일반화될 것이라는 기대는 동맹 형성을 촉진할 것이다. 예를 들어 나토 확대를 보자. 1990년대 초 다수의 관측통들은 냉전 기간에 유럽 대륙에 주둔한 미군과 소련군이 각국의 핵 야심과 인종적 불만을 억제했기 때문에 장차 유럽이 크게 불안정해질 것이라고 예측했다(Mearsheimer, 1990; Lanoszka, 2020b: 453~455 참조). 미국과 중유럽의 일부 정책결정자들은 폴란드 같은 구 공산권 국가들을 나토에 편입시킴으로써 유럽 대륙의 평화 전망을 제고할 것이라고 믿었다. 민·군 관계가 민주적 노선을 따라 진전될 것이라고 믿는 한편, 민족주의 분쟁이 관리되고 위험한 방위정책이 좌절됨으로써 영토보전 규범이 유지될 것이라고 믿었다(Epstein, 2005).

위협에 기반한 주장은 각국이 국내적 또는 초국가적 위협을 다루기 위해 군사동맹을 형성할 가능성을 감안한다. 스티븐 데이비드(Steven David, 1991)는 "전(全)균형 맞추기(omni-balancing)"라는 용어를 도입해 각국이 외부 위협과 내부 위협에 모두 대응해 균형을 맞추는 상황을 묘사한다. 데이비드가 말하는 내부 위협은 외부의 지원이 있을 수도 있고 없을 수도 있는 잠재적 쿠데타 음모자들이나 반란 단체를 의미한다 (1991: 240~241). 그에 의하면, 각국 지도자들은 자국의 이익을 위협할 수 있음에도 내부 위협에 대해 지원을 제공할 수 있는 강국과 공조하기를 선택할 수 있다. 데이비드의 분석이 주로 남반구의 개도국에 초점을 맞추고 있지만, 그의 주장은 유럽의 동맹 패턴을 설명하는 데 도움이 될 수 있다. 삼제동맹이 결성된 이유는 발칸 지역에서 강대국 경쟁을 관리하는 것 외에도 골칫거리 소수민족인 폴란드인들에 대응해 제국 권력을 조정하는 수단을 제공하기 때문이었다. 나토의 창설 동기는 반공국가들을 내부 전복과 변덕스러운 대중으로부터 보호하는 것이었다(Sayle, 2019: 2~7).

양허 끌어내기: 동맹 형성에 관한 또 다른 표준적 설명

동맹 형성을 설명하는 두 번째 통설은 위협 인지를 경시하고 잠재적 동맹국들이 협상 테이블에 올릴 수 있는 군사력의 차이를 중시한다. 앞서 언급된 군비와 동맹 간 상충관계는 강국일수록 자신보다 약한 국가와의 동맹 형성을 더 꺼린다는 것을 확실히 시사하고 있다. 결국 아마도 강국은 충분한 군사력을 사용해 스스로 위협을 이겨낼 수 있을 것이며 적어도 타국에 덜 의존할 것이다. 약한 국가들이 동맹을 형성한다면 그 목적은 최강대국에 대응해 균형을 맞추기 위해 그 동맹을 활용하는 것일 터이다.

그렇지만 앞서 언급했듯이 오늘날 최강대국인 미국이 가장 많은 동맹국을 보유하고 있으며, 동맹들 대부분이 스스로 적국을 억제할 만큼의 충분한 군사력을 결여하고 있다. 사실 현존하는 대부분의 동맹은 비대칭적, 즉 대개 군사력이 한 회원국에 집중되어 있는 동맹이다. 필리핀과 미국 사이의 상호방위조약이 비대칭적 동맹의 한 예이며, 북한과 중국의 동맹은 또 다른 예다. 그럼에도 이런 협정은 알쏭달쏭하다. 이들 약한 동맹국은 더 강한 후원국에 의한 지배가 두렵지도 않은가? 강대국은 왜 훨씬 더 약한 국가와 동맹을 맺는가? — 그 약소국이 또 다른 강대국으로부터 자신을 방어할 수 없다면 전쟁 발발 시 채무가 될 텐데도 말이다. 그 강대국이 자국 안보의 궁극적인 원천으로서 핵 무기고에 의존할 수 있다면 그런 동반자관계는 불필요하지 않은가?

이 모든 질문에 대한 하나의 간단한 답은 비대칭적 동맹이 흔히 호혜적 흥정을 반영한다는 것인바, 그 흥정에 의해 강대국과 약소국은 이익이 겹치는 부분 외에 서로 다른 편익을 추구한다. 강대국의 안보가 약소국보다 더 튼튼하다는 점을 감안하자. 약소국은 자주성을 가지고 있겠지만, 상대적 군사력이 약하기 때문에 특정 위협에 대해서는 안전하지 않다. 그래서 제임스 모로(James Morrow) 같은 학자는 강대국이 약소국의 자주성을 축소시키는 정책적 양허(policy concession)를 대가로 그 약소국에 자국 안보의 일부를 매각한다고 주장한다(1991: 914). 이런 양허는 군사기지 제공, 전력 투사에 유용한 전략적 요충지 제공 등을 포함할 수 있다. 강대국은 약소국의 대내외 정책을 결정할 권리까지 얻을 수 있을 것이다. 또는 강대국이 동맹조약의 문구와 내용을 결정하는 데 더 큰 역할을 할 수도 있을 것이다(Johnson, 2015). — 다음 장에서 옭힘을 논의할 때 재론한다. 약소국이 받는 반대급부는 이데올로기 때문이든 군사적 이유에서든 훨씬 더 두려운 제3국에 대해 보장받는 안전이다. 위협 인지의 공유가 동반자관계의 기초를 제공하지만, 약소국 쪽의 자주성 상실은 거래를 성사시킨다.

이 견해는 얼마나 정확한가? 일견 꽤 타당성이 있어 보인다. 미국은 냉전 기간의 어느 시점에서 가장 중요한 모든 조약 동맹국 — 캐나다, 프랑스, 독일, 이탈리아, 일본, 한국, 영국 — 내에 군사기지를 보유하거나 군사자산을 전진 배치했다. 일부 동맹국이 국내 정치적 격변기에 미군을 축출하거나 적어도 기지협정 조건을 변경하려고 시도한 경우가 있었지만, 미국은 여전히 다수의 동맹국 내에 대규모 군대를 주둔시키고 있다(Cooley, 2008). 더구나 워싱턴과 모스크바는 냉전 기간 때때로 동맹국들 내정에 개입했는데, 가장 극적인 일화는 소련 진영 내에서 발생했다. 1956년 헝가리혁명에 소련이 개입하고 1968년 프라하의 봄을 바르샤바조약기구가 진압한 것이 생각난다. 반면에 1950년대와 1960년대 미국 정보공동체는 일본 정치를 지배하게 될 자민당에 은밀히 자금을 댔으며 이후 줄곧 그랬다(Williams, 2020). 냉전 종식 후 나토 가입을 열망한 국가들은 자격을 얻기 위해 자국의 군사조직을 대거 개편하는 데 동의했다. 일부 학자는 주요 강대국이 약소한 동맹국 영토 내에 더 많은 군대를 주둔시킬수록 그 약소국은 그 강대국에 더욱 종속적이라고 주장한다(Lake, 2011).

그럼에도 불구하고, 여기서 상정된 것과 같은 상호주의 흥정이 존재한다는 관념에는 문제가 있다. 우선, 약소국이 강대국에 군사기지 권리를 부여할 수 있지만, 그것이 꼭 정책적 양허인 것은 아닐 것이다. 사실 그 반대가 진실일 것인바, 전진 군사기지는 강대국이 약소국에 하는 양허일 수 있다. 냉전 기간에 미국이 25만 명이나 되는 병력을 서독에 주둔시킨 하나의 이유는 동맹을 강화하는 것이었는바, 소련의 어떠한 서독 영토 침공도 엄청난 대가를 치르지 않고는 성공할 수 없게 만들어 유럽 동맹국을 대신해서 — 핵무기까지 사용해서 — 싸우겠다는 워싱턴의 약속을 더욱더 미덥게 한 것이었다. 정말이지 역사 기록을 보면, 미국이 군대를 철수하지 않을까, 그리하여 자국이 외부 침공에 취약해지지 않을까 우려하는 동맹국 지도자들이 다수 등장한다(Lanoszka,

2018b). 게다가 동맹 자체가 약소국의 대내외 정책결정에 개입할 권리를 강대국에 부여할 수 있는지 여부는 불분명하다. 미국이 1948년 이탈리아 총선에 개입했겠지만, 이는 나토가 생기기 1년 전이었다. 소련이 1955년 바르샤바조약기구를 설립한 부분적 이유는 서독의 나토 가입에 대응한 것이었다. 그러나 이 무렵 소련은 바르샤바 동맹국들의 대내외 정책을 이미 확립해 놓았었다. 오히려 바르샤바 동맹국들은 공식 동맹을 이용해 소련의 양허를 요구함으로써 자국의 독립국 지위를 주장할 수 있었는데, 이는 장기적으로 그 조직을 덜 위계적으로 만들었다. 문헌 증거를 보면, 폴란드와 동독의 바르샤바 동맹 지도자들은 프라하의 봄과 그 자유화 물결을 종식시키기 위해 이웃 체코슬로바키아에 개입하도록 크렘린의 소련 지도부를 압박했다(Crump, 2015). 미·일 동맹이 너무 일방적이고 고압적이라는 세간의 비판 속에서 미국의 정책결정자들은 일본과의 1951년 안보조약을 재협상하는 것에 동의했는데, 그 결과 궁극적으로 동맹이 일본의 국내 정치에 덜 참견하게 되었다(Swenson-Wright, 2005). 일본 자민당 또한 미국으로부터 받았을 비공개 지원의 혜택을 입었다. 아마도 북한은 1961년 중국 및 소련과 각각 체결한 두 동맹에서 거의 양허하지 않았을 것이다.

비대칭적 동맹이 전적으로 약소국에 의한 양허의 결과가 아니라면, 어떻게 설명되어야 하는가? 그 퍼즐을 바꾸어 말하면, 왜 미국은 그토록 많은 동맹국을 축적할 수 있는가? 지리가 하나의 설명이 될 수 있다. 구체적으로 말하면, 미국은 대부분의 동맹국과 대양을 사이에 두고 떨어져 있다. 물리적 거리 때문에 동맹국들은 미국을 두려워할 이유가 적으며, 따라서 자국과 가까운 위협을 훨씬 더 우려한다. 그들은 미국의 지원을 지렛대로 삼아 인근의 적을 억지할 수 있다. 이 설명은 직관적이기는 해도 지리가 양날의 검이라는 점에서 문제가 있다. 미국이 멀리 있어서 덜 위협적이겠지만, 미국이 멀리 떨어진 동맹국과 함께 적국과 싸우려면 먼 거리를 벌충해야 하기 때문에 미국이 군사적으로 별 도움이 안 되고 어쩌면 믿음직하지 못할 수도 있다. 또한 지리적으로 인접한 국가들끼리 동맹국이, 그것도 아주 좋은 동맹국이 될 수 있다. 캐나다는 미국 문화 제품의 국내시장 지배를 두려워할 수 있으며 자국의 자주성 보전을 걱정할 수도 있다. 그럼에도 캐나다는 미국과의 방위협력에 참여하더라도 영토 침입을 두려워하지 않는다(Bow, 2009). 조지프 조켈과 조엘 소콜스키(Joseph Jockel and Joel Sokolsky, 2009: 323~324)는 수많은 캐나다인들이 미국 국경 가까이 살기 때문에 오타와는 워싱턴의 "비자발적 보장"을 누리고 있다고까지 주장한다. 중앙아시아에서 카자흐스탄 등 여러 국가가 집단안보조약기구에 참여하고 있는데, 여기서 러시아가 최강대국이다. 이들 국가도 크렘린에 대한 자국의 자주성을 걱정하지만, 그래도 기꺼이 모종의 합동군사연습과 다른 형태의 군 대 군 협력에 참여한다(Costa Buranelli, 2018: 389). 물론 지리적으로 인접한 동맹국은 강대국이 힘의 우위를 행사하기 때문에 때때로 별수 없이 지배받을 수 있다. 바르샤바조약국 다수가 처음에는 모스크바의 지령을 받았는데, 그 부분적 이유는 자국에 주재한 소련의 정치지도원(commissar)들과 붉은 군대(Red Army)가 국내 정치에 지대한 영향을 미쳤기 때문이었다(Rice, 1984 참조). 지리는 운명이 아니다.

물론 약소국과 동맹을 맺는 데는 편익이 있다. 소련 진영의 예는 대내외 정책에 대한 정치적 통제가 어떻게 그러한 편익이 될 수 있는지 보여주지만, 그런 통제는 종종 불완전하며 장기적으로 소멸할 수 있다(Cooley and Spryut, 2009). 두 번째 편익은 이른바 종심방어(defense-in-depth)를 획득하는 것이다. 군사 용어로 종심방어란 공격자가 여러 겹의 견고한 방어 거점에 잇달아 부딪치게 만드는 전략을 가리키는데, 그 방어 거점은 일차타격을 흡수하고 공격자 부대를 지체시키며 방어자에게 대응할 시간을 벌어주기 위해 설계된다. 저급한 세 번째 편익은 동맹국에서 적국과의 첫 전투가 발생해 그곳이 강대국 영토에서 멀리 떨어진 전장이 된다면 동맹국이 완충국가가 될 수 있다는 것이다. 동독과 폴란드에 주둔한 소련군이 서유럽에 대응하는 종심방어를 모스크바에 제공했는데, 모스크바는 제2차 세계대전에 앞서 그런 종심방어를 갖지 못했었다. 하지만 종심방어 전략 또는 완충지대는 동맹국들이 서로 다툰다면 아무런 소용이 없다. 동맹국들이 서로 험악한 관계에 있었던 역사가 있는 경우, 그들 모두에게 안전보장을 확장하는 것은 그들의 이해관계에 유의한다고 양측을 모두 안심시킴으로써 긴장을 완화시킬 수 있다. 미군의 유럽 주둔은 단언컨대 이러한 안정화 효과를 냈다. 미국은 냉전 기간에 자력으로 유럽의 일원이 됨으로써 프랑스와 서독 사이에 끼어들어 양국 간의 역사적 적대감이 다시 드러나 무력 분쟁으로 비화할 것이라는 우려를 해소했다.

군사동맹의 네 번째 가능한 편익은 합동군사연습, 상호운용성, 인적 교류 등과 같은 군사협력을 촉진하는 것이다. 이 특별한 편익을 낳기 위해 군사동맹이 전적으로 필요한 것은 아니지만, 군사동맹은 군사협력이 규칙적으로 계속 시행되기 위한 제도적 토대를 제공할 수 있다. 진정한 상호운용성은 불확실성의 감소를 요하며 따라서 기술 이전, 통일된 지휘체계, 정보 공유 등의 협력 활동을 통해 제고될 수 있다. 거의 틀림없이 약속을 어길 것으로 보이는 국가와 그런 협력 활동을 추진할 동맹국은 없을 것이다. 물론 강대국이 군사작전 수행을 위해 여러 국가와 연합을 조직할 필요가 있다면 이러한 제도적 토대가 유용할 수도 있고 유용하지 않을 수도 있다. 제5장에서 상술하듯이, 상호운용성의 주요 문제점들은 지속될 수 있으며 동맹국들(오랜 동맹국을 포함)

이 수행하는 군사작전을 저해할 수 있다. 끝으로, 동맹국을 곁에 두는 것이 적국 진영에 두는 것보다 더 나은 경우가 더러 있다. 예를 들어, 동맹국이 전시 상황에서 전력을 투사하는 데 유용할 필수적 해로 부근 등 전략적 요충지에 위치할 수도 있을 것이다. 튀르키예는 다르다넬스 해협과 보스포루스해협에 연한 바로 그 위치 때문에 언제나 나토에 소중했다. 종합컨대, 강대국이 약소국에 안보를 할애하는 협정이 자국의 안보 느낌도 높일 수 있는 경우에 정말로 그런 할애를 하는 것인지 여부는 불분명하다.

양허 끌어내기 학설은 동맹 형성이 팽창 자체를 추구하는 팽창주의 대외정책에 기인할 수 있다고 주장한다. 최근 이러한 주장은 미국의 대외정책을 비판하는 학자들 사이에 통용되었는데, 이들은 워싱턴이 글로벌한 자유주의 운동 내지 패권 프로젝트의 일환으로서 동맹공약을 너무 많이 남발했다고 주장한다(Posen, 2014; Mearsheimer, 2018). 동맹국들이 반드시 양허를 한 것은 확실히 아니겠지만, 여전히 동맹은 이데올로기적 대(大)구상을 추구함에 있어서 영향력을 행사하는 역할을 한다. 동맹 형성에 관한 설명으로서 이러한 논지는 미국이 해외에서 자유주의를 진전시킴에 있어서 얼마나 들쑥날쑥했는지를 간과하고 있다(Jervis, 2020: 18~19). 어쨌든, 대만은 성공적인 자유민주주의 국가지만 미국으로부터 그러한 동맹조약 공약을 애걸해도 받지 못하고 있다. 그럼에도 미국은 승자로서 냉전에서 벗어날 수 있었으며, 엄청난 힘을 보유한 미국은 더욱더 그 권위를 확대함으로써 상황을 이용하려고 했다(Mearsheimer, 2018). 거듭 말하지만, 워싱턴이 세계적 패권 성취를 목표로 한다고 보면, 미국에 반대하기보다 편승하려는 군소국의 의지를 설명할 필요가 여전히 남는다. 이에 대해 부분적으로 답하자면, 특히 민주국가들로서는 미국의 민주적인 헌법에 비추어 그리고 국제기구를 활용하려는 – 가끔 너무 선별적이기는 해도 – 미국의 의지로 보아 미국이 타국을 지배할 가능성이 적기에 미국은 매력적인 파트너다(Ikenberry, 2001). 그러나 이 설명도 불완전하다. 미국이 잠재적 동맹국에게 비위협적이어야 하는 동시에 앞선 논의가 시사하듯이 잠재적 동맹국도 미국이 인지하는 위협을 어느 정도 똑같이 인지해야 할 것이다.

왜 동맹조약을 체결하는가?

앞에서 논의된 두 가지 – 위협에 맞서기 위해 그리고 강대국이 약소국의 양허를 끌어내기 (그리하여 영향력을 얻기) 위해 동맹이 형성된다는 – 주장의 주된 약점은 조약의 존재를 설명하지 않는 것이다. 각국은 조약을 체결하지 않고도 위협에 맞서 협업할 수 있다. 이란 때문에 불안해진 이스라엘과 사우디아라비아는 역사적으로 서로 적대감을 느꼈음에도 불구하고 양국관계를 개선했다. 양국의 안보관계자들과 국방 관리들이 여러 차례 회동했다. 사우디아라비아는 "이스라엘이 이란의 핵시설을 폭격하기로 결정할 경우에 구조 헬기, 공중급유기 및 드론을 위한 공중 회랑과 공군기지를 이스라엘 측에 제공할 의사"가 있다는 신호를 분명히 보냈다(Abadi, 2019: 444). 그러나 양국 간 동맹은 가능할 것 같지 않다. 이와 비슷하게 중국의 부상에 불안을 느낀 베트남이 호주 및 일본과 양해각서를 체결하고 방위협력을 제고했지만 지금까지 동맹조약은 체결하지 않았다(Liff, 2016: 450). 월트(Walt, 1987)는 각국이 위협에 대해 균형을 맞추기 위해 동맹을 형성한다는 이론을 전개한 저서에서 공식적인 조약 동맹과 비공식적인 공조를 검토하고 있다. 제5장에서 상술하듯이, 사전에 동맹조약이 없었음에도 불구하고 국가 간 연합이 전시에 형성되어 효과적으로 대적해 싸운 경우가 많았다. 국가

지도자는 모름지기 공개 발언을 통해 적국에 단호하게 맞서겠다는 의사를 천명할 수 있어야 한다. 이러한 맥락에서 프랭클린 델러노 루스벨트(Franklin Delano Roosevelt) 미국 대통령은 1938년 온타리오주 킹스턴의 퀸스 대학교에서 명예박사 학위를 받을 때 나치 독일을 은근히 가리키면서 캐나다를 방어하겠다고 공약했다(Granatstein, 2020: 145).

강대국이 군소국의 양허를 끌어내고 싶다면 굳이 조약을 체결할 필요는 없을 것이다. 강대국은 자국의 힘만으로 그럴 수 있을 것인바, 이는 "강자는 할 수 있는 것을 하고 약자는 당해야 하는 것을 당한"다는 흔히 인용되는 관념과 일치한다. 강대국은 타국을 외부 공격으로부터 보호하고 싶다면 아마도 동맹공약 외에 다른 옵션을 가지고 있을 것이다. 1990~1991년 걸프전쟁부터 2003년까지 미국과 사우디아라비아 간 협력에서 보듯, 강대국은 동맹조약이 없어도 협력국 영토에 군대를 주둔시킬 수 있다. 또 다른 옵션은 안보지원을 제공하는 것이다. 여기에는 무기 이전이 포함될 수 있는바, 특히 수취 국가가 독자적으로 뜻밖에 개전할 리스크를 줄이기 위해 주로 방어적 성격의 무기를 이전하는 것이다. 미국은 1960년대와 1970년대 이스라엘에 대해 안보 공약의 조약 확대를 거부했지만 아랍 적대국에 비해 열세에 놓이지 않도록 보장하려는 부분적 이유에서 무기 이전을 제고했다. 미국은 대만과의 조약 동맹을 1979년 폐기한 후 곧바로 중국이 해협을 건너 공격하는 것을 억지하기 위한 수단으로서 대만에 무기를 공급했다(Yahi-Milo et al., 2016 참조). 정치·군사문제 담당 국무부 차관보를 역임한 앤드루 셔피로(Andrew Shapiro)의 기술에 의하면, "일국이 미국의 첨단 방어 시스템을 획득할 때, 그 국가는 안보 제고를 위한 제품을 구매할 뿐만 아니라 미국과의 관계도 추구하고 있는 것이다"(2012: 20).

국제관계학자 제임스 모로(James Morrow, 2000)는 각국이 동맹을 성문화하는 것은 그렇게 하는 것이 안보 공약을 알리는 역할을 하기 때문이라고 주장한다. "방어적 동맹"은 방어하는 전쟁을 하기보다 전쟁을 억지하는 데 진짜 목적이 있음을 상기하자. 그러나 전쟁을 억지하려면 각국 또는 국가군(群)은 어떤 행동이 용납되지 않는지 그리고 그런 행동이 취해지면 어떤 결과가 초래될지 적국에 알려야 하며, 또한 그러한 결과 책임을 끝까지 추궁할 의지와 역량을 가진 국가라면 그럴 각오가 되어 있음을 적국에 알리는 것이 중요하다. 억지의 선행조건 하나는 확약, 즉 약속을 지킬 것이고 착한 행동을 악용하지 않을 것이라는 관념이다. 확약은 동맹국과 적국 모두에게 억지만큼이나 중요한 방어적 동맹의 핵심이다. 각국은 공격을 받을 경우에 정말로 동맹국이 도우러 올지 여부를 결정할 필요가 있다. 각국은 동맹국이 약속을 준수하겠다는 만반의 결의를 갖고 있음을 보여주는 성명 또는 제스처를 찾거나 때로는 요구하기 마련이다.

불행히도 국제정치에서 소통은 직설적이지 않은데, 그것은 정확히 무정부적 환경으로 인한 불확실성 때문이다. 즉, 상위의 권위에 의해 책임 추궁을 당할 것을 크게 우려하지 않는 각국은 말과 행동을 달리할 수 있다. 억지나 확약을 성취하기 위해 모든 국가가 언행으로 옮길 수 있는 것은 하나도 없다. 만일 그런 것이 있다면 모든 국가가 그 한 가지만 하면 될 것이다. 그래서 각국의 이해관계 진술이 복잡다단하게 된다.

이 문제에 대한 해법은 모든 국가가 취하지는 못할 정도로 고비용이 드는 행동을 취하는 것이다. 이 비용에는 사전적(ex ante) 비용과 사후적(ex post) 비용의 두 형태가 있다. 사전적 비용은 각국이 행동을 취하기 전에 지불해야 하는 매몰비용(sunk costs)을 가리키는데, 여기에는 무기 구매와 군 병력의 해외 배치가 포함될 수 있다. 사후적 비용은 즉

각적으로 느끼지 못하지만 장래의 의사결정 옵션을 제약할 수 있는 조치를 반영한다(Fearon, 1997: 70). 이런 합리주의 견해에 의하면, 이해관계가 완전하고 명백하게 일치하는 — 다시 말해 동일하고 조화로운 — 아주 드문 경우에는 각국이 타국에 대한 지원을 보여주기 위해 비용을 지불할 필요가 없을 것이다. 이스라엘과 미국 사이에 해당되는 경우겠지만, "이해관계 공유가 전체 관계를 지배하며, 따라서 상호관계를 공식적으로 협상할 필요가 없다"(Morrow, 2000: 64).

모로(2000)에 의하면, 조약 동맹은 이해관계를 알리고 사후적 비용으로서 구속적 공약을 만드는 역할을 한다. 실로 "동맹은 제도"인바, 각국이 대외관계에서 성취하려고 하는 것의 예측가능성을 높임으로써 "경기 규칙"을 정의하는 역할을 한다(Keohane, 1988: 184; North, 1991: 3). 첫째로 각국은 대개 입법부를 거쳐 국제협정을 비준해야 한다. 조약 비준은 다당제 국가에서 야당이 행정부의 대외정책 구상에 대해 반대할 이유가 있는 경우에는 매우 힘들고 많은 시일이 걸릴 수 있다. 국가 지도부는 조약 동맹에 대한 국내 지지를 잃을까 봐 그 현안을 변덕스럽게 추진할 수가 없다(Morrow, 2000: 72). 국제적 평판을 높이기 위해 국가 지도부는 타국과 공유하는 이해관계가 충분하다고 생각한다면 아마도 조약 추진의 고통을 감내할 것이다. 간단히 말해서 서명되고 비준된 동맹조약은 당사국들이 공동의 이해관계를 갖고 있음을 제3국에 보여준다.

동맹조약은 또한 행동의 자유를 속박하고 나아가 공약을 만듦으로써 사후적 비용을 창출한다. 조약 체결은 처음부터 문서로 작성할 가치가 있겠으나 일정 조건에서 타국을 군사적으로 지원할 일국의 의향을 담고 있다. 그런 조약의 공개적 성격으로 인해 발생할 비용은 서명 당사국이 동맹국에 대한 약속을 어기기로 결정할 경우에 입을 평판 훼

손이다. 그런 서명 당사국은 표리부동하게 보일 것이며 비슷한 도전에 처한 제3국에게는 믿을 수 없는 파트너가 될 것이다. 불신의 대상이 된 그런 국가가 장래에 잠재적 동맹국을 확보하려면 불가피하게 더 많은 양허를 해야 할 것이다. 사후적 비용은 특히 민주국가에서 내부적으로도 발생할 수 있다. 조약을 비준한 입법부는 행정부가 발효된 협정상의 책무를 위반하는 것을 방관하지 않을 것이다. 왜냐하면 입법부가 보기에 국익을 저해하는 결과가 초래될 것이기 때문이다. 조약 부재 시에는 그런 제약이 존재하지 않는다고 알려져 있다. 그래서 지도자들은 동맹공약을 지켜야 한다고 느낄 것이다(Gaubatz, 1996; Leeds and Savun, 2007; Leeds et al., 2009).

모로의 견해는 국제관계 이론에서 표준이 되었지만 개념상의 약점도 일부 있다. 첫 번째 약점은 일국이 국내 입법 절차를 거쳐 동맹조약을 체결함으로써 자국의 이해관계를 더욱 명료하게 제3국에 알리게 되는 것인지 여부와 관련이 있다. 각국은 자국이 서명하고 비준하는 조약에 관해 확실히 선별적인바, 이는 서명과 비준을 거친 협정이라면 그 타결에 충분한 관심을 기울였음을 시사한다. 그렇긴 하지만 대외정책 이익은 고정된 것이 아니다. 만일 고정된 것이라는 신호를 군사동맹 형성과 함께 보낸다면, 새로운 정치 지도자가 집권한다든지 가용 자원이 증감한다든지 또는 지정학적 사건의 영향으로 국민의 태도와 정책 우선순위가 바뀐다든지 해서 장기적으로 그 동맹의 힘이 쉽게 소멸될 것이다(예컨대 Gartzke and Gleditsch, 2004 참조). 미국과 이스라엘 사례를 보더라도 동맹 형성에 관한 주요 이론이 시사하는 바와는 달리 이해관계가 전혀 조화롭지 않다. 오바마 대통령과 베냐민 네타냐후(Benjamin Netanyahu) 이스라엘 총리가 서안(West Bank)지구의 유대인 정착촌, 이란의 핵 프로그램 등의 이슈를 둘러싸고 충돌했다(Gilboa, 2013: 20~21).

그러한 불일치는 아마도 조약 추진을 더욱 압박할 것이다. 게다가 의원들이나 유권자들이 군사동맹은 고사하고 대외정책을 중시하는지 여부는 분명한 답이 없는 경험적 문제다. 예를 들어 미국의 경우, 역사적으로 적어도 베트남전쟁 이전에는 의회가 대외정책 이슈에 관해 대통령에게 맡겼다. 그 이후에도 백악관이 여전히 "의회보다 중요한"바, 그렇다고 돈줄을 죄고 있는 의회가 대외정책에 대해 영향력이 없다는 것은 아니다(Lindsay, 1992/3: 608). 끝으로, 평판 비용이 어떻게 발생하는지 살펴보자. 입법부가 대외정책을 중시하는 동시에 행정부가 국익에 반하는 행동을 하면 혼내줄 역량을 가지고 있는 경우를 상정하자. 국익이 당파 등 부분적 이익을 초월한다는 암묵적 가정(Trubowits, 1998)을 차치하고, 입법부와 유권자 대중은 동맹조약을 준수하는 비용과 리스크가 그 편익을 능가한다고 생각하면 그 조약의 위반을 용서할 수 있을 것이다. 결국 동맹공약의 이행은 원하지 않는 파멸적 전쟁을 의미할 수 있다. 그러나 제2장에서 논의하듯이, 평판 우려는 개전 결정 시에 고려되는 여러 요인들 중의 하나로서 중요한 셈이다.

그렇다면 왜 동맹을 성문화하는가? "동맹국들이 이해관계의 공유 수준을 서로에게 그리고 동맹 밖의 국가에게 분명히 할 필요가 있기 때문에 동맹은 구체적 명시를 요한다(Morrow, 2000: 64)"라고 볼 수 있다. 다음 장에서 논의하듯이, 각국이 면책조항(escape clauses)을 넣기 위해, 즉 공약의 범위에 관한 핵심 조건을 명시함으로써 동맹국이 자국의 군사지원을 남용하는 것을 막기 위해 조약을 사용한다는 사실은 그러한 견해를 확인하고 있다. 그러나 이 견해는 불완전하다. 예를 들어 워싱턴조약 제5조는 흔히 동맹공약의 황금표준으로 보지만 그리 구체적이지 않다. 그 조약 제5조의 규정을 보면 다음과 같다.

나토 국가들은 유럽이나 북미에서 하나 또는 복수의 회원국에 대한 무장공격은 회원국 전체에 대한 공격으로 간주된다는 데 동의한다. 따라서 그런 무장공격이 발생할 경우 모든 나토 국가는 (⋯⋯) 즉각 북대서양 지역의 안전을 회복·유지하기 위해 무력 사용을 포함해 필요하다고 간주되는 행동을 개별적으로 또는 타 회원국과 협력해 취함으로써 공격받은 회원국을 지원한다는 데 동의한다[NATO, 1949(2019)].

워싱턴조약에서 가장 중요한 이 조항에 포함된 구체적 규정의 대부분이 지리와 관련된 것인데, 이는 조약 체결 당시에 다수의 유럽 제국이 여전히 인근 지역과 원격지에 식민지를 보유하고 있었다는 점에서 확실히 주요한 논란거리다(Coker, 1982 참조). 실로 제6조는 제5조의 영토적 범위를 상술하면서 유럽, 지중해 또는 북회귀선 이북의 북대서양 지역에서 회원국의 "군대, 함정 또는 항공기"에 대한 공격이 포함된다고 규정한다. 그러나 공격이 발생할 때 자동적으로 무슨 조치라도 취할 책무는 없다. 어떤 지원이 필요한지에 관해서도 세부 규정이 없다. 미라 랩-후퍼(Mira Rapp-Hooper, 2015: 16)에 의하면, 제2차 세계대전 이후의 동맹조약은 전전에 비해 훨씬 더 모호해졌다. 그럼에도 동맹은 구체성과 모호성을 동시에 요구한다. 성문 조약이 그 둘을 모두 감안한다는 것은 아이러니다.

어느 국가가 서명된 협정을 원하는 이유는 당사국들이 일련의 가능한 시나리오에 걸쳐 어떻게 행동할 것인지에 관해 기대를 관리함으로써 장래 오해를 피하기 위함이다. 그러한 기대는 동맹조약의 주요 조항이 발동되는 조건을 정의함으로써만이 아니라 어떤 것이 공격이 되는지에 관해 모호성을 유지함으로써도 관리될 수 있다. 명료성은 동맹국과 적국에 어떤 이익을 국제적으로 증진하겠다는 의향을 전달하고 공동의 가치들을 군사적으로 방어하겠다는 의지를 강조할 수 있다. 그럼에도 불구하고, 충분한 모호성은 각국이 원하면 동맹 책무에서 벗어날 자유재량을 충분히 허용한다. 적국은 모종의 직접적 공격은 동맹의 반응을 촉발시킬 것임을 아주 잘 안다. 그러나 모호성은 적국이 특정한 반응을 불러올 시나리오가 어떤 것인지에 관해 전혀 모르게 만든다. 물론 단점도 있는바, 적국이 그냥 넘어갈 수 있는 것을 알아내기 위해 이런 모호성을 이용할 수 있을 것이다. 공개 조약이 없으면 이해관계에 관해 모호성이 너무 커지지만, 완전히 모호하지 않은 동맹조약 또한 없다. 동맹조약이 특히 먼 미래를 내다보면서 모든 우발사태를 커버할 수는 없기 때문에 지나친 명료성은 불가능하다. 그러나 고도의 명료성이 가능하더라도, 각국이 기술의 진보, 정치적 우선순위 조정, 위협 인지의 변화 등에 따라 새로운 기회에 적응하거나 이용할 것이기 때문에 그런 명료성은 비현실적이거나 소용없을 것이다. 조약이 지나치게 정밀하다면, 적국이 조약을 유리하게 우회하는 방안 ― 예컨대 명백한 레드라인 직전에서 멈추는 식으로 공격할 것인지 여부 ― 을 강구할 것이다. 우리가 다음 장에서 옭힘 리스크를 탐구할 때 보겠지만, 각국은 흔히 그러한 우려를 완화하도록 동맹공약을 설계한다.

협정을 명문화하는 또 다른 이유는 누가 회원국이고 누가 비회원국인지 표시한다는 데 있다. 다시 말해서 한 국가와 조약을 체결할지 여부뿐만 아니라 같은 조약을 여러 국가와 체결할지 여부도 선택의 문제다. 군사동맹은 양자 또는 다자 형태일 수 있는바, 각각의 장단점이 대조적이다. 존 아이켄베리(John Ikenberry, 2005: 146~147)는 미국이 동아시아에서 양자동맹을 선택한 것은 유럽보다 규모가 훨씬 더 작은 파트너 국가에 정책 자주성을 할애할 필요성을 덜 느꼈기 때문이라고 주장한다. 이처럼 양자동맹은 관리하기 더 쉬우며 따라서 강대국이 약소국 파트너를 상대로 더 큰 신축성과 통제력을 발휘할 수 있다(Cha, 2016 참조). 반대로 유럽에서 미국이 다자주의를 선호한 것은 단순히 소련을 억지하는 것을 넘어 아주 야심 찬 계획이 있었기 때문인데, 그 계획은 중도의 민주적 거버넌스를 강화하기 위해 "거의 비슷한 규모의 국가들 간" 동반자관계를 요구했다. 나토 같은 다자 방식이라면 그러한 파트너 국가들이 자국의 정책적 요구를 또렷이 밝히고 미국을 제지할 기회를 더 많이 갖기 때문에 지배에 대한 우려가 불식될 것이었다(Ikenberry, 2005: 146~147). 일부 학자는 더 냉소적으로 인종적 편견이 동맹 결정에 작용했다고 주장하는데, 예를 들어 헤머와 카젠스타인(Christopher Hemmer and Peter Katzenstein, 2002)은 왜 동아시아에 나토 같은 것이 없는지를 설명하며 그렇게 주장한다. 그들의 저술에 의하면, 미국의 정책결정자들은 동아시아 지도자들이 문화적으로 이방인이며 다자협력에 필요한 인종적 적합성을 결여한다고 보았다. 이 주장은 너무 나간 것일 수 있다. 유럽에서는 지리적으로 붉은 군대가 제기하는 지상 위협이 공동전선을 촉진했지만, 동아시아에서는 해양 환경에다 바다 건너 전력을 투사하기 어려운 점 때문에 공동전선의 필요성이 약했다. 게다가 각국은 양자주의 또는 다자주의 사이에서 나름의 선호를 가지고 있다. 사실 미국은 동아시아에서 양자동맹국들을 연결하는 데 부심했다(Izumiwaka, 2020). 워싱턴으로서는 불운하게도 동아시아의 다수 국가가 일본을 너무 의심했으며 따라서 공식적인 다자 방위협정은 변함없이 무산되었다(Robb and Gill, 2019: 161~163). 일본의 지도자들도 지역안보기구 설립을 꺼렸다(Izumiwaka, 2020: 26~29). 다자주의에 반대하는 결정이 폭넓은 방위연계의 발전을 전적으로 싫어한다는 의미는 아니지만 타국의 분쟁에 노출되는 것을 피하려는 바람을 나타낼 수 있다. 각국이 점차 양자협정보다 다자협정을 선택하고 있지만, 그처럼 양자주의는 여러 국가들 사이에서 이루어지는 공조의 한계를 명확히 보여준다(Kuo, 2021).

형식과 관계없이 조약 동맹은 안보협력의 효율성 증대를 가능케 한다. 물론 효율성 증대가 반드시 실제적 효율성을 의미하는 것은 아니다. 최소한, 의도와 역량 차이에 관한 불확실성은 동맹이 얼마나 믿을 만한 것이 될지 그 한계를 설정할 것이다. 그렇긴 하지만 성문화된 동맹으로 서명국들은 원할 경우 전쟁계획의 작성 등 군사적 조율을 제고할 수 있을 것이라는 확신을 충분히 갖게 된다. 이것은 다시 동맹이 가변 상황을 헤쳐나갈 수 있도록 하는 제도화 수준을 높일 수 있다. 주장컨대, 의사결정자들이 동맹을 체결하는 부분적 이유는 위협 인지가 변할 것이라고 예상하기 때문이다. 동맹은 위협 인지의 변화가 초래할 수 있는 곤경을 완화하도록 협력을 '고정(lock-in)'시키는 데 도움이 된다. 예정된 동맹국들 사이의 이해관계는 조약 체결 시에 이미 충분히 분분하기 때문에 그 차이를 관리할 수 있다. 각국은 조약문에 면책조항을 넣거나 약간의 모호성을 가미하든가 해서 타 동맹국의 바람직하지 않은 행태를 막을 수 있다. 각국은 불확실성과 명료성 사이에 아슬아슬한 줄타기를 함으로써 자국의 안보관계를 다음 단계로 높일 수 있다. 아마 이 점이 무기 이전이 조약 동맹을 완전하게 대체하지 못하는 하나의 이유일 것이다. 무기 이전은 동맹을 대체하기보다 보완하는 경우가 더 많다. 한 연구에 의하면, 적어도 2001년 이후 "미국의 동맹국에 대한 무기 판매는 비동맹국에 대한 판매보다 두 배가 넘는다"(Thrall et al., 2020: 113).

장래 예상되는 군사동맹

여기서 해결이 나지 않아서 실망한 독자가 일부 있을 것이다. 그러나 그것이 요점인바, 군사동맹은 국제정치에서 너무 까다로운 생물이다. 왜 동맹이 형성되는지를 설명하는 통설은 동맹을 과도하게 예측하거나 그 편익을 과장하는 경향이 있다. 다수의 국가가 공동의 위협에 직면하지만 여전히 동맹 체결을 삼가고 있다. 불평등 동맹이라도 흔히 동맹 탓으로 돌리는 수준의 양허를 포함하지 않을 수 있다. 어느 경우든, 동맹의 목표라는 것을 보면 성문화된 실제 조약이 요구되는 것 같지는 않다. 각국이 공약을 명시하기 위해 서명된 동맹을 필요로 한다는 주장은 유지되기가 어렵다. 동맹조약은 ― 때때로 가장 중요한 대목에서 ― 매우 모호할 수 있으며, 바로 그 모호성은 역설적으로 문서에 실을 가치가 있다. 각국은 사면초가에 빠진 동맹국을 구하지 않기로 결정한다면 책임을 회피하기 위해 모호한 조약 언어를 활용할 수 있지만, 위기 시에 적국을 심란하게 만들거나 적국의 후퇴를 유도하기 위해서도 그런 언어를 사용할 수 있다. 위협이란 각국이 결정하는 것이기 때문에 동맹이 형성되는 조건을 특정하기 어려울 수 있으며, 세계 문제가 무정부적 상태에 있기 때문에 명료한 커뮤니케이션이 어렵게 되고 때로는 바람직하지도 않게 된다. 그래서 군사동맹의 양면적 성격이 짜증날 수 있는바, 동맹을 뒷받침하는 조약은 최고조의 위험이 진행되고 있을 때 일어날 모든 사태까지 감안한다.

동맹 형성의 이론이 결정론적이지 않고 결정론적일 수도 없다는 점 때문에 새로운 동맹을 예상해 보는 일이 어렵게 된다. 그리고 실로 동맹조약이 각국에 책임을 회피하기에 충분한 모호성을 제공한다면 왜 더 많은 군사동맹이 존재하지 않는가? 보다 구체적으로 말하면, 왜 대만과 미국은 아직까지 조약 동맹을 되살리지 않는가? 왜 중국과 러시아는 지금까지 동맹조약을 체결하기 일보 직전인가? 동맹조약이 충분히 모호하게 설계된다면 왜 위험 분산용으로 가급적 많이 체결하지 않는가?

문제는 각국이 동반자관계의 불확실성과 리스크 외에도 서로 공유하는 이해관계와 차이점 사이의 균형을 고려할 필요가 있다는 점이다. 이러한 평가는 필시 주관적이다. 중국과 러시아가 이제 상호 군사동맹이 가능할 정도로 많은 공통점을 갖고 있음을 생각해 보라. 양국이 모두 독재적이며 자유민주주의에 대해서 깊은 회의를 갖고 있다. 미국의 「2018년 국방전략(2018 National Defense Strategy)」과 같은 정책문서는 양국을 전 세계에 걸쳐 미국과 동맹의 이익을 저해하는 전략적 경쟁국으로 보았다(Marttis, 2018: 2). 더 중요한 것은 중국과 러시아가 정기 협의, 인사 교류, 합동군사연습, 군 간의 신뢰 구축 등을 늘림으로써 군사협력을 제고했다는 사실이다(Korolev, 2019: 247). 이 모든 지표가 조약 기반의 군사동맹 형성 가능성을 가리키고 있다. 그러나 양국은 아직 상호방위조약을 체결하지 않았을 것이다. 현재까지 양국관계의 틀이 되는 핵심 양자협정은 2001년 '선린우호협력조약'(흔히 "큰 조약"이라고 부름)인데, 이 조약은 주로 불가침과 협의를 강조하고 있다. 적정한 방위조약이 없는 것은 그런 조약은 체결하자마자 바로 발효되기 쉽기 때문일 것이다. 러시아는 우크라이나 동부에서 전쟁을 벌이고 있고 중국은 새 동맹이 그 분쟁 연루를 촉발할 것이라고 우려할 것이다. 마찬가지로 중국은 인도와의 영토 분쟁뿐 아니라 동중국해와 남중국해에서 인근국과 해양 분쟁을 벌이고 있다. 러시아는 새 동맹을 맺으면 곧바로 그런 분쟁에서 중국 편을 들어야 할 것이라고 우려할 것이다. 이러한 우려를 피할 수 있는 유의미한 조약을 작성하기 어려운 것은 너무 많은 단서와 조건은 동맹을 시작부터 저해할 것이기 때문이다. 다른 국가들은 베이징과 모스크바 간의 갈등을 부추기기 위해 그러한 조약 특성을 이용할 수 있을 것이다. 아예 조약이 없으면 이러한 곤란한 문제가 회피된다. 그러나 조약이 부재하는 다른 이유들도 있을 수 있다. 결국 과거에 각국은 영토 분쟁이 진행되고 있을 때 공식적인 군사동맹을 수립했다. 미국이 한국 및 일본과 맺은 동맹이 생각나며 중국과 소련이 북한과 맺은 동맹도 생각난다. 그리고 어쩌면 중·러 양국의 지도자들이 조약의 가치를 신봉하지 않는 개인적 특이성을 갖고 있을 것이다 (Han and Papa, 2020; Silaev, 2021 참조). 어쩌면 양국이 모두 국가·인구 규모가 크고 핵무기를 보유하고 있기 때문에 서로를 두려워하고 있을 것이다. 아마도 시간문제일 것이다.

대만의 현행 대미관계도 실례가 된다. 주권국가로서 대만의 국제적 지위는 최근 들어 외교적 승인을 철회하는 국가가 늘면서 악화되었다. 2020년까지 단 15개국이 타이베이와 외교관계를 유지했다. 대만은 거의 전적으로 중국 본토로부터 지정학적 도전을 받지만 때로는 유화적인 접근법을 택했는데, 대만이 민주화된 이후에 국민당이 집권했을 때 양안 간의 경제관계에 중점을 두었다. 미국으로서는 최근까지 중국에 대해 정치적·경제적 포용 전략을 선호했다. 워싱턴은 타이베이에 군사 무기를 제공했어도 베이징의 항의를 최소화하기 위해 방어적 목적에 맞는 무기만을 이전하도록 제한했다 — 이 정책은 당시 미국이 대만과의 공식 동맹 종료를 예상하고 1979년 수립되었다. 그러나 최근 들어 대만과 미국은 중국의 위협을 인지하면서 더욱 긴밀하게 협력해 왔다. 2012년 시진핑이 중국의 최고지도자가 된 이후 대만 지도자들, 특히 민진당 출신의 지도자들 사이에 중국이 군사력을 사용해 대만의 본토 통합을 실행할지 모른다는 우려가 커졌다. 중국이 군사력을 증강하고 홍콩에서 '일국양제(One Country, Two Systems)' 정책을 꾸준히 폐기한 것이 이러한 걱정을 부채질했다. 트럼프 행정부 시절에 미국은 중국의 경제정책 및 동중국해와 남중국해에서의 군사적 주장을 고려해 중국에 대해 대결적 자세를 취했다. 바이든 행정부 역시 중국을 계속 압박할 것임을 시사하는 초기 움직임이 보인다. 오랫동안 대만과의 동맹을 생각조차 할 수 없었던 것은 미국이 중국과 적대하거나 내연 상태의 대만해협 주권 분쟁을 재발시키고 싶지 않았기 때문이다. 이제는 중국에 대한 경계심이 커지는 가운데 그러한 금기가 약해지고 있을 것이다. 이 동맹은 비대칭적이겠지만 대만의 큰 양허를 요하지 않는다. 오히려 공식 군사동맹은 양자 간 위협 인지의 수렴을 반영할 것이며 중국을 제1열도선(First Island Chain, 일본-오키나와-대만-필리핀을 잇는 가상의 선 — 옮긴이) 안에 거의 가두어놓는다는 미국의 이익을 증진시킬 것이다.

그러나 위협 인지가 일치함에도 불구하고 어쨌든 동맹이 발생하지 않을 것이다. 아마도 미국 지도자들이 대만과의 동맹은 대가가 너무 크다고 생각할 것이다. 그 동맹이 중국과의 갈등을 격화시킬 것임은 물론이다. 워싱턴과 타이베이가 관계를 다시 공식화하기로 결정한다면 무슨 일이 일어날지 더욱 불확실하다. 전쟁이 터질 것인가 아니면 중국과의 대결이 고조되어 새로운 국면의 적대관계로 발전할 것인가? 또는 어쩌면 과거 동맹국이었던 미국과 대만이 중국에게 공격할 분명한 구실을 주지 않기 위해 동맹 회복을 향한 살라미 썰기 식의 발걸음을 시작하기까지는 다시 시간문제일 수 있다.

제2장

옭힘

몬테네그로가 나토에 가입한 지 1년이 지난 2017년 6월 도널드 트럼프 대통령이 폭스뉴스(Fox News)의 터커 칼슨(Tucker Carlson)이 진행하는 인터뷰에 응했다. 칼슨이 왜 자기 아들이 몬테네그로를 공격으로부터 방어하기 위해 그 나라로 가야 하는지 물었을 때, 트럼프는 스스로 이 질문에 대해 곰곰이 생각했었다고 답한 후 "그들은 매우 공격적인 국민입니다. 그들은 저돌적으로 나올 것이고, 브라보! 바로 제3차 세계대전이네요"라는 관측을 내놓았다(Martin, 2018). 트럼프의 발언에 대해 빗발 같은 비판이 쏟아졌는데, 많은 평론가들이 트럼프가 동맹 결속을 저해하고 나토에 대한 미국의 안전보장에 의문을 제기했다고 선언했다. 칼슨의 질문에 대한 트럼프의 대답이 조잡했음에도 불구하고 그의 말은 군사동맹에 관해 각국이 갖고 있는 오랜 염려, 즉 한 동맹국의 일방적 행동 때문에 싸우고 싶지 않은 전쟁에 끌려들어 간다는 염려를 반영했다.

동맹정치 학자들이 말하는 **옭힘**(Entrapment)이란 바로 그런 것이다. 그것은 수세기, 수천 년을 거슬러 올라가는 걱정거리다. 고대 그리스의 역사가이자 장군인 투키디데스(Thucydides)의 기록에 의하면, 스파르타가 아테네와 전쟁해야 하는지 여부에 대해 일대 토론이 벌어졌을 때 스파르타 왕 아르키다모스(Archidamus)는 자신의 스파르타 동포들이 먼저 자원을 절약해야 하고 "우리 동맹국들의 말에 따라 움직이지" 않아야 한다고 권고하며 그 이유로 스파르타의 동맹국들은 충돌 시에 "가장 큰 책임"을 떠맡지 않을 것이라는 점을 들었다(Thucydides, 2008: 46~47). 초대 미국 대통령 조지 워싱턴(George Washington)은 1796년 고별사에서 유럽 강대국들에 관해 "우리가 유럽 정치의 일상적인 우여곡절에, 즉 우호관계나 적대관계가 일상적으로 얽히고설키는 데에 인위적 연계에 의해 연루되는 것은 현명하지 못할" 것이라는 유명한 경고를 남겼다(1892: 316). 5년 뒤 토머스 제퍼슨(Thomas Jefferson) 대통령은 첫 임기 취임사에서 "어느 국가와도 동맹을 맺지 않으면서 모든 국가와 평화, 상업 및 정직한 친선"을 유지할 것이라고 약속했다(Yale Law School, 2008d). 제1차 세계대전과 제2차 세계대전 사이에 영국은 "대륙 공약(continental commitment)"을 유럽의 육지 강대국들에게 확장하면 남들의 전쟁에 뛰어들게 될 것이라고 우려했다.

제1장 말미에서 필자는 잠재적 파트너 국가들이 어떤 분쟁에 휘말리게 될 것을 염려하기 때문에 다수의 동맹이 형성되지 않았을 것이라고 추측했다. 이 장에서 필자는 옭힘이 자기부정적인 예언이라고 주장한다. 지도자들은 올가미에 걸릴 것이라는 바로 그 우려 때문에 맨 먼저 옭힘이 발생할 위험을 최소화하는 조치를 취한다. 한 국가가 동맹국 편에서 싸우는 전략적 이유가 의심스러운 한, 때때로 옭힘이 발생한 것처럼 보인다. 그러나 그런 평가는 실제로 발생한 것을 오진한 경우가 흔하다. 근거가 불합리할 때에도 각국은 군사력 사용이 불가피하거나 심지어 바람직하다고 여겨서 전쟁으로 갈 수도 있을 것이다. 신

중하자는 아르키다모스의 호소가 완전히 실패한 까닭은 스파르타 내 호전파가 손상된 체면 때문에 제국의 라이벌과 싸우기를 너무 열망한 데 있었다. 그러나 옭힘 우려에는 – 때로는 모순적인 – 여러 가지 근원 이 있으며 따라서 그 해법도 여러 가지다.

이 장에서 그런 근원이 무엇인지 그리고 동맹 수호국이 취할 수 있 는 완화 조치는 무엇인지 설명한다. 그 설명 속에 포함된 것을 보자면 옭힘이 경험적으로 드물지만, 다양한 환경에 처한 여러 국가의 의사결 정자들이 참으로 옭힘을 우려한다는 사실이 역사 기록에 나타난다. 강 대국만 옭힘을 우려하는 것이 아니다. 일부 동맹국은 미국 등 강대국 에 의해 올가미에 걸리는 것을 우려했다. 누가 백악관의 주인이든 관 계없이 강대국 경쟁이 가열된다면 이러한 우려가 고조될 수 있을 것이 며, 그러면 충돌 가능성이 커진다.

옭힘이란 무엇인가?

모든 동맹은 각 회원국의 안보문제에 서로 얽히게 만들지만, 옭힘은 덜 일반적이다. 사실 얽힘(entanglement)은 군사동맹에 내재한다. 모두 가 천사라면 정부가 필요하지 않듯이, 모두가 위기 시에 남의 지원을 받을 것이라고 확신한다면 동맹이 필요하지 않을 것이다. 국제안보학 자 통피 킴(Tongfi Kim, 2011: 355)의 설명대로, 얽힘은 "한 국가가 비용 이 들고 이익이 없는 사업에서 동맹 **때문에** 동맹국을 원조할 의무가 있 을" 때 발생한다. 반면에 "옭힘은 **바람직하지 않은** 얽힘의 한 형태로서 얽히게 만드는 국가가 동맹협정에 명시되지 않은 위험하거나 공세적인 정책을 채택한다". 다시 말해서 얽힘이 없는 동맹은 없다. 따라서 각국 은 군사동맹을 수립하는 조약을 체결할 때 스스로 제3국과의 분쟁에 연루되고 있다. 1950~1953년 한국전쟁 후 미국이 한국과 수립한 동맹을 생각해 보라. 만일 북한이 또다시 경고 없이 한국에 대한 대규모 침공을 개시한다면, 미국은 한미상호방위조약의 규정에 따라 동맹국 방어에 참여할 의무감을 느낄 것이다(Yale Law School, 2008b). 그러한 우발 상황은 협정을 처음 교섭했을 때 예상되었다. 그러나 킴의 정의에 의하면, 한국이 만일 북한에 대한 공격작전에 착수하기로 결정하면 미국을 옭으려고 시도할 수 있을 것이다. 그런 행동은 동맹조약의 범위를 벗어날 것이다. 이 시나리오에서 만일 후속 전쟁이 미군 병사들을 위험에 빠뜨리거나 한국이 밀리기 시작해 구원을 필요로 한다면 미국 지도자들은 반응하라는 압박을 받을 것이다. 미국은 그 싸움에 가담함으로써 옭힘을 경험하게 된다.

옭힘이 발생할 개연성이 있는 여러 가지 조건을 학자들이 찾아냈다. 이들의 주장은 조약, 시스템, 평판, 초국가적 이데올로기의 네 개 범주로 분류될 수 있다(Lanoszka, 2018d: 236 참조). 각각의 주장은 언제 또는 어떻게 한 동맹국이 수호국에 올가미를 씌우게 되는지와 관련해 나름대로의 관점을 가지고 있다. 각 주장은 또한 그러한 리스크를 처리할 수 있는 조치가 잠재적으로 어떤 것이 있는지 가리킨다. 이 네 개 범주는 항상 상호배타적인 것은 아니지만 때때로 서로 모순되는데, 이는 옭힐 개연성에 대한 효과가 지워질 수 있음을 시사한다. 다음의 논의를 미리 보자면, 이들 관점의 일부는 공식 조약의 존재를 요구하지 않아서 문제가 있으며, 따라서 개념적으로 타당한 관점인지도 매우 의문시된다. 지도자들은 조약에 신세를 지지 않아야 옭힘 가능성에서 벗어나는바, 결국 일견 구속적인 문서에 의해 제약을 받아서는 안 된다. 우리는 이 주장들을 살피면서 세 개 유형의 서로 다른 행위자, 즉 수호국, 동맹국, 적국을 고려할 필요가 있다. 이 셋 가운데 수호국이 싸우고 싶지 않은 적국과의 전쟁에 참여하도록 수호국을 옭으려고 할 수 있는 행위자는 동맹국이다.

조약 리스크

리스크의 첫 번째 원천은 동맹조약 자체다. 즉, 동맹조약의 문언 또는 그 존재 자체가 옭힘 개연성을 높일 수 있다. 안전망 제고가 리스크 감수를 증가시킨다는 위험보상 원리, 즉 '펠츠만 효과(Peltsman Effect)'가 작용함으로써 안보 이득이 상쇄된다. 북미 일부에서 안전벨트 착용이 의무화된 직후 안전벨트가 자동차 사고에서 사상자 발생을 막지만, 그만큼 더 과감해진 운전자가 속도를 높임으로써 충돌사고가 증가할 수 있다는 우려가 팽배했다(Evans et al., 1982: 41~42). 공식 조약에 의해 안전보장을 누리는 것이 그와 비슷한 병리를 낳을 수 있다. 마찬가지로 옭힘은 도덕적 해이의 한 사례인데, 수호국은 동맹국에 일종의 보험을 제공함으로써 나쁜 행동을 향한 비뚤어진 유인을 제공하는 리스크를 안는다. 혹자는 동맹조약 자체의 범위가 동맹국에게 수호국을 옭을 기회를 제공한다면서, 나아가 제도적 공약이 폭넓을수록 옭힘 리스크가 커진다고 주장한다(Snyder, 1997: 44). 폭넓은 제도적 공약은 군사적 지원 제공에 관해 조건을 거의 붙이지 않는 조약 문언을 수반한다. 그런 조건은 지리적 범위, 전쟁 개시, 군사력 동원 기준 등에 대해 언급할 수 있을 것이다. 그런 조건이 없다면, 수호국은 도덕적 해이 문제에 노출된다. 만일 동맹국이 무슨 짓을 하더라도 수호국의 지원에 기댈 수 있다는 것을 안다면, 그 동맹국은 자신의 행동에 따른 대가로부터 차단된다고 생각할 것이다(Benson, 2012: 43~70). 그런 경우에 동맹국은 훨씬 더 공격적인 대외정책을 채택할 수 있다.

이러한 우려를 가장 잘 보여주는 역사적 사례는 1879년 독일과 오스트리아·헝가리 사이에 체결된 이국동맹(Dual Alliance)이다. 그 설립 조약은 양국 중 하나가 "러시아의 공격을 받으면 다른 당사국은 제국의 전력을 총동원해 지원해야" 한다고 규정했다. 달리 말하면, 러시아가 독일이나 오스트리아·헝가리에 대한 공격에 가담했다고 어느 당사국이 어떻게든 간주한다면 그 조약이 발동될 것이었다(Yale Law School, 2008a). 양 동맹국이 외교적 교류를 통해 소통한 내용이 이 조약 문언의 모호성을 가중시켰으며 어쩌면 소통하지 않은 내용이 더 그랬을 것이다. 1914년 7월 위기의 전조가 된 것으로, 1909년 (작은) 헬무트 폰 몰트케(Helmuth von Moltke the Younger) 독일군 총참모장이 비공개 고위급 회담에서 오스트리아에 대한 독일의 무조건적 지원을 거듭 밝혔다(Jones, 2016: 303). 두 중유럽 강대국 간의 그처럼 긴밀한 공조에도 불구하고, 양국의 전쟁계획은 조율되지 않았으며 전략적 기획은 공유된 동맹 궤도보다 황제의 방침을 따랐다. 제1차 세계대전 직전 오스트리아·헝가리와 세르비아 간 분쟁에서 독일이 전자에게 "백지수표"를 주기로 결정한 맥락은 그러했다. 테오발트 폰 베트만홀베크(Theobald von Bethmann-Hollweg) 독일 수상은 베를린 주재 오스트리아 대사에게 프란츠 요제프(Franz Josef) 오스트리아 황제는 독일 황제가 "동맹과 오랜 우정에 따른 책무가 요구하는 대로 충실히 오스트리아·헝가리 편에 설 것임을 안심할" 수 있을 것이라고 통보했다(Brigham Young University Library, 2020). 곧이어 빈이 사라예보에 제시한 요구 사항 목록은 전쟁을 거의 불가피하게 만든 과중한 것이었다. 세르비아가 단 하나의 요구 사항도 들어주길 거부한 최종 결과는 국지적 충돌이었으며, 이 충돌이 대륙 전쟁으로 확대되어 독일이 여러 전선에서 다른 유럽 강대국들과 싸우게 되었다. 4년의 잔혹한 전투 끝에 독일은 전쟁에서 패했다.

조약에 초점을 맞추면 옭힘 리스크를 완화할 수 있는 해법이 나온다.

성문 공약의 대상에서 동맹국을 제외하는 것이 하나의 해법이 될 수 있다. 1960년대에 미국이 이스라엘과의 방위조약 체결을 삼간 것은 아랍 국가들과의 분쟁에 휘말리는 것을 피하기 위해서였다(Yahi-Milo et al., 2016). 또 다른 해법은 무조건적 지원을 약속하지 않는 것이다. 수호국이 일정 환경에서는 동맹국을 지원하지 않을 것임을 — 필요하면 은밀하게 — 분명히 할 수 있을 것이며, 또한 법적으로 빠져나갈 구멍을 만들거나 책무의 정확한 성격을 윤곽만 기술할 수도 있을 것이다(Kim, 2011: 358~359). 이것이 바로 1950년대 아이젠하워 행정부가 대만과의 상호방위조약에 비밀 조항을 붙였을 때 했던 방식이다. 그 조항은 대만이 중국 본토에 대한 공격작전을 벌인다면 미국이 지원하지 않을 것임을 명시했다(Christensen, 2011: 239). 이와 비슷하게 한미동맹조약은 미국 측이 다음과 같이 이해하는 조항을 삽입했다.

어느 당사국도 타 당사국이 외부의 무장공격을 받는 경우를 제외하고 타 당사국을 지원할 (……) 의무가 없다. 합법적으로 대한민국의 행정적 통제하에 있다고 미국이 인정한 영토가 무장공격을 받는 경우를 제외하고, 현행 조약의 어떤 조항도 한국에 대한 미국의 지원을 요구하는 것으로 해석되지 아니한다(Yale Law School, 2008b).

따라서 이러한 해석은 북한이 전쟁 문턱을 넘지 않는 정치적 전복에 개입하는 경우뿐만 아니라 한국이 공격하는 시나리오를 배제한다. 워싱턴조약도 공약 범위를 제한하기 위한 조건을 포함했다. 나토는 지리적 범위를 "유럽 또는 북미"로 제한함으로써 당시 일부 회원국이 아직 보유하고 있던 식민지에 대한 공격을 제외했다. 실제로 나중에 샤를 드 골(Charles de Gaulle) 프랑스 대통령이 나토가 북아프리카 지역을 어떻게 취급할지 문의했다(Sayle, 2019: 47). 끝으로, 동맹 자체가 제약의 근원이 될 수 있다는 일부의 주장이 있다. 빅터 차(Victor Cha, 2016)는 미국이 동아시아의 파트너 국가들과 하나의 다자동맹보다 복수의 개별적인 양자동맹을 선택한 것은 각국을 개별적으로 더욱 통제하기 위해서였다고 주장한다.

이러한 잠재적 해법에도 불구하고, 동맹조약 혹은 그 특성이 정말로 옭힘 리스크를 만드는가? 이것이 사실이라면, "난폭 운전"을 일삼는 동맹국 — 즉, 대외정책에서 더욱 공세적으로 나오는 동맹국 — 을 비판하는 인사들은 왜 이스라엘, 점령 종식 후의 이라크 등 미국과 동맹조약을 체결하지도 않은 국가들을 지목해 비판하는 경향이 있는지 의문이 든다(Posen, 2014: 44~50). 그러한 비판론은 동맹의 제도적 특성이 옭힘 문제와 거의 무관하며 아이러니하게도 제약의 근원이 될 수도 있음을 시사한다. 김의 동맹 정의를 상기해 볼 때, 옭힘이 동맹협정의 한 특징에서 비롯된다면 그것은 실제로 옭힘이기보다는 얽힘의 한 형태일 것이다.

개념적으로 보면 — 공약을 약화시키기보다 — 공약을 강화하는 것이 옭힘 리스크를 줄일 수 있을 것이다. 글렌 스나이더(Glenn Snyder, 1997: 185)의 기술을 인용하자면, "동맹국을 제어할 수 없다고 생각하면 그 동맹국을 확고하게 지지하는 것이 적국이 물러서도록 만듦으로써 전쟁을 방지할 수 있다 — 옭힘은 억지를 통해 회피된다. 아니면 동맹국을 지지하는 것이 그들의 안보 느낌을 충분히 제고함으로써 그 동맹국은 더욱 안심하고 적국을 달랠 수 있을 것이다". 첫 번째 경우에서, 전쟁이란 다투는 두 세력 간의 상호작용이기 때문에 적국은 수호국의 동맹국과 벌이는 전쟁 비용이 너무 크다고 평가해 전쟁을 하지 않기로 결정할 수 있다. 결국 옭힘은 발생하지 않는다. 대신에 적국이 동맹국과 수호국에 양보할 수 있을 것이다. 두 번째 경우에서, 동맹국이 불안감 때문에 수호국을 옭으려고 시도할 수 있을 것이다. 어쩌면 동맹국은 수호국의 지지가 불충분하고 적국이 군사력을 축적하고 있다고 느끼기 때문에 승산이 아직 남아 있을 때 공격하기로 결정할 것이다. 게다가 동맹이 견고하다면, 수호국은 동맹국이 바람직하지 않은 공격적 행동을 벌이지 않도록 그 동맹국을 감시하고 억제할 기회가 주어진다(Tierney, 2011: 289~291).

독일의 '백지수표' 사례는 오스트리아·헝가리의 과신이 독일을 전쟁으로 이끌었다는 것을 암시하기 때문에 옭힘의 예시로서 문제가 많다. 그러나 사학자들은 독일 지도자들이 스스로 무슨 짓을 하고 있는지 이해했으며 전쟁 가능성도 받아들였다는 증거를 찾아냈다. 독일 지도부는 군사력 균형이 악화되고 있는 추세에 비추어 1914년이 전쟁할 적기라고 보았을 것이다(Copeland, 2001: 56~78). 일부 사학자들은 독일 지도자들이 유럽 제패를 추구했으며 대규모의 전쟁을 벌이기로 이미 몇 년 전부터 합의한 상태였다고 주장하기에 이르렀다(Fischer, 1974). 독일이 그러한 야심을 가졌다는 관념에 대해 회의적인 일부 다른 사학자들도 독일의 지도자들이 전쟁 리스크를 수용했으며 사실은 대러시아 개전의 구실로 오스트리아를 이용했다고 주장한다(Strachan, 2004: 73~74; Clark, 2012: 418~419). 옳건 그르건, 독일 지도자들은 빈과의 강력한 동맹이 독일의 안보에 필수적이라고 생각했을 것이다. 그것은 오스트리아·헝가리가 발칸반도 내 독일의 이익을 보호하고 완전한 포위를 방지하며 지방의 슬라브족 주민을 관리하는 데 도움이 되었기 때문이었다(Vermeiren, 2016: 84). 종국적으로 맞이한 값비싼 패배에 비추어 백지수표는 경솔했을 것이다 ― 독일 수상을 역임한 베른하르트 폰 뷜로(Bernhard von Bülow)는 나중에 백지수표를 건넨 날을 "독일의 암울한 날"이라고 불렀다. 그러나 당시에 그 백지수표는 독일이 가진 정치적 야심과 전쟁 셈법에 부합하는 의식적 선택이었다(Vermeiren, 2016: 56 에서 인용).

요컨대, 옭힘 리스크는 조약 원천으로부터 발생할 수 있지만 조약 해법도 가능하다. 만일 수호국이 옭힘을 걱정한다면 당면 문제에 대해 적절한 해법 ― 조약 회피, 조건부, 정밀한 언어, 공약 강화 등 ― 을 찾을 것이다. 적절히 규제하지 못했다면 그것은 근시안과 만시지탄이 작용했다기보다 의도적인 결정일 것이다. 조약에서 설계된 규제 효과는 시간이 흐르면서 희석되기 마련이라는 일부 주장이 분명히 있을 수 있다. 공약이 원당사국들이 의도했던 것보다 더 커질 수도 있을 것이다. 미라랩-후퍼(2020: 19)는 이 현상을 묘사하기 위해 "확장(dilation)"이라는 용어를 기민하게 도입하고 있다. 그의 신중한 기술에 의하면, 그런 확장은 비용을 수반하겠지만 그 확장을 일으키는 요인은 콕 집어내기가 매우 어렵다 ― 그의 말로는 "불가능"하다. 동맹이 보다 오래 지속될수록 결국에는 각 동맹국의 공약을 추동한 대외정책의 이익이 변할 확률이 높아진다. 이러한 변형이 동맹에 치명적일 필요는 없다. 그와 반대로, 동맹은 그러한 변화에 적응하고 수용할 수 있을 만큼 충분히 신축적일 수 있다.

시스템 리스크

학자들이 시스템 리스크를 발생시키는 두 개의 원천을 찾아냈는데, 그 둘은 서로 다름에도 자주 상호작용을 통해 옭힘 개연성에 영향을 준다. 첫 번째 원천은 국제체제 내의 극성(極性), 즉 지역 또는 세계 수준에서 얼마나 많은 강대국 또는 정치적·군사적 권력의 축이 존재하는지다. 두 번째 원천은 학자들이 공방 평형(offense-defense balance) ― 방어하기에 비해 공격하기의 상대적 난이도를 가리키는 용어 ― 이라고 부르는 군사기술적 요인이다. 이러한 리스크는 국제체제의 특징이며 따라서 어느 한 국가가 다룰 수 있는 것이 아니기 때문에 시스템적이다.

극성은 강대국이 맺은 동맹국의 상대적 중요성에 영향을 미치기 때문에 중요하다고 한다. 냉전과 같이 강대국이 둘밖에 없는 양극 맥락에서는 하나의 동맹국이 균형을 깨지 않았으며 따라서 한쪽 강대국의 안보에 그리 중요하지도 않았다. 탈냉전 시기와 같은 단극 맥락에서는 유일한 강대국 미국이 너무 강력해서 군사동맹은 더 이상 미국의 안보와 관련이 없었다. 적어도 이론상으로, 강대국은 느슨한 안보협정을 선호한다(Walt, 2009). 강대국이 셋 이상 있는 다극 맥락에서는 힘의 균형이 더 불확실하다. 하나의 동맹국이 잠재적으로 균형을 깰 수 있고 나아가 강대국 간의 전쟁에서 승패에 영향을 미칠 수 있을 것이다[Waltz, 1979(2010): 167~170]. 제1차 세계대전을 앞둔 유럽이 다극체제였으며 이러한 역학관계를 보인 것 같다. 러시아는 세르비아를 지정학적 라이벌인 오스트리아·헝가리 ─ 독일의 불가결한 동맹국 ─ 에 대해 균형을 움직일 만한 파트너로 보았다. 대전이 발생한 이유는 쇠사슬로 묶기(chain-ganging) ─ 각국이 동맹 자체가 아니라 세력균형을 기어코 유지하려고 했던 때를 가리키기 위해 학자들이 사용하는 용어 ─ 로 인해 동맹이 과도한 중요성을 띠게 되었기 때문이었다(Kim, 2011: 358). 각국은 이성적이라면 피하는 쪽을 선택했을 전쟁을 벌이게 된다.

중요할 수 있다고 학자들이 말하는 두 번째 시스템적 요인은 공방 평형이다. 수호국이 공격하기가 방어하기보다 더 쉽거나 싸다고 생각한다면 수호국으로서는 동맹국이 더 소중하게 된다. 이 추론은 간단하다. 수호국이 동맹국을 소중히 여기는 것은 그 동맹국이 매우 탐나는 자원을 가지고 있거나 전략적으로 중요한 지리적 위치를 차지하고 있기 때문이다. 방어가 비교적 쉽다면, 동맹국은 많은 지원을 받지 않고도 공격에 버티고 그런 자산을 지킬 것으로 기대될 것이다. 따라서 수호국은 동맹국에 책임을 떠넘길 수 있다. 그러나 공격이 쉽다면, 동맹국이 적국의 먹이가 될 수 있고 따라서 동맹국 지원이 필수적인 일이 될 것이다. 그러므로 수호국은 동맹국을 더 보호하게 되고 나아가 더 확실히 동맹국을 지원할 것이다(Christensen and Snyder, 1990: 138). 이러한 상황은 동맹국에게 왜곡된 유인을 제공하는바, 적국에 대해 보다 공격적인 행동을 취하도록 동맹국을 대담하게 만든다. 공격 역량과 방어 역량을 구별할 수 있는 것도 중요한데, 공격이 대세이고 무기 용도를 구별할 수 없다면 얽힘 가능성이 증가한다. 이런 관점에서 볼 때, 1914년 이전의 유럽을 매우 불안정하게 만든 것은 다극체제였을 뿐만 아니라 공격이 비교적 쉽다는 일견 폭넓게 퍼진 믿음이었다. 유럽 제국의 군대는 "공세 숭배 집단"의 노예가 되었는바, 군국주의 가치를 흡수했으며 적국에 대한 공격 감행을 구상하는 군사교리를 비이성적으로 채택했다(Van Evera, 1984). 이런 이유에서, 1914년 6월 28일 오스트리아 황태자 프란츠 페르디난트(Franz Ferdinand) 대공의 암살 직후 유럽 각국은 동맹공약에 따라 전쟁으로 치달았다.

이런 두 요인의 효과는 찾아내기 어려운데, 그 부분적 이유는 그 요인이 시스템적이기 때문이다. 토머스 크리스텐센과 잭 스나이더(Thomas Christensen and Jack Snyder, 1990)의 관찰에 의하면, 다극체제가 양차 세계대전 이전 국제체제의 특징이었는데도 얽힘과 쇠사슬로 묶기 역학관계는 1914년에만 나타났다. 책임을 전가하는 식으로 전쟁 비용을 동맹국에 부담시키는 것은 양 대전 사이 기간에 더 일반적이었다. 더 중요한 것은 강대국 수가 아무리 많아도 지도자들은 얽힘을 걱정하는 것 같다는 사실이다. 앞서 언급한 대로 빅터 차(2016)가 찾은 증거에 의하면, 냉전 초기에 미국의 정책결정자들은 한국, 대만 등 동아시아 파트너 국가들과 관련된 옭힘을 우려해 그들과 양자협정을 체결하게 되었다. 동맹 옭힘과 연계된 펠로폰네소스전쟁은 고대의 양극 맥락에서 전개되었다.

극성은 아예 가늠할 수 없는 요인이지만, 공방 평형은 특히 전쟁이 터지기 전에는 측정하기 어렵다. 거듭 말하지만, 공격이 비교적 쉽다면 그 평형은 공격 쪽으로 기운다. 이것은 지리적인 이유 - 산악 지형이나 큰 수역을 넘어 공세적 군사작전을 수행하기는 까다로움 - 때문일 수 있지만 당대의 가장 중요한 무기체계가 얼마나 기동성이 있고 치명적인지에 따른 결과일 수도 있다. 기동성과 화력이 클수록 그 평형은 공격 쪽으로 더욱 기운다(Lieber, 2005: 35~45). 그럼에도 학자들은 이런 식으로 무기를 측정하는 방법에 동의하지 않는다. 해양발사 핵탄두 미사일은 기동성이 있고 화력도 크지만 공격력 수단이라기보다 억지력 수단으로 간주된다. 방어방벽은 분명히 정적이고 화력도 없지만 고정된 지점을 방어하는 임무에서 군인들을 해방시킨다. 가장 중요한 것은 문민·군사 지도자들이 공방 평형에 관해 갖고 있는 인식임이 확실하다. 이 변수의 객관적 척도를 개발하려는 학자들의 노력은 헛수고일 것이다. 그래도 수호국은 옭을 가능성이 있는 동맹국을 자제시키기 위해 무기 이전을 실제로 활용할 수 있다. 역사적으로 미국은 대만에 대해 해협을 넘어 중국을 공격하는 데 사용될 수 있는 공격 역량을 제공하지 않았다. 실로 1979년 '대만관계법'은 미국이 방어무기만 제공해야 함을 분명히 하고 있다(Yarhi-Milo et al., 2016). 소련은 바르샤바조약 동맹국들의 모험주의 보폭을 제한하기 위해 의도적으로 탄약 공급 수준을 낮게 유지했다(Dawisha, 1990: 106).

그러나 군사교리 선택은 군사기술에 관한 신념에 따라 달라질 필요가 없을 것이다. '공세 숭배 집단'의 생각과 1914년 이전의 유럽을 다시 고려하자. 스콧 세이건(Scott Sagan, 1986)의 주장에 의하면, 유럽 제국은 군국주의 가치에 매료되었기 때문이 아니라 동맹공약에 따라 불가피했기 때문에 공격적 군사교리를 채택했다. 프랑스와 러시아가 방어적 군사교리를 채택했더라면, 양국은 분명히 서로에게 책임을 전가하려고 했을 것이기 때문에 어느 쪽도 상대를 신뢰하지 않았을 것이다. 공격적 군사교리를 채택한 것은 결국 양국이 모두 독일과의 일전을 불사한다는 신호를 보낸 것이다. 프랑스, 독일, 영국의 정치·군사 지도자들 역시 자국이 장기 소모전을 감당할 만큼 충분히 강하다고 확신하지 못했기에 공격적 태세를 취하는 선택밖에는 없다고 생각했다(Hunzeker, 2021: 47). 이리하여 제1차 세계대전에서는 옭힘이 발생하지 않았는데, 그것은 — 동맹과 무관한 — 정치적 이해관계의 대립이 분쟁을 야기했기 때문이다.

요컨대, 옭힘 리스크가 시스템적 원천에서 비롯될 수 있지만, 관련 개념이 다루기 힘들고 불확정적이기 때문에 이런 주장들은 유지되기 어렵고 가늠하기도 어렵다.

평판 리스크

자국의 평판에 대한 우려가 왜 수호국이 전략적으로 바람직하지 않은 전쟁을 동맹국을 위해 수행하게 되는지를 설명할 수 있다. 여기서 평판은 장래 위기 시에 수호국이 동맹국을 지원할 확률에 관해 다른 국가들이 가질 믿음을 가리킨다. 광범위한 대외정책 결정을 정당화하는 근거로 평판을 들먹이는 지도자들(그리고 전문가들)의 성향을 감안할 때, 이 주장은 의미심장하다. 크리스토퍼 페트바이스(Christopher Fettweis, 2013: 95)의 기술에 의하면, "모든 국가가 자국의 평판에 어느 정도 신경을 쓰지만, 오늘날 미국처럼 신뢰를 유지하려고 그 명제를 진지하게

취급하는 국가는 없다". 린든 B. 존슨(Lyndon B. Johnson) 미국 대통령
은 민주당과 국가의 신뢰성뿐 아니라 자신의 신뢰성이 걸려 있기 때문
에 베트남에서 군사적 확전이 정당화된다고 속으로 생각했다(Logevall,
2001: 392~393). 빌 클린턴(Bill Clinton) 대통령은 미국이 소말리아에 계
속 개입하지 않으면 "우방국과 동맹국과의 관계에서 우리의 신뢰성이
크게 손상될 것이기" 때문에 계속 개입할 필요가 있다고 주장했다(Yarhi-
Milo, 2018: 237에서 인용). 노벨 경제학상을 수상한 전략가 토머스 셸링
[Thomas Schelling, 1966(2009): 55~56]은 이러한 견해에 지성인의 신뢰
를 더하면서 "체면" — 즉, "행동에 대한 평판" — 은 "싸울 가치가 있는 몇
몇 대상 가운데 하나"라고 기술했다. 수호국의 평판이 나빠지고 이 생
각이 이어지다 보면, 동맹국이 다른 파트너를 찾고 적국은 공세를 취
할 수도 있다.

옭힘을 야기할 수 있는 평판 우려는 적어도 두 가지 경로로 발생한
다. 첫 번째 경로는 수호국의 지휘부가 동맹국을 위해 싸우지 않을 경
우 뒤따를 수 있는 평판 손상을 우려해 싸워야 한다고 생각하는 것이
다. 조약상의 공약을 지키지 못할 경우에는 결과적으로 불신하는 파트
너 국가를 달래기 위해 정책 양허를 늘리거나 국가 명예가 더럽혀졌음
을 고통스럽게 느낄 것이다(Miller, 2003; Dafoe et al., 2014). 연구에 의
하면, 적국은 과거의 행태에 근거해 수호국이 물러설 것이라고 믿으면
공격할 확률이 높아진다(Weisiger and Yarhi-Milo, 2015). 지도자는 자신
이 조국의 위신과 지위를 약화시키고 있다고 인식될 경우에는 집권 정
치 세력의 문책을 받을 것이라고 두려워할 수 있다(Fearon, 1994). 따라
서 수호국은 설득력 있는 전략적 근거가 있어서가 아니라 동맹공약이
출발부터 고유한 가치를 지니기 때문에 동맹국을 위해 싸운다. 동맹은
동맹국이 실제로 무슨 짓을 하든지 관계없이 그 자체로 하나의 목적이

된다. 두 번째 경로는 수호국이 동맹국을 위해서 싸우기에 충분할 정도로 자국의 평판을 중히 여긴다고 그 동맹국이 정확히 판단하는 것이다. 기회를 포착한 그 동맹국은 평판에 사로잡힌 수호국이 구해줄 것이라고 생각하고 적국에 대해 더 공격적이 된다(Layne, 2006: 163~172; Posen, 2014: 33~50).

신뢰성이 중요하다는 지도자들의 언급에도 불구하고, 첫 번째 경로는 두 가지 문제를 안고 있다. 먼저 동맹국이 원하는 것이 종종 불변이 아니며 실제로는 수호국 지도자들이 생각하는 것과 반대일 수도 있다는 점이 문제다. 어느 동맹국은 수호국이 꼭 타 동맹국의 이익을 위해서가 아니라 자신의 이익을 위해 싸우기를 바랄 수 있으며, 특히 그 싸움이 자원과 관심을 다른 데로 돌릴 경우에 그렇다(Henry, 2020). 베트남전쟁을 예로 들자. 유럽과 동아시아의 많은 동맹국들은 미국이 베트남에서 싸우는 데 대해 시큰둥했으며 양면적인 태도까지 보였다. 존슨 행정부 내 일부 회의론자들은 ─ 예를 들어 조지 볼(George Ball) 국무부 차관 ─ 동맹국들이 전쟁보다 정치적 해법을 더 선호할 것이라고 주장했다(Logevall, 2001: 244). 사실 동맹국은 분쟁이 확대될 위험이 있거나 동맹관계에 따라 자국이 분쟁에 연루될 위험이 있다면 미국에 의한 옭힘을 두려워할지 모른다. 혹은 베트남전쟁 기간에 미국의 조약 파트너 국가들 다수가 생각했듯이, 다른 데서 벌어진 군사 개입은 한 동맹국이 직접 연루된 위기 시에 그 동맹국이 수호국으로부터 불충분한 지원을 받게 됨을 의미할 수 있다는 것이 동맹국의 생각일 수 있다(Beckley, 2015: 33~38; Krebs and Spindel, 2018). 오히려 무모한 동맹국 지원을 자제하는 것이 진정으로 수호국의 평판을 높이는 것일 수 있다.

두 번째 관련 문제는 수호국의 동맹국 지원 결정에 다른 국가안보 우려가 작용할 개연성이다. 평판은 다수의 요인 중에 하나일 뿐인바, 평판이 중요하다고 해도 가장 중요한 요인이 아닐 수 있다. 우선 동맹국 상실은 전략 지역이나 다른 자원을 적국에 넘기는 것을 수반할 수 있다. 일부 학자의 주장대로 영토 정복이 경제적으로 이득이라면 적국이 수호국에 비해 상대적으로 더 강해질 수 있을 것이다(Liberman, 1998). 수호국은 더욱 불리한 처지에 놓일 후일보다는 지금 싸울 필요가 있다고 계산할 수 있을 것이다. 앞서 논의한 대로 제1차 세계대전 직전 독일의 대오스트리아 정책결정에 그런 계산이 작용했다. 궁극적으로 미국의 냉전전략은 유럽이 공산주의화되면 소련이 유럽 대륙을 지배하고 이용해 해외로 힘을 투사할 수 있을 것이라는 믿음에 달려 있었다. 냉전 초기 미국의 전략적 사고에서 도미노 이론이 인기가 있었던 것은 바로 이 이론이 한 반공국가의 상실은 더 많은 상실로 이어질 것이라는 믿음을 잘 표현했기 때문이다. 도미노 이론은 전반적인 힘의 균형(일부 국제관계학자에 의하면, 양극체제에서는 중요하지 않음)에서 상대적 이득에 관한 것인 동시에 결의(決意)에 대한 평판을 유지하는 것과도 관련이 있다[Waltz, 1979(2010)]. 물론 동맹국들은 항상 자신의 필수불가결성을 수호국에 확신시키려고 노력할 것이다. 그러나 왜 각국이 무엇보다도 동맹을 형성하는지 다시 생각해 보자. 각국은 공동의 위협을 맞이하고 있다는 점과 성문 조약이 상호 공약을 확인하는 데 유용하다는 점에 합의하기 때문에 동맹을 형성한다. 동맹의 존재 자체가 각국이 실제 공약과 무관한 이유에서 서로의 안녕에 어떤 이해관계를 가지고 있음을 드러낸다.

그렇다면 우리는 국가의 신뢰성이 어떻게 대외정책의 위기 속에 반영되는지와 관련해 지도자들의 언급을 어떻게 볼 것인가? 케렌 야르히-밀로(Keren Yarhi-Milo, 2018)에 의하면, 어떤 정치 지도자들 — 린든 존슨, 로널드 레이건(Ronald Reagan), 빌 클린턴 등 — 은 "고도의 자기 모니터링" 인물로서 마주하는 청중에 따라 자신의 행동을 조정한다. 이런 지도자는 남들의 생각에 정말 신경을 쓰기 때문에 평판에 대한 진지한 우려를 분명히 표현하는 경향이 있으며 자신의 강인성을 보여주기 위해 군사력을 사용하려는 의지가 더 강하다. 야르히-밀로의 말이 맞는다면, 평판 우려를 자아내는 것은 동맹 자체가 아니라 개별 지도자의 성향이다. 국가의 명예와 같은 것을 신봉하는 일부 지도자는 개인적으로 공격받는다고 느끼면 복수하기 위해 군사력을 사용할 확률이 더 높을 것이다(Butt, 2019; Dafoe and Caughey, 2016). 분명한 옳힘을 동맹 탓으로 돌리는 것은 문제를 오진한 것일 수 있다. 지미 카터(Jimmy Carter) 미국 대통령 같이 자기 모니터링이 약한 일부 지도자는 동맹국과 적국에 결의를 보여주기 위해 공격적으로 행동해야 한다는 관념에 대해 훨씬 더 비판적이었다.

두 번째 경로가 작동하기 위해서는 세 가지 진실이 필요하다. 첫째, 동맹국은 군사적 위기 시에 수호국이 도우러 올 것이라고 확신할 필요가 있다. 그러나 동맹 유기에 관한 다음 장에서 보겠지만, 전쟁은 대가가 크며 의도하지 않은 결과를 야기할 수 있기 때문에 동맹국에 대한 신뢰가 높은 경우는 드물다. 결국에는 수호국이 전시 또는 큰 위기 시에도 동맹국을 지원하지 않기로 결정할 수 있다. 수호국의 지원을 당연시할 수 없는 경우가 흔하다. 동맹국이 수호국의 공약을 확신하려면 적어도 적국에 대한 자국의 이해관계와 태도가 이미 매우 적절하다고 인지해야 한다(Tierney, 2011). 매우 유리한 군사 균형은 그 확신을 더욱 공고히 한다. 둘째, 수호국이 오로지 평판에 대한 우려 때문에 동맹국을 도우러 가는 것이다. 불행히도 이 공리는 첫 공리에 위배된다. 즉, 각국이 양립 가능한 이해관계를 공유한다면 평판 이외의 가치가 작용하고 있으며 따라서 왜 평판이 더 중요한 원인인지가 분명하지 않게 된다. 셋째, 이 모험에서 다른 동맹국들이 수호국을 지원하는 것이다. 결국 수호국이 동맹국들과의 평판을 유지하기 위해 싸우고 있다면 바로 그 동맹국들은 그 행동을 좋게 받아들여야 한다. 그럼에도 불구하고 만일 옳는 동맹국이 수호국의 이해관계와 맞지 않는 의심스러운 이유에서 전쟁을 벌이고 있다면, 이러한 불일치가 다른 동맹국들에게 명확하게 보여야 한다. 그럴 경우, 다른 동맹국들은 수호국을 지원할 개연성이 적으며 불쾌감까지 표시할 것이다. 이리하여 수호국은 - 평판을 위해 싸우고 있는 데도 - 다른 동맹국들 사이에서 바로 그 평판을 잃는다. 이러한 모순이 발생하지 않는 유일한 길은 수호국의 대다수 동맹국이 똑같이 생각하고 같은 전쟁을 원하는 것이다. 하지만 조약상의 공약은 이해관계의 공유와 공동의 위협 인지를 반영하기 때문에 다수의 바람에 따라 행동하는 것은 평판 이외의 이유로도 정당화될 것이다.

요컨대, 많은 지도자가 자신의 대외정책 결정을 정당화하기 위해 평판과 신뢰성을 들먹이지만, 비가시적인 이런 것이 옳힘 리스크를 발생시키는지 여부에 관해서는 충분한 의문이 제기된다. 각국의 평판은 경솔하거나 무모한 전쟁을 벌이지 않음으로써 좋아질 수 있다. 만일 그런 전쟁을 벌이는 국가가 있다면, 동맹공약 자체보다는 스스로 정의하는 국익에 따라 행동하는 것이다.

초국가적 이데올로기 리스크

21세기 초에 나토에 관해 나온 일반적 주장은 이 동맹이 경성 안보(hard security)와의 관련이 적어지고, 고유의 대서양 정체성을 보호하고 자유민주주의 규범과 가치를 전파하는 데 더욱 관련되었다는 것이다(Fierke and Wiener, 1999; Kirchen, 2009: 109). 어느 정도로, 이러한 주장이 일반화된 것은 탈냉전 시대 지도자들이 나토 확대를 위해 내세운 정당화 때문이었다. 소련 붕괴 덕분에 더 이상 공동의 위협에 대비한 집단방위에 중점을 두지 않게 된 나토가 새로 맡았다는 공약은 더 이상 핵심 회원국의 필수 안보 이익을 대변하지 않았다. 이러한 "이슈 하락(issue slippage)" – 이 상황에 대해 일부 학자가 명명한 것임 – 은 문제가 많다. 그 이유는 비회원국 지도자들이 나토에 가입해 궁극적으로 자신들의 분쟁에 남들을 옭아넣기 위해 기민하게 나토의 지배적 이데올로기에 호소할 수 있기 때문이다(Driscoll and Maliniak, 2016: 594). 엘리트 네트워크는 이런 지도자들이 잠재적 수호국을 조종할 수 있는 항용 수단이다. 이런 지도자들은 대사관 인맥을 발전시킬 수 있고, 정책결정자에게 특혜적으로 접근하는 로비스트를 고용할 수 있으며, 싱크탱크 출판물이나 대중매체를 통해 자신들의 명분을 기꺼이 옹호해 줄 대외정책 전문가의 서비스를 구매할 수 있고, 수사적으로 이데올로기에 호소할 수 있다(Cooley and Nexen, 2016: 88~94). 그들은 잠재적 수호국의 환심을 사기 위해 자국 기관의 구성을 바꾸거나 인종적 친밀감에 호소할 수도 있다(Driscoll and Maliniak, 2016). 어떤 방식이든 잠재적 동맹국은 초국가적 연계와 이데올로기 주장을 원용해 수호국을 끌어들이려 하고 있다. 그 목표는 수호국이 필수 이익을 똑같이 공유하고 있다고 오판하도록 만드는 것이다. 전형적인 예가 2003년 장미혁명부터 2008년 러시아와의 전쟁까지 기간의 조지아다. 조지아의 지도자 미헤일 사카슈빌리(Mikheil Saakashvili)는 자국의 나토 가입을 바라면서 미국 의원들과 정책결정자들에게 어필하기 위해 자신이 자유민주주의 성향이라고 주장했다. 나토가 이러한 추론 방향에 따라 그의 야심을 부추기지 않았더라면, 2000년대 캅카스(Caucasus) 지역은 평화로웠을 것이며, 아니면 적어도 평화로울 확률이 훨씬 더 높았을 것이다.

이 주장에는 흠이 있다. 이 주장은 그 근저에서 수호국 지도자들이 자국의 참된 필수 이익에 관해 – 위험하지는 않더라도 – 깊이 오판할 정도로 자국의 이데올로기적 공약에 의해 맹목적이 되었다고 가정한다. 우리는 또한 이 주장 자체가 이데올로기적일 수 있다고 말할 수 있다. 왜냐하면 이 주장이 필수 이익의 내용에 관한 특정 견해를 전제하고 대안을 처방하기 때문이다. 지도자들이 이데올로기에 이끌리는 것은 당연하지만, 지도자들을 연구하는 사람들도 그럴 수 있다. 한 국가의 이익은 불변이 아니며 대개는 경제적 또는 정치적 선호를 가진 여러 집단 간의 타협 대상이다(Trubowitz, 1998 참조). 중요한 것은 지도자들의 선호가 어떻게 대외정책에 영향을 미치는지가 그리 단순하지 않다는 사실이다. 모든 대외정책의 산출물에는 많은 투입 요소가 들어갔을 수 있다 – 그렇다고 수호국이 동맹국의 이익에 부합하는 정책을 결정할 때 외국의 영향을 받았다는 의미는 아니다. 앞서 말한 것을 반복하자면, 각국은 복수의 가치가 – 동맹공약 자체뿐 아니라 – 걸려 있다면 동맹국과 함께 싸울 수 있다. 일국의 로비 활동이 가장 중요한 요인은 아니더라도 하나의 요인이 될 수 있다. 게다가 로비는 경쟁 과정이다. 다른 국가들 또한 수호국이 그 동맹국의 이익에 반하는 입장을 취하도록 로비할 수 있을 것이다. 정말이지 한 동맹의 회원국이 많을수록 비회원국은 성공적인 로비를 추진하기가 더 힘들다. 비회원국은 어떻게든 상당수의 회원국들이 – 각국이 모두 다양한 정치기관과 이해관계를 가지고 있음 – 로비가 없다면 채택하지 않을 정책을 채택하도록 설득해야 할 것이다. 이런 종류의 설득은 공통되는 기반이 충분히 있을 경우에만 주효할 것이다. 그러나 실제로 그런 경우라면 논리상 동맹국들이 자국의 이익에 반해서 행동하는 것이 아니다.

조지아 사례가 초국가 이데올로기적 공약의 리스크에 관해 충고하는 이야기 같지만 사실은 이 주장이 지닌 문제점을 실증적으로 강조하고 있다(Lanoszka, 2018d). 사카슈빌리는 2004년 대통령이 되자 자유민주주의에 호소하는 수사를 구사했으며 나토로부터 '회원국 행동계획'을 받아내려고 노력했다. 조지아가 '행동계획'을 받으면 나토 회원국이 되는 길이 훤히 열릴 터였다. 그동안 그는 조지아의 국력 재건을 추진하고 트빌리시(조지아 수도 — 옮긴이)가 독립한 압하지야와 남오세티야 지방을 다시 장악할 필요가 있다고 주장했으며 외교적으로 블라디미르 푸틴 러시아 대통령과 충돌했다. 그러나 공식적으로 나토 동맹국이 되려는 그의 노력은 2008년 루마니아 부쿠레슈티에서 개최된 나토 정상회의에서 수포로 돌아갔다. 프랑스와 독일이 조지아에 대한 '행동계획' 적용을 거부했는데, 그 부분적 이유는 러시아의 반감을 사지 않고 조지아의 오랜 영토 분쟁에 휩쓸리지 않고 싶었기 때문이었다. 부쿠레슈티 정상회의 선언은 "이들 국가가 나토 회원국이 될 것임을 회원국들이 오늘 합의했다"라고 언급했으나 의도적으로 일정을 제시하지 않았다[NATO, 2008(2014)]. 독일과 프랑스의 반대를 감안할 때, 그 선언의 언급에도 불구하고 회원국 가입 전망은 어두웠다. 모스크바와 트빌리시 간의 긴장이 고조되는 중에 미국과 나토의 정책결정자들은 똑같이 러시아와의 개전 위험이 있는 조치를 취하지 않도록 사카슈빌리에게 경고했다(Tsygankov and Tarver-Wahlquist, 2009: 323). 사카슈빌리는 그 충고에 주의를 기울이지 않았으며, 2008년 8월 초 츠힌발리(Tskhinvali) 인근의 남오세티야 진지에 대한 조지아 군대의 공격을 승인했을 때 그는 자신을 잡으려는 올가미에 걸려들었다. 곧이어 러시아와 조지아 간에 단기 전쟁이 벌어졌으며, 미국은 적대행위가 종식되고 한 달이 지나서야 군사적 지원을 제공했다.

여기서 몇 가지 관찰이 유용하다. 먼저 사카슈빌리는 압하지야와 남오세티야에서 진행 중인 영토 분쟁 때문에 러시아와 충돌하리라고 정확히 예상했으며, 그래서 자신의 입지를 강화하기 위해 나토 가입을 추진했다. 또한 사카슈빌리는 워싱턴의 지지를 받았겠지만 베를린과 파리의 지지는 많지 않았다. 그 결과, 그는 조지아의 나토 가입에 실패했다. 아이러니하게도 사카슈빌리는 자신의 독재적 국내 책략에 대해 유럽연합의 비난을 받았다. 반면에 부시 행정부는 그런 책략을 애써 무시했는데, 이는 조지아에서 다른 이해관계를 염두에 두고 있었다는 뜻이다(Delcour and Wolczuk, 2015: 464). 아마 부시 행정부는 러시아의 접경에서 러시아와 경쟁하고 싶었거나 러시아 천연가스에 대한 유럽의 의존도를 줄이는 에너지 프로젝트를 지원하고 싶었을 것이다. 그렇긴 해도 2008년 봄 부쿠레슈티 정상회의에서 조지아의 가입이 좌절된 후 미국은 조지아에 대해 양자 방위조약을 제의할 수도 있었을 것이다. 미국이 그렇게 하지 않았고 지금까지 아무런 제의가 없다는 사실은 워싱턴이 동맹 방식에 의해 조지아와 안보관계를 공식화하는 데 우려를 가지고 있음을 시사한다. 이러한 관찰을 종합하면, 2000년대 조지아와 러시아 간 관계가 악화된 데에는 동맹 망령 외에 다른 리스크 요인이 작용한 것으로 보인다. 가장 중요한 것은 옭힘이 발생하지 않았다는 사실인데, 이는 나토 회원국들이 무장충돌이 임박했다고 생각했으며 그 충돌에 개입하지 않았기 때문이었다. 물론 조지아의 나토 내 지위에 관한 논란이 없었다면 2008년 8월 전쟁이 발생하지 않았을 것이다. 그러나 관련 인물들(사카슈빌리와 푸틴) 때문에, 그리고 영토 분쟁이 폭력화하는 것은 가늠하기가 힘든 문제이기 때문에(Johnson and Toft, 2013/4: 11~17 참조) 우리는 나토가 전혀 관련되지 않았더라면 2000년대에 전쟁이 발생하지 않았을 것이라고 자신만만하게 말할 수 없다.

요컨대, 초국가적 이데올로기 네트워크로 인해 각국은 타국과 사활적 이익을 공유한다고 생각하며 따라서 옭힘 리스크가 있는 위험한 공약을 떠맡게 된다고 추정된다. 그럼에도 불구하고 조지아 사례는 이러한 소위 '이슈 하락'이 과장된 것임을 시사하고 있다. 각국은 자신의 이익을 잘 알며 분쟁이 터지기 쉬운 국가로부터 오는 리스크도 인식한다. 각국이 때때로 그러한 리스크를 수용한다고 해서 뭘 모르고 그러는 것은 아니라는 뜻이다.

현시대의 옳힘 리스크

프랑스 철학자 장-폴 사르트르(Jean-Paul Sartre)는 그의 저서 『존재와 무(Being and Nothingness)』[1948(1984): 96~103]에서 사람들이 스스로 의지가 없다고 생각함으로써, 그리고 남들이 자신에게 기대하는 역할을 지나치게 의식함으로써 스스로를 기만한다고 주장했다. 사르트르는 그런 "나쁜 믿음"을 실제로 보여주기 위해 여러 가지 예를 제시한다. 첫 번째 예는 웨이터로 일하는 남자다. 그 남자가 웨이터에게 흔한 아니면 적어도 파리의 웨이터에게 흔한, 무례하고 틀에 박힌 매너리즘에 젖을 때, 그는 자신의 개성에 충실하기보다 자신에게 기대된 역할을 수행하기 때문에 나쁜 믿음을 실행하고 있다. 두 번째 예는 바람둥이 남성과 데이트하는 여자다. 그녀는 그의 접근 의도를 이해하며 어떻게 대응해야 하는지 알지만, 그 남성이 자신의 손을 잡을 때까지도 이러한 대응을 계속 미룬다. 그녀는 자신에게 애원하는 상대방을 처리할 방안이 있어도 그 방안을 스스로 거부하기 때문에 나쁜 믿음을 가지고 있다.

옳힘 이론은 궁극적으로 각국이 나쁜 믿음을 실행한다고 비난한다. 특히 옳힘 이론은 각국이 자신의 이익을 제쳐놓고 타국의 기대를 충족하기 위해 수호국 역할을 수행한다고 보는 경향이 있다. 그 이론은 각국이 자국에 충실한 결정을 내린다고 생각하기보다 타국의 간청에 굴복한다고 보는바, 그 부분적 이유는 동맹이 안보 도전에 대처하는 수단이 아니라 그 자체가 목적이 된다는 데 있다. 옭는 동맹국은 옭히는 수호국보다 왠지 더 많은 대행 기관을 두고 있다 — 양국 간에 힘의 불균형이 존재함에도 그렇다. 그래서 동맹 옭힘에 관한 논란이 양국의 관심사에서 제자리를 잡지 못할 수 있다. 역사적 기록을 보면, 각국이 동맹 옭힘을 우려하는 것이 사실이다. 그러나 각국은 동맹 옭힘을 우려하기 때문에 바로 그 회피 조치를 취한다. 옭힘은 경험적으로 드물다. 마이클 베클리(Michael Beckley, 2015)가 조사한 사실에 의하면, 미국의 무력 사용이 가능했던 188건 가운데 동맹공약이 근저에 작용했을 것으로 보이는 것은 다섯 건, 즉 1954~1955년과 1955~1956년의 대만해협 위기, 베트남전쟁, 보스니아전쟁, 코소보전쟁뿐이다. 그러나 이들 경우에도 미국은 다른 동기와 이익이 있었기 때문에 그렇게 실제 행동으로 옮긴 것이다. 의미심장하게도 냉전 기간 미국의 동맹국들은 미국이 직접 개입하지 않은 다수의 유명한 무력충돌에 뛰어들었는데, 예를 들어 수에즈위기(프랑스, 영국), 말라야 비상사태(호주, 뉴질랜드, 영국), 포클랜드전쟁 등이었다. 수에즈위기를 둘러싸고 미국은 영국군의 철수를 강요하기 위해 파운드화를 동요시키겠다고 위협했다(Kunz, 1991). 2020년 집단안보조약기구의 일원인 아르메니아가 나고르노·카라바흐(Nagorno-Karabakh) 지역을 놓고 아제르바이잔과 전쟁을 벌였을 때도 러시아가 서둘러 아르메니아를 방어하지 않았다(Popescu, 2020). 따라서 옭힘은 자기부정적인 예언이다. 옭힘 리스크가 제도적인 데서 비롯된다면 그 리스크를 관리할 제도적 해법이 가능하다. 학자들은 옭힘 우려가 체제적 요인, 평판 우려 및 초국가적 이데올로기에서 비롯될 수 있다고 주장하지만, 각국이 자신의 선택을 조정할 여지는 충분히 있다.

그리고 각국은 동맹국의 이익에 봉사하는 행동 방책을 채택할 때 공약 자체 외의 다른 이유에서 그럴 수 있다. 베클리의 말대로 여전히 각국은 행동의 자유를 누린다.

그러나 ─ 옭힘 자체가 아니라 ─ 옭힘 우려가 동맹정치의 한 특징이라면, 현시대에서 그 우려가 어떻게 나타나는가? 앞서 언급했듯이, 트럼프가 몬테네그로에 관해 우려를 표명했다. 심각하게 보자면, 그것은 몬테네그로가 대담해져서 세르비아와 적대관계를 고조시킬 것이라는 우려다. 그러나 양국의 결합과 분리가 상당히 평화적이었음을 고려하면 그러한 전망은 개연성이 적다. 특히 양국 간 분쟁이 임박한 듯이 보이더라도 나머지 나토 회원국들이 가만히 있지 않을 것이다. 당연히 동맹이 제약요인으로 작용할 수 있을 것이다. 일부 국가가 몬테네그로 편에 가담한다면, 그것은 그 국가가 세르비아와 싸우고 싶기 때문일 것이다.

국제정치에서 변화가 진행되고 있다는 관념이 더 중요한데, 그것은 미국의 「2018년 국방전략」이 인식한 변화다. 이 문서는 "국가 간 전략적 경쟁이 이제 미국 안보의 일차적 관심사"(Mattis, 2018: 1)라고 단언하면서 중요한 경쟁국으로 중국, 러시아, 북한, 이란을 차례로 꼽고 있다. 이 문서는 「국방전략」의 초점이 세계 권력의 분포가 어떻게 바뀌었는지를 반영한다고 선언했다. 여전히 미국이 단연코 최강대국이지만, 일극체제가 과거처럼 굳건하지 않다(Brooks and Wohlforth, 2016). 중국과 러시아가 각각 자신의 군사적 역량을 증강하고 있으며 동아시아와 유럽에서 미국과 그 동맹국들을 크게 동요시키는 행동을 보이고 있다. 미국의 동맹국들이 「국방전략」과 같은 진술에 힘입어 적국에 대해 더욱 공격적으로 행동하게 된다면, 전략적 경쟁이 옭힘 리스크를 형성할 수 있다. 확실히 미국은 동맹국들이 중국, 러시아 및 기타 잠재 적국에 대한 압박을 가중하도록 용인할 — 아마도 바랄 — 것이다. 워싱턴은 동맹국들의 매파 성향이 더욱 강해진다면 군사적 긴장 고조의 위험을 더 높은 수준에서 감수할 수 있을 것이다. 역으로 워싱턴은 너무 비둘기파라고 간주되는 동맹국들을 꾸짖을 것인바, 일례로 트럼프가 독일을 거칠게 다루었다(Helwig, 2020). 따라서 왠지 전쟁이 터지려고 한다면, 미국이 궁극적인 교사범이기 때문에 꼭 옭힘이 근본 원인인 것은 아니다.

적어도 일부 동맹국에 대해서는 미국이 옭힘 리스크를 안기는 국가가 될 수 있다. 이러한 상황이 아이러니한 것은 동맹 옭힘에 관한 대부분의 이론이 약한 동맹국보다 수호국이 더 전쟁 회피를 열망한다고 상정하기 때문이다. 한국의 경우를 보자. 한국은 조약상의 공약과 자국 안에 주둔하는 2만 6000여 명의 미군 병력 덕분에 북한의 침공에 대비해 비교적 굳건한 안전보장을 누리고 있다. 그러나 2017년 중반 트럼프 행정부는 북한이 미국에 대한 위협을 계속하면 북한에 "화염과 분노"를 퍼붓겠다는 대통령 선언으로 대북 발언 수위를 높였다(Jackson, 2018b: 89~108 참조). 북한과의 위기가 통제 불능 상태가 되었더라면, 주한미군이 전투에 동원되었을 것이다. 한반도 내 한미동맹군의 통합을 감안할 때, 그러한 분쟁에서 서울이 중립을 지키는 것은 거의 불가능할 것이다. 그리하여 이러한 강력한 보장 때문에 자주성을 확대하고 어쩌면 자주적 핵무기까지 확보하자는 압력이 생길 수 있다(Sukin, 2020 참조). 이와 비슷한 우려가 이란과 관련해서도 있었는데, 트럼프 행정부가 이란에 대해 포괄적 공동행동계획(JCPOA, 2015년 체결된 이란 핵문제 합의 — 옮긴이)을 포기하고, 2020년 1월 이슬람혁명수비대 사령관 가셈 솔레이마니(Qasem Soleimani)를 암살함으로써 "최대한의 압박"을 가하겠다는 목표를 설정했을 때였다. 일부 국가는 동맹관계로 인해 자국이 보복 조치에 연루된다면 옭힐 수 있다고 걱정한다. 동맹을 맺었다고 해서 옭힘 리스크가 생기지 않듯이 제도적 설계, 평판과 명예, 초국가적 이데올로기 등의 이슈로 인해서도 그러한 옭힘 리스크가 생기지는 않을 것이다.

옭힘 우려는 미국 외의 동맹에서 분명하게 나타난다. 통념상 벨라루스와 러시아의 긴밀한 공조관계는 양 동맹국이 나토와의 무력 분쟁 시에 틀림없이 한편이 되어 싸울 정도다. 그러나 더 자세히 들여다보면, 벨라루스의 정치 지도자들이 러시아에 대한 공약을 너무 강력하게 표명하지는 않았다 — 적어도 2020년 8월 대선에 이어 벨라루스 전역에서 대규모 시위가 발생하기 전까지는 그러했다. 알렉산드르 루카셴코(Alexander Lukashenko) 벨라루스 대통령은 조지아와 우크라이나에 대한 러시아의 군사행동을 지지하지 않았으며 러시아와의 정치적·군사적 통합을 심화시키려는 구상을 방해하기까지 했다(Vysotskaya Guedes Vieira, 2014; Marin, 2010: 9~10). 러시아가 주도하는 집단안보조약기구의 다른 회원국들도 논란이 많은 러시아의 일부 행동과 거리를 두려고 했다. 카자흐스탄은 러시아, 중국 등 강대국들과의 관계에서 자주성을 극대화하기 위한 "다중벡터(multi-vector)" 외교정책을 추진했다(Ipek, 2007). 아르메니아는 러시아의 가장 충직한 동맹국으로 회자되지만 그런 열정을 가장 잘 설명해 주는 것은 아제르바이잔과 튀르키예에 맞서려는 아르메니아의 욕망이다(Vasilyan, 2017). 러시아의 동맹국들은 대외정책상 이익에 비추어 자국의 공약을 조절하고 다양한 수준의 리스크를 수용한다.

북한의 공격적인 국제 행동을 감안할 때, 북한이 중국을 옭을 가능성이 농후해 보인다. 평양의 핵무기 프로그램, 미사일 시험, 대남 도발, 호전적 수사 등이 전쟁 리스크를 높인 경우가 많았다. 북한이 중국의 유일한 조약 동맹국이며 "전략적 완충"을 제공하기 때문에 한반도에서의 전쟁은 중국을 연루시킬 수 있다(Park and Park, 2017: 376). 전쟁 직전까지 간 북한의 행동이 중국에 여러 가지 골칫거리를 안겼으며, 특히 동아시아의 불안정을 증폭시키고 일본이 군사력을 증강할 유인을 제공했다(Chung and Choi, 2013: 250); 북한 지도자들은 중국에 대해서도 위협을 가하기까지 했다. 중국이 북한을 자제시킬 목적으로 너무 강압할 수는 없다는 것이 정설인데, 그 부분적 이유는 중국이 북한의 정권 붕괴에 따른 인도적·정치적 결과를 두려워하기 때문이다. 따라서 북한이 중국을 분쟁에 옭아넣는다면 그것은 양극체제, 군사기술, 평판, 이데올로기적 친밀성 등으로 인한 것이 아닐 것이다. 오히려 그것은 위험에 처할 중국의 어떤 이익 ― 실제적 동맹과는 무관한 이익 ― 때문일 것이다. 그럼에도 불구하고 한반도에서의 전쟁이 자동적으로 중국을 연루시킬 필요는 없다. 어쨌든 중국이 한국전쟁에 개입한 것은 미국이 주도하는 군대가 중국 측이 보내는 신호에 주의를 기울이지 않고 북·중 국경을 향해 위협적으로 접근하고 있을 때였다. 평양이 동맹을 불신하는 것은 한국전쟁 초기에 자체 보유 장비에만 의존하도록 방기되었기 때문인 것으로 일부 설명된다(Pollack, 2011). 당시 북한은 중국이나 소련의 조약 동맹국이 아니었지만, 이 짧은 전투 경험이 북한 행동의 한 동인이었다. 다음 장에서 보듯이, 학자들은 흔히 유기와 옭힘을 동맹이라는 동전의 양면이라고 보고 있다.

제3장

동맹 유기

최근 들어 미국의 조약 동맹국들 사이에 가장 두드러진 우려는 미국이 부추긴 전쟁에 옭힐 수 있다는 것이 아니라 미국이 자국을 적국에 넘겨버릴 것이라는 우려다. 어쨌든 도널드 트럼프 대통령이 가끔 시사했듯이 위기 시에 미국은 집단적 방위책임을 공정하게 분담하지 않은 동맹국을 지원하지 않을 수 있다. 트럼프는 그러한 언급과 함께 유럽과 동아시아에서 군대를 철수시키겠다고 위협했다. 실로 그는 2020년 여름 독일 주둔 군사력의 대대적인 철수를 발표함으로써 그러한 위협을 관철할 태세 같았다. 또한 그는 가끔 워싱턴조약 제5조에 대한 자국의 공약에 관해 애써 모호하게 언급했는데, 그 조항은 한 나토 회원국에 대한 공격은 모든 회원국에 대한 공격으로 간주될 것이라고 규정하고 있다. 가끔 트럼프가 한국과 일본에서 **동맹 유기**(Abandonment) 우려를 불러일으키면서 북한에 대해서는 더 호전적인 수사를 구사했을 때 그만큼 더 리스크가 커졌다. 국제관계학자 알렉상드르 뎁스(Alexandre Debs)와 누노 몬테이로(Nuno Monteiro)가 경고한 대로(2018: 104), "트럼프 행정부가 이들 두 핵심 동아시아 동맹국에 대한 미국의 안보 공약에 이의를 다는 것과 워싱턴이 평양을 다룰 때 보이는 무모함이 결합되면, 동아시아를 넘어 국제안보를 불안정하게 만들 연쇄적인 [핵]확산을 촉발시킬 잠재성이 크다".

트럼프의 공화당 지명 대선 입후보에 앞서 유기 우려가 있었다. 버락 오바마의 '아시아 중심 전략(pivot to Asia)'은 미국이 2008년 금융위기와 아프가니스탄과 이라크에서 진행되는 대게릴라전에도 불구하고 서태평양 지역에 대한 관여를 강화할 것이라고 역내 동맹국과 협력국을 안심시키려는 노력의 일환이었다. 그러나 이 구상은 엇갈린 반응을 받았는데, 그 부분적 이유는 역내 국가들 관점에서 볼 때 워싱턴이 이 '중심'을 상당한 군사력과 정책적 관심으로 뒷받침하지 않는 것으로 보였기 때문이었다. 동아시아에 우선순위가 부여됨으로써 이미 불안해진 유럽에서는 폴란드와 발트 제국과 같은 동맹국들이 2014년 러시아의 크림반도 병합과 동부 우크라이나 침공을 보고 나토의 확약을 요청했다. 따라서 2017년 1월 20일 트럼프 대통령이 취임했을 때, 이런저런 미국의 조약 동맹국들은 워싱턴이 제공하는 안전보장이 ─ 먼저 정말로 유효한지 여부에 관한 문제는 차치하고 ─ 종전처럼 계속해서 유효할지 여부에 관해 훨씬 더 걱정했다.

동맹정치에서 유기 우려는 고질적이다. 이번 장에서 논하듯이, 국제정치의 본질상 각국이 동맹국에 의한 유기를 우려할 합리적 이유가 항상 있다. 그렇긴 하지만 유기 우려는 그 강도가 일정하지 않은데, 동맹국들이 대외정책상 이해관계를 얼마나 긴밀하게 조율하는지, 동맹국들이 적국에 비해 군사적으로 얼마나 강력한지, 그리고 동맹국이 자국의 안보 공약에 대한 신뢰를 높이기 위해 특별한 노력을 기울이는지 여부에 따라 차고 기운다. 이 장에서는 재래식 군사력의 전진 배치가 이러한 특별한 노력에 포함될 수 있음을 강조하는데, 그런 배치는 동맹국이 '직접적 이해관계'를 갖고 있음을 보여주며 나아가 적국과의 전투에서 유리한 결과를 끌어낼 수 있다. 유기 우려가 요즘 들어 중요한 것처럼 보이지만, 사실은 과거에도 유기 우려가 매우 심각해 걱정하는 동맹국들이 독자적인 핵무기 획득을 추진하기도 했다. 심각한 유기 우려에 따른 결과로서 그런 극단적인 군사적 노력만 있는 것은 아니다. 걱정하는 동맹국이 참으로 유기를 우려한다면, 대안으로 불가침조약을 체결하거나 적대적 위협을 완화시키는 유화정책을 추진할 수도 있다.

그러나 재보장(reassurance)은 복합된 문제를 안고 있다. 일부 학자는 동맹국은 만족하는 법이 없으며 동맹 재보장이 과도하면 오히려 적국이 위험스럽게 불안정해질 수 있다고 주장한다. 그들은 재보장을 값비싸게 만들 수 있는 두 가지 딜레마 ─ 동맹 딜레마와 동맹안보 딜레마 ─ 가 있다고 지적한다. 학자들은 동맹정치를 설명하기 위해 으레 이들 딜레마를 언급하지만, 이들 딜레마가 시사하는 상충관계는 흔히 주장하듯이 그렇게 고질적이거나 절대적이지 않다는 것이 이 장의 논지다. 이 장은 전쟁에 못 미치는 전복활동이 얼마나 유기 우려를 부추길 수 있는지 그리고 그런 우려를 완화할 수 있는 조치는 무엇인지 검토한 뒤 결론을 내린다. 전복활동은 달갑지 않은 동요를 일으키는바, 적국은 강해서가 아니라 약해서 그런 활동에 개입할 것이다. 이것이 주는 시사점은 이 변칙적 속임수만으로는 표적 동맹국의 유기 우려를 부추길 수 없다는 것이다.

동맹 유기: 자연스럽고 드물지만 중대한 사안

동맹정치에서 유기 우려는 수호국이 군사적 위기에 처한 동맹국을 지원하지 않을 것이라는 불안감을 반영한다. 온건한 형태의 유기는 평시에 수호국이 적국과 거래해 동맹국에 대한 외교적 지지를 제공하지 않거나 철회하기를 수반할 수 있다. 그런데도 동맹 문헌은 전쟁 발발 시 각국이 공약을 지킨 기록에 특히 주목한다. 자주 인용되는 한 연구에 의하면, 동맹국들이 공약을 준수한 것은 역사상 75퍼센트였다(Leeds et al., 2000: 695). 어떤 연구자들은 역사상의 기간에 따라 공약 위반율이 상이하다는 결론을 내렸다. 한 연구(Berkemeier and Fuhrmann, 2018: 2)에 의하면, 동맹국들이 공약을 준수한 것은 1945년 이전에는 역사상 66퍼센트였으나 그 이후에는 22퍼센트에 불과했다. 물론 공약 준수율이 75퍼센트든 95퍼센트든 전시에 적국에 넘겨지는 불운을 당하고 싶은 국가는 없다. 동맹국들 중에 유기되면 재앙이 초래될 경우에도 수호국이 지원할지 여부를 미리 알 수 있는 국가는 안타깝게도 거의 없다. 전형적인 예가 양차 세계대전 사이의 폴란드다. 1921년 프랑스와 동맹을 체결한 폴란드가 1939년 9월 독일의 침공을 받았을 때, 프랑스는 준비태세 결핍과 군수품 부족에 발목을 잡혀 그 불행한 동맹국을 구하기 위한 공세를 취할 수 없었다(Alexander, 1992: 357~364). 그해 10월 폴란드는 더 이상 독립국가가 아니었다. 이와 대조적으로, 1914년 8월 런던이 영국 원정군을 서부전선으로 전개하지 않았더라면, 파리가 독일군 수중에 들어갔을 것이다. 그 경우 세계 역사의 진행이 완전히 달라졌을 것이다.

그런 불확실성이 존재하는 주된 이유는 국제적인 무정부상태와 폭력 가능성 때문이다. 국제관계에서 자동적으로 구속력 있는 협정은 없는바, 이는 각국 간의 상호 약속을 이행시킬 세계정부가 부재하기 때문이다. 제1장에서 논의했듯이, 때때로 각국은 서로 공약을 알리기 위해 성문 조약에 의해 안보 동반자관계를 공식화한다. 그러나 그런 조약도 종종 공약의 정확한 성격에 관해 모호하게 규정한다. 모든 개별적 우발상황을 다루려는 시도는 가능하지도 않고 바람직하지도 않지만, 조약의 모호성은 종종 전략적이다. 모호성이 적국을 억지하고 심란하게 만들 수 있지만 그와 동시에 — 나중에 동맹 딜레마에 관해 논의하겠지만 — 동맹국들이 자국이 받은 안전보장에 관해 과신하는 것을 막음으로써 옭힘 리스크를 줄일 수 있다. 그러나 바로 이러한 모호성은 수호국이 정말로 동맹국을 위해 싸울지 여부에 관해 의심하게 되는 대가를 치를 수 있다. 국제적인 무정부상태에서 가능한 폭력 상황을 감안할 때, 그런 모호성은 사활의 문제가 될 수 있다.

일각의 주장에 따르면, 동맹국은 항상 정치적·군사적 지원을 기존보다 더 많이 받아내려고 유기 우려를 말하는 법이다. 이러한 시각에 따르면, 유기 우려를 표명하는 것은 협상 전술이며 따라서 심각하게 받아들일 일이 아니다. 이 주장은 그럴듯해 보이지만, 역사상 각국이 유기 우려에 근거해 값비싼 조치를 취한 예는 넘친다.

각국이 미래의 위기 시 수호국에 의해 유기당할 것이라는 진정한 우려에서 취하는 조치는 두 가지 유형으로 설명된다. 첫 번째 조치는, 걱정하는 동맹국이 대외정책을 재정비해야 한다고 결정할 수 있을 것이다. 가장 극적으로는, 동맹국이 이전의 수호국에 공동 대응하기 위해 적국과 합세할 수도 있을 것이다. 북베트남은 공산주의 강대국인 소련이나 중국과 공식적인 조약 동맹을 맺지 않았지만 중국이 미국과 남베트남 침략군에 대응하는 군사적 지원을 충분히 제공하지 않았음을 감안해 결국 소련 편에 서서 중국과 맞섰다(Elleman, 1996). 그런 — 내부의 정권교체 없이 발생하는 — 반전은 국제정치에서 드물다. 보다 일반적인 행태는 동맹국이 유기 걱정이 커진 나머지 중립주의 대외정책을 채택하거나 적국에 순응하는 정책적 양보를 결정하는 것이다. 냉전 초기에 서독은 동독을 공식적으로 승인하지 않았다. 이른바 할슈타인 원칙

(Hallstein Doctrine)에 따라 서독은 ― 소련을 제외하고 ― 소련권의 다른 국가들과 외교관계를 수립하거나 동독·폴란드 국경을 인정할 수 없었다. 이 정책은 나토 내 서독의 지위와 무관한 이유에서 시간이 흐르면서 서서히 무용지물이 되었지만, 서독은 미국 공약의 군사적 강고성에 대해 10년 동안 끊임없이 의심하다가 할슈타인 원칙 대신에 동방정책(Ostpolitik) ― 결국 동독을 승인하고 폴란드와의 국경도 인정하게 됨 ― 을 추진했다(Lanoszka, 2018b: 74~76). 어느 동맹국이 주요한 양보를 하고 싶지 않다면 적국과의 불가침조약이 위반 시 따르는 평판 비용을 부과한다고 생각해 그런 협정에 기댈 수도 있을 것이다(Mattes and Vonnahme, 2010). 1930년대 초 프랑스가 제공하는 안전보장의 품질에 실망한 폴란드 지도자들은 나치 독일과 뒤이어 소련과의 불가침조약 체결이 불가피하다고 느꼈다(Young, 1987: 53). 그렇긴 하지만 때로 수호국은 그 동맹국이 적국을 향해 더욱 순응하는 모습이 싫지 않을 수 있다. 수호국은 그 데탕트를 다른 안보 도전에 집중하거나 전략 자산을 재배분할 기회로 보고 환영할 수 있을 것이다. 그러나 합동 전쟁기획과 억지에 피해를 주는 결과가 예상된다면 유화정책이나 불가침조약에 의해 대외정책을 재정비하는 동맹국이 바람직하지 않을 수 있다.

유기 우려 고조가 낳을 수 있는 두 번째 조치로, 동맹국은 자체 군사력을 증강할 수 있다. 거듭 말하지만, 때때로 수호국은 동맹국의 그러한 노력을 환영할 것인바, 특히 동맹국이 무임승차를 누리고 있고 적절한 수준의 군사역량을 결여하고 있다고 염려한다면 더욱 그럴 것이다. 그럼에도 불구하고 적어도 1945년 이후로는 심각한 존립 위협에 직면하고 수호국의 신뢰성을 상당히 의문시하는 국가들이 자체 핵무기 역량을 추진하고 싶었을 것이다. 이 장의 서두에 뎁스와 몬테이로(Debs and Monteiro, 2018)가 트럼프에 관해 표명한 우려가 이 이슈를 언급하고 있다. 역사 기록을 보면 이런 식으로 행동한 국가가 많이 등장한다. 1950년대 말 프랑스는 미국과의 의견 충돌과 좌절을 통해 양국의 대외 정책상 이해관계가 얼마나 다른지 드러난 후 핵무장을 추진하기로 결정했다. 서독도 콘라트 아데나워(Konrad Adenauer) 총리가 미국이 유럽에 대한 군사공약을 완화하고 있다는 암시를 받았을 때 프랑스, 이탈리아와 함께 삼국계획(Trilateral Initiative)을 시작했다. 냉전이 한창일 때 한국과 대만은 각각 북한과 중국에 대응해 미국의 지원을 계속 받을지 우려하며 핵무기 프로그램을 추진했다(Lanoszka, 2018b 참조).

동맹국으로의 핵확산은 수호국이 피하고 싶은 다수의 도전을 초래할 수 있다. 첫째, 적국이 그런 핵무기 추진을 안다면 동맹국을 상대로 예방전쟁을 일으킬 수 있다(Debs and Monteiro, 2014). 이런 이유로 벌어진 전쟁은 수호국에 반갑지 않은 옭힘 리스크를 야기할 것이다. 둘째, 수호국은 동맹국과 그 대외정책 수행에 대해 상당한 통제력을 상실할 수 있다(Kroenig, 2011: 3; Gavin, 2015). 수호국은 또한 한 동맹국의 핵확산 활동이 다른 동맹국으로 하여금 비슷한 길을 가도록 고무한다고 우려할 수 있다. 수호국의 또 다른 우려는 "확전 통제력(escalation control)", 즉 무장충돌 위기 시에 사고를 방지하거나 적에 대한 도발을 피하도록 위협을 관리하고 핵무기 사용을 관리할 수 있는 능력을 상실하는 경우다(Rabinowitz and Miller, 2015: 84~85). 끝으로 동맹국의 핵확산 프로그램을 중단시키기는 쉬운 일이 아니며 처음부터 막는 것보다 훨씬 더 어려울 것이다. 핵무기 추구에 전념하는 동맹국에 대해서는 제재가 먹히지 않을 것인바, 이는 그러한 징벌이 애초의 리스크 계산에 이미 포함되었을 것이기 때문이다(Lanoszka, 2018b). 일부 학자의 주장에 의하면, 완전한 유기 위협이 동맹국의 핵확산을 억제할 수 있겠지만, 특히 동맹국이 이미 수호국을 믿을 수 없다고 생각한다면 그런 전략은 기껏해야 반생산적일 뿐이다(Gerzhoy, 2015). 최종 결과는 잠재적으로 증대된 지역 불안정과 통제력 상실인바, 이는 대부분의 경우 수호국이 가급적이면 피하고 싶은 결과다.

무엇이 유기 우려의 강도를 결정하는가?

유기 우려가 그토록 부정적인 결과를 초래한다면, 수호국은 그 우려를 어떻게 완화할 수 있는가? 먼저 유기 리스크를 희석시킬 수 있는 요인은 무엇인가? 유기 우려는 결코 제거될 수 없지만, 동맹공약이 충분히 강하면 그런 우려가 힘을 잃을 수 있다. 그런 우려의 강도는 분명히 제각각인데, 그 이유는 동맹국들이 항상 핵무기 획득을 추구하거나 대외정책 재정비를 추진하는 것은 아니기 때문이며 적어도 항상 극적으로 시도하는 것도 아니기 때문이다. 대외정책상 이해관계, 수호국과 적국 간의 군사적 균형, 군사력 전진 배치 등 여러 가지 요인이 동맹공약의 강도에 영향을 미친다. 다음의 논의에서 각 요인을 차례로 검토한 다음 경제적 교환과 무기 구매를 통해 동맹 신뢰성을 살 수 있는지 여부를 조사한다.

대외정책상 이해관계

동맹국이 대외정책상 이해관계를 수호국과 공유하는 정도는 받아낸 공약의 강도에 영향을 미치는 하나의 요인이다. 불행히도 대외정책상 이해관계의 표현은 매우 불명확하고 해석할 여지가 많다.

모든 조건이 같다면, 수호국과 그 동맹국의 대외정책상 이해관계가 일치할수록 안전보장의 신뢰성도 높아진다. 동맹국이 수호국도 같은 식으로 위협을 평가한다는 것을 알고 있고 양국이 그러한 위협에 관해 무슨 조치를 취할지 공감대를 가지고 있다면, 그 동맹국은 위기 시 수호국의 지원을 더욱 확신할 것이다. 적국의 협박을 받는 동맹국은 뜻이 맞는 수호국이라면 더 기꺼이 지원할 것이라고 더욱 확신할 것이다. 동맹국은 수호국의 우선순위를 파악하기 위해 수호국의 과거 행적을 조사함으로써 양국 간 대외정책상 이해관계의 유사성을 가늠할 수 있을 것이다. 또한 동맹국은 수호국 지도자들이 발표한 성명문뿐 아니라 수호국의 수뇌부와 관료 조직이 공개하는 공식 정책문서들도 조사할 수 있다. 더 일반적으로 말하는 일부 학자들의 주장에 의하면, 민주국가들의 경우 정치적 의사결정이 비교적 투명하고 지도자들도 약속을 지키는 것이 선거에 도움이 되며 헌법이 영속적 공약을 지향하기 때문에 상호 간의 계약 체결이 훨씬 더 수월하다(Lipson, 2005).

그러나 받아낸 안전보장의 강도에 관한 추론을 지도자들의 성명과 공식 문서 − 군사정책을 담고 있더라도 − 에 의존하는 것은 문제가 있다. 무정부상태 또는 단순히 관료적 기능장애 때문에 각국은 모순으로 보이거나 부정직한 말을 할 수 있는데, 이는 민주국가에서도 존재할 수 있는 문제다. 트럼프 행정부 시절에 국방부가 배포한 일부 공식 정책 문서를 보자. 예를 들어 「2018년 국방전략」은 "기라성 같은 동맹국·협력국들과 연합해 합동군(Joint Force)을 빠르게 혁신하고, 그 파괴력과 회복력을 높임으로써 미국의 영향력을 지속시키며, 자유롭고 열린 국제질서를 보호하는 데 유리한 힘의 균형을 확보할 것"이라고 선언했다(Mattis, 2018: 1). 동맹에 대한 관심을 그렇게 표명했음에도 불구하고, 자유주의 국제질서를 유지하려는 트럼프 행정부의 의지는 물론이고 동맹에 대한 공약이 심각하게 의문시되었다(Ikenberry, 2017). 공식 정책 문서가 안심시키기는 하지만 수뇌부가 뚜렷이 다른 견해를 가지고 있다면 소용이 없을 것이다. 수사와 현실 간에는 간극이 있을 수 있다.

또 다른 문제는 지도자들이 종종 국내외를 막론하고 두 상대방을 동시에 다루면서 모순된 메시지를 보내는 것이다. 예를 들어 트럼프가 폴란드 및 러시아와 별도의 트랙으로 양자관계 긴밀화를 추진했지만, 폴란드 지도자들은 인지된 모스크바의 위협에 대처하기 위한 목적에서 워싱턴과의 관계를 강화하고자 했다. 또는 지도자들이 진정으로 하나의 이익이나 가치관을 추구하다가 새로운 자원 제약, 힘의 균형 이동, 태도 변화, 지도부 교체 등으로 인해 갑자기 방침을 변경할 수 있다. 리처드 닉슨(Richard Nixon) 미국 대통령은 확고한 반공주의자로 정치 경력을 쌓았지만, 베트남전쟁에 대한 모종의 해법을 찾으려는 염원에서 반공주의 대만을 버리고 중화인민공화국과 외교관계를 추진하는 것이 전략적으로 유용한 방편임을 알았다. 까다로운 문제지만, 동맹에 불리한 수사라고 해서 꼭 안전보장이 약화되었음을 함축하는 것은 아니다. 수호국은 동맹국을 비판하는 성명을 발표하면서도 주둔 병력을 증강할 수 있다. 독일이 바로 그런 경험을 했다. 트럼프 자신은 그 유럽 동맹국이 무역에서 불공정하고 나토에 대한 기여에서 나태하다고 맹비난하고 있었지만, 2018~2020년 기간 트럼프 행정부는 다년간 주둔할 병력 1500명을 증원했다(Lanoszka, 2018a: 92).

이러한 모순에 직면한 동맹국 지도자들은 보고 싶은 것과 일치하는 신호를 선택하고 싶을 것이다. 동기화된 추론은 개인이 자신에게 제시된 증거로부터 끌어내고 싶은 결론을 도출하는 방식이며 의사결정의 병리인데, 그렇게 추론하는 이유는 그런 결론이 자기 마음에 들거나 과거 경험에 일부 근거하기 때문이다(Kunda, 1990). 닉슨을 상대한 한국의 독재자 박정희가 동기화된 추론의 한 본보기가 될 수 있다. 닉슨이 괌 기자회견에서 "핵무기가 포함된 주요 강대국의 위협을 제외한 군사적 방어 문제와 관련해 미국은 아시아 국가들 자신이 점차 그 문제를 처리하고 그 책임까지 지도록 고무할 것이며 그렇게 되도록 마땅히 기대하고 있다"라고 기자들에게 말했다(Government Printing Office, 1971: 549). 분명하게 표현된 그의 대응은 나중에 '닉슨 독트린(또는 괌 독트린)'으로 명명되었는데, 그것은 미국이 계속해서 조약 동맹국들에게 확장된 핵 억지력을 제공하겠지만, 동맹국과 협력국들이 모두 내부의 재래식 군사위협에 대한 대처를 강화하도록 기대하겠다는 생각이었다. 이 연설에서 박정희는 닉슨이 베트남전쟁의 전투 부담을 남베트남 정부로 넘기는 동시에 동아시아 주둔 미군을 감축하려고 한다는 신호를 보았어야 했다. 그리고 정말이지 괌 연설 한 달 뒤 샌프란시스코에서 열린 정상회담에서 박정희는 닉슨이 한국의 베트남전쟁 참전을 고마워할 것이라고 생각해 안보 확약을 엄중하게 요청했다. 박정희는 한국이 닉슨 독트린에 의해 암시된 어떤 변화로부터도 면제될 것이라고 믿고 샌프란시스코를 떠났다. 아마도 박정희는 믿고 싶은 것을 믿었을 것이다. 따라서 1970년 봄 닉슨이 주한미군 철수를 불쑥 발표했을 때 박정희는 충격을 받았다(Lanoszka, 2018b: 114~115). 지도자들이 이러한 병리에 취약한 것은 국제안보에 걸린 고위험을 감안할 때 놀라운 일이 아니다. 즉, 지도자들은 스스로 기만에 빠져 자신들이 두려워하는 최악의 경우 시나리오가 현실화되지 않을 것이라고 생각할 수 있다.

정례적인 협의가 악성 오해를 줄이는 장기적 방안이 될 수 있는 것은 확실하며 동맹관계에서 상당히 중요할 수 있다. 스나이더(Snyder, 1997: 361)가 본 대로 "동맹 계약서상의 명시 여부와 관계없이 협정 체결 자체로 주요한 정책 조치, 특히 동맹국의 이해관계에 영향을 미치는 정책 조치를 취하기 전에 동맹국과 협의하거나 적어도 통보해야 할 암묵적인 책무가 생긴다". 창설된 후 20년간 나토를 괴롭힌 이슈는 핵 억지력에 관한 것이었는데, 서유럽의 정치·군사 지도자들은 미국이 얼마나 많은 핵무기를 보유하고 있는지, 그 무기가 어떤 표적을 겨냥하거나 겨냥할 수 있는지, 그리고 충돌 상황에서 그 무기가 어떻게 사용될지 도무지 알지 못했다. 이러한 무지는 우연이 아니었는데, 미국은 고의적으로 핵 역량·전략에 관한 정보를 가장 가까운 동맹국에도 주지 않고 있었다. 결국에는 워싱턴이 동맹국에 더 많은 정보를 제공하는 것이 국익에 도움이 됨을 깨달았다. 워싱턴은 동맹국 관리들을 여러 군사시설로 불러 핵전력 기획을 설명하기 시작했으며 이후 마침내 핵전략이 포함된 성가신 동맹 관련 이슈를 논의할 '핵기획단(Nuclear Planning Group)'을 설립했다(Sayle, 2020). 비슷한 맥락에서 미국은 확장 억지력에 대한 한국의 이해를 증진하기 위해서 2016년 '확장억지전략협의체(Extended Deterrence Strategy and Consultation Group, EDSCG)'를 설립했다. 미·일동맹과 관련해서는 1960년 설립된 '안보협의위원회(Security Consultative Committee)'가 양국의 주요 정책결정자들이 상호 관심사에 관해 의견을 교환할 수 있는 주 협의체다.

군사적 균형

동맹국이 받아낸 공약을 평가하기 위해 사용할 수 있는 또 다른 척도는 수호국과 적국 간의 군사적 균형이다. 수호국이 적국보다 더 강력할수록 안전보장도 더 좋다. 그러나 전쟁은 항상 누구에게나 비용을 지우기 때문에 그저 수호국이 싸우기보다 방관하기를 택할 확률이 상존한다. 동맹국으로서는 유기당할 전망이 높아진다.

왜 군사적 균형이 중요한지를 이해하려면, 동맹국이 안고 있는 문제가 무력충돌 위기 시에 수호국의 지원을 받을 것인지 여부에 대해 확신하지 못하는 것임을 상기하자. 이러한 불확실성을 낳는 것은 전쟁의 고비용이다. 수호국이 동맹국을 구하기 위해 참전한다면 피와 돈을 들여야 할 것이다. 따라서 합리적으로 보자면, 수호국은 적국과 모종의 평화적 해법을 타결해 그런 비용을 치르기를 피하는 쪽을 선택해야 하며, 동맹국의 안녕을 위해 이러한 타협을 거부할 가치는 없다고 판단할 수 있다. 이러한 전쟁 혐오는 수호국이 패전을 예상할 때 가장 강할 것이다. 따라서 수정주의 적국에 대한 억지력은 수호국과 동맹국이 힘을 합친다면 상호 교착상태에 이를 때까지 적국과 싸우기를 불사할 정도로 강력하다는 데 달려 있을 것이다. 만일 적국이 감내할 만한 대가를 치르고서 수호국과 동맹국에 대해 승리할 수 있다고 확신한다면, 그 적국은 더욱 유리한 흥정을 끌어내든가 아니면 기꺼이 동맹국을 공격할 것이다. 그러므로 동맹국의 관점에서는 수호국이 적국에 대해 군사적 우위를 누리는 것이 바람직하다.

핵무기는 군사적 균형에 어떤 영향을 미치는가? 이 질문과 관련해 두 개의 학설이 있다. 그 하나는 일정 조건하에서 핵무기가 수호국과 적국 간 군사적 균형의 중요성을 송두리째 무효화할 수 있다는 견해다. '핵 혁명' 이론으로 불리는 이 주장은 다음과 같다. 핵무기 등장 이전에는 일국의 주민에게 해를 입히려면 맨 먼저 그 군대를 패배시키는 것이 필요했다. 따라서 강압 레버리지는 군사적 균형이 유리한 쪽으로 이동했는데, 이는 전쟁이 대체로 힘의 경합이었기 때문이다. 그러나 핵무기는 ― 대부분 폭격기나 미사일로 운반할 수 있음 ― 사전에 상대국을 군사적으로 패배시킬 필요 없이 그 주민을 해칠 능력을 제공할 수 있다. 양쪽이 다 생존 가능한 이차타격 역량, 즉 핵 타격을 흡수하고 동일하게 보복할 역량을 보유한다면, 전쟁은 더 이상 힘의 경합이 아니다. 상호확증파괴 속에서 양쪽이 모두 엄청나게 잃는다. 그렇지만 핵전쟁이 수반하는 바로 그 엄청난 파괴 때문에 한계에 도전하려는 의지가 가장 강한 쪽이 협상에서 승리할 가능성이 높을 것이다. 이리하여 위험부담(risk-taking) 시합이 누가 강압 레버리지를 갖는지를 결정한다(Jervis, 1989). 또 다른 견해는 핵무기가 군사적 균형을 결정하지만 초월하지는 못한다고 본다. 전쟁과 강압은 여전히 힘의 경합이며, 그래서 적국보다 더 강한 핵전력을 보유하는 것이 어느 정도의 이점, 특히 더욱 효과적인 억지력을 제공한다(Kroenig, 2018; Lieber and Press, 2020).

핵 우위는 단언컨대 동맹정치에 더 쓸모가 있다. 방어적 군사동맹이 어떻게 확장 억지력을 구현하는지 보라. 수호국은 동맹국에 대한 적국의 공격을 단념시키기 위해 확장 억지력을 실행한다. 구체적으로 말하면, 확장 억지력을 위해 수호국은 비록 무력 사용이 희생이 크고 자멸적인 전쟁을 초래할 수 있더라도 동맹국을 공격하는 적국에 대해 무력을 사용하겠다는 군사적 능력, 정치적 의지 및 결의(決意)를 전달할 필요가 있다. 핵 혁명 이론은 수호국과 적국이 모두 신뢰할 만한 이차타격 핵 역량을 보유하고 있을 때 군사적 힘은 중요하지 않을 수 있음을 시사한다. 게다가 이제는 동맹국들이 군사적 균형에 미치는 가시적 영향이 종전과 같지 않기 때문에, 다시 말해서 동맹국들이 핵무장한 수호국의 안보를 제고할 수 있더라도 미미한 수준이기 때문에 동맹국을 보호하려는 정치적 의지가 실종될 수 있다. 그리하여 결의가 남지만, 이것은 동맹국들이 평시에 전적인 확신을 가지고 평가하기가 불가능한 비가시적 요소다. 수호국과 동맹국이 핵 혁명 이론을 받아들인다면, 고위험도 불사하려는 적국에 대해서는 확장된 핵 억지력이 작동할 수 없을 것이다. 또한 이차타격 역량이 이미 영토보전과 정치 주권을 보장한다면 동맹을 유지할 마땅한 이유가 없다는 일각의 주장도 나올 것이다. 샤를 드골 프랑스 대통령이 언급한 대로, 핵무기가 동맹을 "한물가게(obsolete)" 만들었다(Waltz, 1981: 3에 인용됨). 동맹국의 유일한 합리적 선택은 자체 핵무기 역량을 추구하는 것이다. 국제관계학자들은 핵무기 확산이 국제사회의 안정을 제고할 것이라는 신념에서 핵확산을 옹호했다(Waltz, 1981). 그럼에도 전술했듯이 수호국은 전략적 이유에서 동맹국으로의 핵확산을 용인하지 않는다.

핵 우위가 어떻게 안전보장의 신뢰성을 제고할 수 있는가? 핵무기 비축을 늘리는 것은 그런 투자에 따르는 고비용과 고위험을 감안할 때 모종의 결의를 보여주는 것이라는 논리가 가능하다(Kroenig, 2013). 그러나 이 주장이 완전히 정확한 것은 아닌바, 핵무기가 운반할 수 없는 것이거나 일차타격에 취약하다면 수적 우위가 꼭 핵 우위를 의미하는 것은 아니다. 기술 변화와 강대국 경쟁을 감안하면, 이차타격 역량이라는 것이 안정적이지 않다고 보는 것이 더욱 타당하다. 한 해의 생존 가능한 이타타격 역량이 이듬해에는 취약해질 수 있으며, 혹은 정책결정자들이 그렇게 생각할 수 있다. 따라서 강대 수호국은 해양발사 미사일, 지상발사 미사일, 공중발사 미사일이나 폭탄 등을 가리지 않고 여러 가지 사정거리의 무기를 더 많이 획득함으로써 핵 무기고를 확충하고 다변화하는 선택을 할 것이다. 그렇게 되면 수호국의 무장을 해제시키는 적국의 일차타격 감행 능력이 헝클어질 수 있다. 물론 핵 우위의 편익을 과장하면 안 된다. 1953년 아이젠하워 행정부가 '뉴룩(New Look)'이라는 군사전략을 제시했는데, 이 전략에 따라 미국은 재래식 위협과 핵 위협을 모두 억지하기 위해 상대적 우위의 핵 무기고에 더욱 의존하게 되었다. 이 전략이 비판을 받은 것은 수많은 형태의 침략에 대응해 핵무기를 사용하겠다는 위협이 그다지 그럴듯해 보이지 않는다는 우려 때문이었다(Kaufmann, 1954).

중요한 것으로, 확장 핵 억지력의 목적상 확충되고 다변화된 무기고는 피해국한(damage limitation) 능력을 높인다. 다시 말해 적국의 핵·군사 역량을 위태롭게 하는 이른바 반격무기를 통해 핵 공방으로 입을 자국민의 파괴와 사망자 수를 줄일 수 있는 능력을 높인다. 일부 분석가들의 주장에 의하면, 확장 핵 억지력은 수호국 사회가 적국의 무기에 대해 비교적 견고할 것을 요구한다(Ravenal, 1982: 32). 이러한 맥락에서 1969년 닉슨의 국가안보보좌관 헨리 키신저(Henry Kissinger)는 "유럽인들은 미국의 핵우산이 일차타격에 의존한다는 것을 깨닫지 못하고 있다"라고 언급했다(Green, 2020: 100에 인용됨). 여기서의 추론은 핵 공방으로 용인할 수 없는 수준의 피해 발생을 예상하는 정부는 동맹국을 방어하기 위해 핵 공방을 감행할 확률이 훨씬 작다는 것이다. 피해 국한이 기술적으로 실현 가능한지 아니면 위험스러운 염원인지는 엄청난 논쟁 주제였다. 미국의 정책결정자들이 미사일 방어와 반격무기에 들인 투자에 비추어 피해국한이 가능하다고 생각했다는 것은 분명하다(Lieber and Press, 2020). 끝으로, 다양한 핵 무기고는 또한 디커플링(decoupling) — 적국이 사정거리에 차별을 둔 핵무기를 사용함으로써 동맹국을 수호국으로부터 분리시키고 따라서 수호국이 보복하기보다 분쟁에서 빠지려고 할 가능성이 클 때 발생하는 상황 — 을 완화할 수 있다(Ravenal, 1982: 61; Green, 2020).

전면 핵전쟁에 관해 엄중한 도덕적 문제가 있지만, 핵무기 사용의 주된 문제는 당연히 동맹국 영토를 완전히 파괴하는 그 효과와 관련된다. 서독 국민은 1956년 실시된 나토의 '백지위임장(Carte Blanche)' 군사연습의 결과를 알고 경악했는데, 그 연습이 소련의 침공에 대비한 서독의 핵 방어를 촉진했다. 당시 미국이 소련에 대해 핵 우위를 갖고 있었지만, 서독에서 대량의 사상자와 대대적인 파괴가 발생할 것임이 그 군사연습으로 드러났다(Moody, 2017: 831). 이리하여 역설적인 상황이 발생하는바, 확장 핵 억지력에 의해 동맹국을 구원하려면 그 동맹국이 파괴될 위험을 감수해야 한다. 그리고 핵전쟁은 엄청난 대가를 치르며 (수호국과 적국이 생존 가능한 이차타격 역량을 가지고 있다면) 상호확증파괴를 모면하기는 매우 어렵기 때문에 아직 수호국은 동맹국 상실이 싸움보다 낫다고 결정할 수 있다. 수호국은 당연히 우세를 점하기 위해 적국에 대한 핵 우위를 추구할 수 있지만, 기본적인 신뢰성 문제는 상존하며 동맹국은 여전히 자체 핵 역량을 개발할 동기를 가질 수 있다. 그렇다면 수호국은 어떻게 유기 우려를 누그러뜨리고 핵확산을 막을 수 있는가?

군사력 전진 배치

대외정책상 이해관계를 표명하면 시끄러울 수 있으며, 군사적으로 우위에 있는 수호국이라도 전쟁, 특히 핵전쟁 리스크를 감수하고 싶지 않을 것이다. 이러한 여건에서 수호국은 공약을 알리기 위해 자국 군대를 동맹국 영토나 그 부근에 전진 배치할 수 있을 것이다. 그렇게 함으로써 재보장을 위해 별개지만 때로 중첩되는 두 가지 이득을 볼 수 있다.

한 가지 이득은 전진 배치된 군대가 고의적으로 위험에 처하는 것에서, 즉 적국이 동맹국을 공격하면 수호국 군대 또한 공격받을 수 있다는 것에서 비롯된다. 수호국 군대가 살아남더라도 치명적인 위험에 처해 있다는 사실이 수호국 정책결정자들로 하여금 그들을 위해 무슨 조치를 취하도록 만든다. 이 정책결정자들은 적국에 대한 무력 사용을 확대함으로써 분쟁을 고조시키도록 국내의 압력을 받을 수도 있다. 이 전술이 바로 "인계철선"이라는 것이다. 수호국은 싸움에서 쉽사리 빠질 수 없을 만큼 "직접적 이해관계(skin in the game)"가 걸려 있음을 보여준다. 냉전 기간에 미국 육군의 베를린여단(Berlin Brigade)이 인계철선 군대의 전형적인 예다. 부대 병력이 수천 명에 불과하고 적지에 완전

둘러싸인 베를린여단은 소련이 작심하고 서베를린 점령 작전을 펼쳤다면 견뎌내지 못했을 것이다. 적어도 이론상 위안이 된 것은 그들의 죽음은 미국의 굉장한 대응을 촉발시킬 것이라는 기대였으며, 이런 기대가 제일 먼저 그들의 죽음을 막았다[Schelling, 1966(2009): 47~48]. 인계철선 논리가 핵무기와 함께 등장한 것은 아니다. 제1차 세계대전에 앞서 프랑스군의 페르디낭 포슈(Ferdinand Foch) 장군이 영국의 프랑스 지원을 보장받으려면 영국군 이등병 한 명으로 족하다고 말하면서 독일과의 적대행위가 발발하면 그 이등병을 전사시키겠다고 부언했다(Macmillan, 2014: 376).

또 다른 이득은 적국이 공격을 선택할 경우 치러야 하는 직접적 전쟁 비용을 높이는 데서 비롯된다. 흔히 강대국은 군대를 동맹국 영토에 전진 배치할 때 중무장한 부대를 대거 주둔시킨다. 이 "전투력을 갖춘" 부대는 적어도 상호 교착상태에 이를 때까지 동맹국 군대와 함께 침공군에 맞서 싸울 수 있다. 따라서 전진 배치된 병력은 죽기 위해서가 아니라 죽이기 위해 동맹국 영토에 주둔하는 것이다(Hunzeker and Lanoszka, 2016: 18). 이 구별이 중요한 것은 많은 분석가들이 전진 배치된 군대와 인계철선을 혼용하는 경향이 있기 때문이다. 2012년 현재 주한미군은 2만 8500명의 장병으로 구성되어 있지만 그 자체로는 인계철선이 아니다. 왜냐하면 주한미군이 − 미군의 전시 지휘를 받는 한국군과 함께 − 북한의 침공을 물리칠 화력을 보유하고 있는 것이 틀림없기 때문이다. 그렇다고 주한미군의 죽음이 응징 압력을 낳지 않을 것이라는 뜻은 아니다. 아마도 그런 압력이 생기겠지만, 죽음은 그 군인들의 핵심적인 전시 역할이 아니다.

전투력을 갖춘 부대가 억지력 임무를 수행하는 것은 확실하며, 따라서 그 부대의 정확한 억지력 역할을 약간 설명하는 것이 필요하다. 억지력은 적국이 무력을 사용해 일방적으로 현상을 변경하려는 행위가 용납될 수 없음을 분명히 전달함으로써 적국의 그런 행위를 방지하는 것을 목적으로 한다. 억지력은 적국이 현상변경을 시도할 경우 그에 대응할 정치적 의지와 군사적 능력을 포함한다는 점이 대단히 중요하다. 핵무기와 상호확증파괴를 고려하면, 핵 억지력은 전형적으로 응징억지력(deterrence-by-punishment) 형태를 취한다. 즉, 어떤 유형의 공격은 일거에 파멸적인 핵 반격을 이끌어낸다. 그렇지만 위협을 실행하는 비용이 적국의 도발에 의한 피해보다 클 때 응징억지력은 신뢰성을 결여할 수 있다. 항복하는 것이 아무리 싫더라도 죽는 것보다는 이성적으로 낫다. 그러나 인계철선 부대는 상호확증파괴의 대상이더라도 "직접적 이해관계"를 대표하기 때문에 응징억지력을 더욱 믿음직한 약속으로 만들 수 있다. 이에 비해 전투력을 갖춘 전진 배치 부대는 거부억지력(deterrence-by-denial)을 제고한다. 그 전진 배치 부대가 화력을 퍼부을 수 있기 때문에 적국은 동맹국에 대한 군사작전 시 전장 승리를 거두기가 더욱 어려워진다. 거부억지력은 방어와 똑같은 것이 아니다. 전진 배치 부대가 동맹국 영토의 전역을 보호하는 것이 방어이기 때문이다[Schelling, 1966(2009): 78].

수호국이 파견할 전진 배치 부대의 유형은 지리에 따라 다르다. 군사력은 복수의 물리적 영역 - 지상, 해양, 공중 - 에서 운용되며 해외에 영구적으로 배치되거나 순환 배치될 수 있다. 물론 엄격히 말해 국제정치에서 영구적인 것은 없다. 그러나 군사 용어로 영구 주둔은 어떤 부대가 동맹국 영토에 무기한 주둔하는 것을 의미하는 반면, 순환 주둔은 부대가 순환에서 빠질 때까지 일정 기간만 배치되는 것을 의미한다. 지상군의 영구 주둔은 단언컨대 수호국의 가능한 전진 배치 가운데 최강의 군사공약이다. 사람들은 육지에 살며, 전쟁은 대개 영토를 둘러싸고 벌어진다. "함정과 항공기는 촉박하게 멀리 이동할 수 있다"라는 점에서 지상군은 비교적 이동성이 없다. 그러나 "수천 명의 지상군을 재배치하는 것에는 상당한 시간과 돈이 든다"(Hunzeker and Lanoszka, 2016: 21). 그렇긴 하지만 대규모 지상군이 항상 동맹국에 합당한 것은 아니다. 주로 해양 환경에 처한 국가는 해군력(과 공군력)을 더 소중히 여길 것이다(그래서 그런 지원을 받을 것이다). 한국과 유럽 대륙에서는 미국 육군이 주력이지만, 주일 미군을 구성하는 주력은 미국의 해군, 해병대와 공군이다.

그러나 정치적 제약으로 인해 수호국이 전진기지에 주둔하는 영구 부대 대신에 순환 부대를 배치할 수 있다. 순환 부대는 신축성이라는 매력을 가지고 있는데, 이는 수호국이 동맹국을 상대로 과용하고 싶지 않을 때 바람직할 것이다. 때때로 라이벌 사이의 국제협정이나 양해가 순환 배치만은 막지 않는 경우가 있다. 예를 들어 1997년 나토·러시아 기본협정(NATO-Russia Founding Act)의 규정에 의하면, "나토는 상당한 전투부대를 추가적으로 영구 주둔시키기보다 필요한 상호운용성, 통합, 증강 역량 등을 확보함으로써 집단방위 및 기타 임무를 수행한다" [NATO, 1997(2009)]. 이에 따라 미국 등 나토 회원국들은 그 기본협정의 규정에 충실하기 위해 발트해 연안 지역에 영구적 진출을 애써 추진하지 않았다. 그 대신에 나토 국가들은 폴란드와 발트 3국에 전방 주둔을 증강하는 등의 임무를 추진할 때 순환 부대에 의존했다(Lanoszka et al., 2020 참조). 순환 부대는 꼭 전투력 때문에 고민하지는 않을 것인바, 배치를 시작할 때 이미 필요시 전투할 수 있을 만큼 고도의 준비태세를 갖출 수 있다. 그러나 존 데니(John Deni, 2017)에 의하면, 순환 부대는 심각한 약점을 지니고 있다. 순환 부대는 장병 가족들이 받는 스트레스 외에 영구 배치 부대에 비해 인원 충원에 애를 먹으며, 영구 부대라면 방위하려는 땅과 사람들에 관해 가지고 있을 현지 지식과 친숙성을 결여한다.

영구적 군대 주둔은 강력한 공약 장치일 수 있지만, 동맹국 영토에서 그 군대를 일방적으로 철수하는 것은 불안정을 야기하고 유기 우려를 부채질할 수 있다. 이것이 특히 진실인 경우는 동맹국이 최전선에 위치해 적국의 직접적인 군사위협에 직면할 때다. 냉전 시대 서독과 한국이 좋은 예다. 1956년 서독의 콘라트 아데나워 총리가 읽은 신문 보도는 미국 육군이 대대적인 구조조정을 단행할 예정이며 서독 등 서유럽에서 대규모 병력 철수가 머지않아 보임을 시사하고 있었다. 미국이 재래식 군사력 대신에 핵무기를 강조하는 새로운 군사태세를 채택한 상황에서 아데나워는 오보로 판명된 그 뉴스 보도를 워싱턴이 모스크바에 대한 억제(containment)를 포기한다는 신호로 해석했다. 이듬해 말 그는 프랑스, 이탈리아와 더불어 핵무기를 개발하기 위한 삼국계획을 발족시켰다. 이 프로젝트는 성공하지 못했지만, 서독의 핵 의도에 관해 10년 동안 의심이 지속되고 결국 협상으로 이어져 핵 비확산조약을 체결하게 되었다(Lanoszka, 2018b: 48~78). 한국도 비슷한 동선을 그렸다. 동아시아를 대상으로 한 닉슨 독트린에서 한국이 제외될 것이라고 믿었던 한국의 박정희 대통령은 닉슨이 한반도에서 1개 사단 철수를 발표했을 때 뒤통수를 맞은 느낌이었다. 박정희는 추가적인 철수도 결국 있을 것으로 생각했을 것이다. 닉슨 독트린이 발표되고 미국 국민들 사이에 해외 군사 개입에 대한 경계심이 커지고 있었음을 감안하면 그의 생각은 합리적이었다. 몇 년 후에 박정희는 핵무기 프로그램의 수립을 지시했다. 결국 미국이 공을 들여 1970년대 중반 이 활동을 억제했지만, 한국의 비확산 공약은 이후 여러 해 동안 의심을 받았다(Taliaferro, 2019: 160~210).

신뢰성을 살 수 있는가?

지금까지의 논의는 수호국이 어떻게 동맹국에 대해 믿을 만한 안전보장을 제공할 수 있는지에 초점을 맞추었다. 이제 동맹 신뢰성을 (돈으로) 살 수 있는가라는 문제가 남아 있다. 달리 말하자면, 걱정하는 동맹국은 안전보장을 제고하는 방식으로서 수호국에 돈을 쓸 수 있는가? 이것은 시의적절한 질문이다. 트럼프 대통령은 돈을 다 쓰지 않는 동맹국은 그들 스스로 해결하도록 내버려 둘 것이라고 재임 기간 중 거듭 경고했다. 그의 경고가 부담분담 문제(다음 장에서 다루어질 것임)가 논의되는 상황에서 나온 것이지만, 그런 훈계는 수호국에 대한 경제적 이득 제공이 개입의 확률을 높이고 나아가 억지력을 제고할 수 있음을 시사하고 있다.

이 견해는 일부의 지지를 받고 있다. 폴 포스트(Paul Poast, 2013)는 경제조항을 특별히 포함하는 군사동맹은 조약 책무를 이행할 개연성이 더 높다고 주장한다. 이 추론은 이슈 연계의 논리를 따르고 있다. 한 이슈 분야가 협상하기 너무 힘들 때 다른 이슈 분야와 연계시키면 모두 만족하는 모종의 윈·윈 해법을 찾을 확률이 높아진다. 모든 당사국이 협정에서 생기는 이득을 계속 누리기 위해 그 협정을 준수할 것이다. 포스트가 제시하는 예를 보자면, 프랑스가 폴란드와의 동맹조약에 상업조항을 포함시키자고 고집했다. 그 결과 바르샤바는 파리로부터 원하는 안전보장을 얻은 반면, 파리는 불안정한 지정학적 상황에 처한 신생국의 안보를 지원함으로써 돈을 벌었다. 결과적으로 그 동맹의 신뢰성이 커졌다. 이러한 논리에 따라 수호국으로부터 무기를 구매하는 것도 동맹을 뒷받침할 수 있을 것이다. 이 추론에 의하면, 수호국이 고객 상실 우려로 인해 동맹국을 구조할 확률이 커질 것이다.

그러한 교환에서 신뢰성이 나올 수 있다는 관념에는 두 가지 문제가 있다. 첫째, 동맹조약을 상업조항에 입각하는 것은 원성을 부추길 수 있으며, 특히 그 동맹은 동맹국이 수호국의 보호를 받기 위해 공물을 바치는 부정수단에 불과하다는 우려를 일으킬 수 있다. 수호국이 한 번 조공을 요구하면, 동맹국이 위험한 상황에 처할 때 또 다른 ─ 어쩌면 더 큰 ─ 조공도 요구할 수 있다. 더 중요한 둘째 문제는 수호국이 이러한 상업적 거래에서 내는 수익이 조공하는 동맹국을 방어하는 데 불충분할 수 있다는 점이다. 동맹국이 수호국으로부터 무기를 구매하는 데 돈을 쓴 경우에도 동맹국을 위해 싸우는 비용은 그러한 이득을 한참 능가할 수 있다. 사실 합리적으로 보자면, 과거의 이득은 현재 싸울지 말지를 결정하는 요인으로 작용해서는 안 된다. 그런 작용은 매몰비용 오류다. 그리고 사실은 폴란드의 예가 이러한 주장의 약점을 드러내고 있다. 상업조항을 넣자는 프랑스의 고집은 폴란드 재계와 정계 엘리트들의 원성을 샀다(Wandycz, 1962: 221~222). 더 중요한 사실로, 양차 세계 대전 사이에 양국의 이해관계가 갈리고 프랑스 군사력이 독일에 비해 약화되었기 때문에 바르샤바는 파리를 점점 믿을 수 없다고 인식하게 되었다(Wandycz, 1988). 1939년 가을 프랑스가 독일을 대대적으로 공격하지 않은 것이 그 점을 입증했다.

재보장에 복합된 문제

안전보장의 강도에 영향을 미치는 요인이 많이 있지만, 수호국이 걱정하는 동맹국을 안심시키려고 할 때 고려할 필요가 있는 관련 이슈가 두 가지 더 있다. 첫째는 동맹 딜레마에 관한 것이고, 둘째는 동맹안보 딜레마에 관한 것이다. 글렌 스나이더(Glenn Snyder, 1997)는 각국이 동맹공약을 결정할 때 부딪치는 어려운 상충관계를 강조하기 위해 이 두 개념을 고안했다.

동맹 딜레마는 옭힘과 유기가 적어도 수호국의 관점에서는 동전의 양면이라는 관찰에 근거한다. 너무 약한 공약을 주는 것은 동맹국이 유기를 우려하고 나아가 원치 않는 행위를 하도록 추동할 수 있다. 그러나 너무 광범위한 공약을 주는 것은 전쟁 리스크를 높이고 따라서 수호국이 옭힘을 우려하게 될 수 있다. 이름 그대로 동맹안보 딜레마는 고전적인 안보 딜레마의 수정판이다. 안보 딜레마에 의하면, 현상유지 성향을 충분히 가진 두 국가가 서로 상대방의 의도에 관해 아직 확신하지 못하고 그래서 두려운 나머지 방어적 조치를 공세적 조치로 오해할 수 있다. 군비경쟁의 악순환이 뒤따름으로써 전쟁 위험이 고조된다(Jervis, 1978). 마찬가지로 동맹안보 딜레마에 의하면, 두 동맹국이 자신들의 안보를 제고하기 위해 상호관계를 강화할 때 적국은 정말 방어적인 그런 움직임을 공세적인 것으로 인지할 수 있다. 동맹안보 딜레마의 통찰에 의하면, 동맹국을 안심시키기 위해 필요한 조치가 억지력을 약화시킬 뿐만 아니라 적국이 선제적 전쟁을 감행하도록 자극할 수도 있다. 결국 적국은 상대 동맹국들이 자신에 대한 공세작전을 개시하기 위해 군사관계를 강화하고 있다고 우려할 수 있다.

요컨대, 이 두 딜레마는 수호국을 고달프게 만드는데, 그것은 수호국이 동맹국을 보장하고 적국을 억지하는 두 가지 일을 해야 하기 때문이다. 즉, 수호국은 동맹국에 대해 지원을 확약하면서 ─ 국제안보학자 제프리 노프(Jeffrey Knopf)는 "동맹 관련 확약"이라고 부름 ─ 동맹국이 옭아매기, 독자적 핵무기 프로그램 등과 같은 무모한 행위를 추진하지 못하도록 설득도 해야 한다. 또한 수호국은 적국이 동맹을 해치는 공세 정책을 취하지 못하도록 막으면서 그 적국에 대해 협력 시 악용되지 않고 보상을 받을 것임을 확약해야 ─ 노프(2011: 380~381)는 "억지 관련 확약"이라고 부름 — 한다.

그러나 그런 딜레마가 정말 존재하는가? 앞 장에서 언급한 대로 스나이더조차 일정 조건하에서 옭힘 리스크에 대처하는 하나의 방법은 공약을 약화시키기보다 강화하는 것임을 인정했다. 그런 조치는 동맹국이 심각한 유기 우려를 느끼지 못할 정도로, 또는 자신의 이익을 확보하기 위해 일종의 선제적 또는 예방적 전쟁에 호소할 필요를 느끼지 못할 정도로 그 동맹국을 안심시킬 수 있을 것이다. 그러나 옭힘 리스크를 완화하기 위한 제도적 해법 — 언어의 정밀성, 조건 제한, 범위 등 — 은 대개 동맹조약 속에 명시된다. 조약이 먼저 서명된다는 사실은 조약이 성립할 때 동맹국이 가질 수 있는 어떤 유기 우려도 상쇄할 만큼 공약을 전달하는 신호로서 충분하다. 그럼에도 불구하고 공약 장치로서 조약 자체의 중요성은, 특히 정치적 환경 변화로 인해 십중팔구 세월 속에 소멸될 것이다. 마찬가지로 문서에 존재하는 모호성은 군사기술 변화와 국가 간의 이해관계 진화에 따라 장기적으로 커질 수 있을 것이다.

동맹 딜레마의 중요성이 과장되고 있다고 의심할 다른 이유도 있다. 동맹국이 위치한 작전구역에서 적국이 적어도 수호국만큼 강하다면 유기 우려가 어쨌든 존재할 것이다. 특히 적국과 직접 국경을 접하고 수호국과는 지리적으로 떨어진 동맹국은 지속적으로 유기를 우려하기 쉽다. 적국이 전시에 동맹국을 구조하려는 수호국의 증원군을 막는 데 주력하면서 군사력을 사용해 동맹국을 고립시킬 수 있기 때문에 동맹국은 결코 수호국의 지원을 진정으로 확신할 수 없다. 대외정책상 이해관계 공유와 전진 배치는 그러한 유기 우려를 관리할 수 있는 수준으로 유지시킬 수 있다. 동맹 딜레마에 관해 더 중요한 것으로, 그런 공유와 전진 배치가 옭힘 리스크도 줄인다. 결국 정의(定義)상 옭힘 확률은 수호국과 동맹국의 대외정책상 이해관계가 겹칠수록 낮아진다. 그리고 수호국이 자국 군대를 동맹국 영토에 전진 배치하면, 그 군대는 동맹국 군대와 함께 훈련할 것이고 당연히 정보력도 더 좋을 것이며 나아가 원하지 않는 행동을 예견하고 예방할 수 있을 것이다. 어떤 경우에는 동맹국 군대가 수호국의 지휘하에 들어감으로써 원하지 않는 행동의 가능성이 훨씬 더 줄어들 것이다. 미국은 냉전 기간 내내 한반도에서 전시와 평시 작전을 위한 기본적 리더 역할을 맡았으며 1994년까지 평시작전통제권을 넘기지 않았다.

동맹안보 딜레마의 강도는 경쟁관계뿐 아니라 적국의 본성에도 달려 있다. 적국이 폭력에 호소하려는 의지가 있고 그 목적도 무제한이라면, 아무런 딜레마가 존재하지 않는다. 동맹은 그 회원국들이 적국의 약탈에 희생되지 않게 최대한 강력할 필요가 있다. 따라서 1930년대 프랑스와 나치 독일 사이에는 아돌프 히틀러가 국제질서를 완전히 뒤집으려는 유별나게 수정주의적인 목적을 품었기 때문에 동맹안보 딜레마가 정말로 없었거나 없었어야 했다. 오직 압도적인 군사력만이 히틀러가 1930년대 내내 인접국에 대해 대담하지만 성공적인 공세를 감행하지 못하도록 단념시켰을 것이다. 그러나 적국이 보다 제한된 목적을 가지고 있고 주로 자국의 핵심 가치를 방어하기 위해 군대를 사용한다면, 억지를 위한 요건이 훨씬 더 낮을 것이다. 사실, 확약을 위해 그런 요건을 초과하는 것은 반생산적일 수 있다. 공격작전을 수행할 역량을 가진 대규모 군사력을 전선 동맹국의 영토에 집중시키는 것은 적국의 불안감을 고조시키고 적국이 선제 타격을 감행하도록 압박할 수 있다.

동맹안보 딜레마가 적국의 본성에 의존한다면, 적국의 의도를 파악하는 것이 절대적이다. 이것은 말보다 실천이 어렵다. 정책 대립이 악화되어 상호 반목으로 바뀔 수 있지만, 적국의 적대적 이미지는 때때로 너무 쉽게 형성된다. 우리가 어떻게 적국을 평가하는지를 보면 종종 우리 자신에 관해서도 알 수 있다. 그렇다고 하더라도 역사 기록은 공격적인 대외정책 목표를 가진 국가가 정말로 있음을 가리키고 있다. 서방과 러시아 간의 현행 관계가 이 난제를 분명히 보여준다(Lanoszka and Hunzeker, 2019: 7~20 참조). 러시아가 동유럽과 유라시아에 걸쳐 영향력과 영토적 지배를 회복하려고 혈안인 제국주의 강대국이라는 견해가 있다. 러시아는 이러한 실지 회복 프로젝트를 추진하기 위해 군사력을 사용할 것인바, 우크라이나와 전쟁을 하고 조지아의 영토보전을 조금씩 뒤엎음으로써 이미 그렇게 했다. 동맹안보 딜레마는 존재하지 않는바, 그 이유는 근원적인 문제가 군사적 획득 프로그램이 무엇을 뜻하는지에 관한 불확실성이 아니라 정치에서 나오기 때문이다. 러시아는 단지 영토보전을 유지하고 적대적 동맹들에 의한 포위를 방지하고 싶을 뿐이라는 대안적 시각도 있다. 러시아는 레드라인(red lines)을 주장하기 위해 군사력을 사용할 것인바, 우크라이나와 조지아의 나토 가입을 저지하려는 시도에서 이미 그렇게 했다. 이 평가가 정확하다면 동맹안보 딜레마가 존재할 것이다. 물론 여기에는 나토가 ─ 러시아 지도자 등이 가끔 주장하듯이 ─ 자체의 수정주의 목표를 갖고 있는 것이 아니라는 전제가 붙는다.

문제를 고찰하는 또 다른 시각은 경쟁관계의 본질을 검토하는 것이다. 고전적인 동맹 딜레마는 불안감이 주로 각국이 자신의 영토보전과 정치적 독립을 지키는 선의의 방식으로서 무장 추진을 결정하는 데서 비롯된다고 상정한다. 분쟁의 근저에는 군사력 증강이 ─ 아무리 진정한 방어적 의도라고 해도 ─ 타국에 주는 의미에 관한 불확실성과 그에 따른 두려움이 자리하고 있다. 그러나 그 분쟁이 정치적 이해관계가 충돌하는 것이라면 어떻게 되는가? 로버트 저비스(Robert Jervis, 2001: 58)는 1970년대 말 발표된 중요한 논문에서 안보 딜레마를 개술했음에도 불구하고, 훨씬 나중에 유명한 언급, 즉 냉전이 그 자체로는 동맹 딜레마가 아니며 이는 그 싸움이 궁극적으로 "사회체제의 충돌"이기 때문이라고 선언했다. 그 말이 맞는다면 수호국과 적국 사이에 안보 딜레마가 존재하지 않을 경우 논리적으로 동맹안보 딜레마도 있을 수 없다. 동맹안보 딜레마를 관리하는 것처럼 보이는 조치 – 예컨대 동맹국의 자체 핵무기 획득을 방지하기 – 는 소련과 같은 적국에 대한 도발을 회피하기보다 동맹국에 대한 영향력을 유지하려는 동기에서 나왔을 것이다.

경쟁관계가 동맹안보 딜레마 역학의 특징인지 여부와 관계없이 일부 독자는 동맹국의 의도와 위협 평가가 그 동맹국이 보고하는 것과 일치한다는 단순한 추정은 불가하다고 반박할 수 있을 것이다. 세계정부가 없는 각국은 자신의 이해관계와 결의를 잘못 전달하기 때문에 동맹국이 수호국으로부터 최대한의 지원을 끌어내려고 자국의 불안감을 과장할 수 있다. 예컨대 각국은 적국의 역량과 목표를 과장하거나 적국의 목표가 실제보다 훨씬 더 포괄적·적대적이라고 주장할 수 있다. 유기 우려를 표명하는 동맹국이 실제로는 옭힘 리스크일 수 있다. 핵무기 프로그램을 추진하는 것도 오히려 수호국의 관심을 끌고 수호국을 움직여 안전보장을 재확인시키려는 노력일 수 있다는 주장이 나올 법하다.

조약 동맹국은 종종 수호국으로부터 최대한 얻어내고 싶어 하지만, 동맹국이 수호국을 기만하려고 그토록 전력투구할 것이라는 생각은 비현실적이다. 동맹국이 기만을 실행할 능력은 제한적이다. 먼저 핵확산 같은 것으로 관심을 끌려는 시도는 동맹국에 역풍을 안길 수 있다. 만일 적국이 그 핵무기 프로그램을 탐지한다면, 최악의 경우 적국이 선제적 전쟁을 감행할 수 있고 적어도 동맹국과 수호국을 지목해 망신시킬 수 있을 것이다. 핵무기 프로그램이 수호국으로 하여금 안전보장을 재확약하도록 만들지 여부는 국제정치에서 예측이 어려움을 감안할 때 단정할 수 없다. 가장 중요한 것으로 수호국은 장님이 아니다. 수호국은 적국의 군사력과 대외정책 의도를 평가할 자체 정보역량을 보유하고 있을 것이다. 수호국은 독자적으로 적국을 판단할 수 있으며 동맹국의 조언을 들을 필요가 없다. 마찬가지로 수호국은 그런 정보역량을 사용해 동맹국도 조사할 것이다. 수호국은 동맹국과 적국 간의 힘의 균형을 독립적으로 결정하고 그에 따라 예측할 것이다. 부담분담 논란이 벌어지는 것은 다름 아니라 수호국이 — 적국 방어에 필요한 것을 기준으로 — 누가 어디에 돈을 쓰는지 어느 정도 모니터할 수 있기 때문이다.

21세기 초반에 나온 유기 우려

유기 우려가 자연스럽고 만연하지만 각국이 외교·국방 정책을 극적으로 변경할 정도로 심각한 경우는 거의 없다. 대외정책상 이해관계의 일치 정도, 군사적 균형, 수호국이 전진 배치한 군대가 있는지 여부와 그 규모 등이 동맹공약의 강도 인식에 영향을 미칠 수 있는 핵심 요인이다. 그렇긴 하지만 기술과 글로벌 거버넌스의 발전에 따라 적국이 상대 동맹을 약화시키려고 사용하는 전략이 바뀌고 있다고 일부 독자는 주장할 것이다. 더 나아가 그런 전략은 실천 확약에 따른 동맹의 필수 조치에 영향을 미친다. 각국은 적군 대형이 자국 영토를 침범할 때 동맹 당사국들에 의해 유기당할 가능성에 관해 걱정하기보다 교묘한 형태의 공격에 대해 충분한 지원을 받지 못하는 것을 더 걱정한다고 이들 독자는 주장할 것이다. 결국 2019년 나토 사무총장 젠스 스톨텐베르크(Jens Stoltenberg, 2019: 4)가 "심각한 사이버 공격은 우리 창설 조약 제5조를 발동시킬 수 있을 것"이라고 선언했다.

미라 랩-후퍼(Mira Rapp-Hooper, 2020: 179)가 경고한 대로, 오늘날 대부분의 미국 군사동맹에서 외부의 침공이 조약상 책무를 촉발시키는 기준이 너무 높다. 적어도 한 사례, 즉 한미동맹의 경우 이 높은 기준은 의도되었다. 미국 협상가들은 "어느 당사국도 다른 당사국에 대한 외부의 무력공격 경우를 제외하고 그 당사국을 지원할 책무가 없다"라면서 자국 편에서 이해하는 문언을 삽입했다. 워싱턴조약도 "무력공격(armed attack)"을 언급하지만 "외부의(external)"라고 한정하지 않는다. 워싱턴조약은 영토 범위를 명시하는 한편 회원국에 대한 공격은 "모든 당사국의 군대, 함정 또는 항공기가 대상"일 수 있다고 규정한다. 공동의 전쟁 문턱을 넘지 않고 운용되는 전략·전술 ― 예컨대 대규모 무장 대형이 국제적으로 인정된 국경을 넘는 활동은 포함하지 않지만 범죄 활동이나 고립적으로 보이는 작은 무장 사건을 포함하는 전략·전술 ― 은 억지력, 즉 오늘날 다수 군사동맹의 '존재 이유'를 복잡하게 한다(Gill and Ducheine, 2013: 443~445 참조). 랩-후퍼(2020: 147)는 "하이브리드 전쟁", "회색지대 분쟁" 등과 같이 대중적이지만 문제가 있는 유행어를 피하면서 "경쟁력 있는 강압(competitive coercion)"이라는 개념을 원용해 미국의 적국이 추구하는 활동, 즉 공개 분쟁을 의도적으로 회피하지만 방위동맹을 좀먹는 효과를 낼 수 있는 활동을 묘사하고 있다. 이런 활동이 경쟁력이 있는 것은 표적을 희생시켜 정치적 목적을 진전시키기 때문이다. 이런 활동이 또한 강압적인 것은 인정된 전쟁 문턱을 넘지 않으면서 현상변경을 겨냥하기 때문이다. 경쟁력 있는 강압을 유혹적인 전략으로 만드는 것은 그 저렴함과 유연성인바, 적국은 때때로 경쟁력 있는 강압 덕분에 확전 리스크를 관리할 수 있을 뿐만 아니라 그럴듯하게 책임을 부인할 수 있다(Rapp-Hooper, 2020: 148). 경쟁력 있는 강압은 또한 동맹국들 갈라치기를 겨냥할 수 있는데, 일부 그룹을 차별화함으로써 동맹의 견제 잠재력을 감소시키거나 정치적 선호를 바꾸려는 것이다(Crawford, 2011; Wigell, 2019). 경쟁력 있는 강압에는 역정보 공세와 사이버 공작 전개, 일부 동맹국만 겨냥한 군사역량 배치, 제한적인 국경 침범, 표적 국가의 정치기관을 전복할 수 있는 동지적 엘리트 양성 등이 포함될 수 있다. 마이클 포즈난스키(Michael Poznansky, 2020: 4)는 각국이 때때로 "신뢰성을 유지하고 위선 비용을 모면하기 위해 비밀공작"을 수행한다고 주장한다. 여기서 위선 비용이란 적국이 타국 내정 불간섭에 관한 국제법적 공약을 노골적으로 위반할 경우에 치를 대가를 의미한다. 억지할 것이 정확히 무엇인가, 어떻게 그런 레드라인을 전달할 것인가, 억지가 실패할 경우 어떤 대응이 적절한가, 무엇보다도 실패를 방지하기 위해 어떤 정책 조치를 채택해야 하는가 등과 관련해 불확실성이 넘친다. 그러한 저수준의 공격을 벌이지 않겠다는 공약을 감시하고 집행하는 것은 수포로 돌아간다. 직설적으로 말하자면, 동맹 회원국들이 경쟁력 있는 강압이 성공한 탓에 총 한 방 쏘지 않고 결국 적국에 패배하는 것은 동맹 운영 문제다.

경쟁력 있는 강압에 관한 이 추론은 설득력이 있으며 널리 공감을 얻고 있다. 그러나 이 추론은 두 가지 약점을 가지고 있는데, 그 약점은 이 장에서 말하는 논지, 즉 유기 우려가 일반적으로 존재하지만 각국이 중립주의 등 극적인 정책 변경을 추진하도록 압박할 만큼 심각한 경우는 거의 없다는 주장을 오히려 뒷받침하고 있다.

첫 번째 문제는 경쟁력 있는 강압이 역설적으로 억지 성공에 기인할 수 있다는 점이다. 적국은 전쟁 문턱 ─ 이 개념에 대한 공감이 존재한다는 가정하에 ─ 을 넘는 것을 우려하기 때문에 그 문턱을 넘지 않는 전술에 의지할 수 있다. 단언컨대 최근 러시아와 중국이 일부 인접국에게 처신한 방식이 바로 그런 경우다. 2014년 러시아가 우크라이나로부터 크림반도를 병합한 후, 발트 제국은 러시아 때문에 안절부절못했다. 발트 제국은 나토와 유럽연합 회원국이기 때문에 정치적 환경이 우크라이나와 근본적으로 다르지만, 러시아의 대규모 침공에 희생될 것을 우려했다. 러시아가 역정보 공세를 펼치고 발트 제국 영공을 불법으로 침공했으며 동포 정책(Compatriot Policy)을 통해 발트 제국 내 러시아 민족 공동체와 연계망 구축을 시도한 것 등이 그들의 우려를 정당화했다. 한편, 중국은 중국공산당이 통치하는 본토와 대만의 궁극적인 통일을 강조하고 있으며, 가끔 여러 가지 군용기와 배로 대만 영공과 영해를 침범했다. 그러나 러시아와 중국이 (지금까지) 미국 동맹국에 대해 대담한 군사행동 착수를 (거의 틀림없이) 삼간 하나의 이유는 희생을 치르면서 완전한 점령을 시도할 군사적 능력이 없기 때문이다. 특히 러시아는 (워싱턴조약) 제5조를 발동시키는 잠재적 비용이 이득을 능가하기 때문에 더 큰 것을 도모하기가 겁날 수 있다 ─ 이것은 나토 동맹국들 간에 제5조가 자신들을 위해 유의미한 대응으로 이어질지 여부에 관해 우려가 있다는 점에서 아이러니다. 결과적으로 러시아와 중국은 현상유지에 대한 불만과 현상유지를 교란하려는 의지를 과시하기 위해 경쟁력 있는 강압을 수행한다. 그러므로 적국은 억지가 꼭 실패했기 때문이 아니라 억지 성공 때문에 경쟁력 있는 강압에 의지할 것이다.

두 번째 문제는 경쟁력 있는 강압에 대처하기 위해서 제시된 해법이 불필요할 수 있다는 점이다. 랩-후퍼(2020: 179)의 기술에 의하면, 나토 제5조와 같은 미국의 동맹공약 다수가 유엔헌장 제51조에 너무 얽매어 있기 때문에 시대에 뒤질 수 있다. 그 제51조에 의하면, "한 유엔 회원국이 무력공격을 받을 경우, 안전보장이사회가 국제 평화와 안전을 유지하기 위해 필요한 조치를 취할 때까지 개별적 또는 집단적 자위의 고유한 권리는 결코 손상되지 아니한다". 이에 따라 랩-후퍼는 분쟁 문턱이 유엔헌장 제2조 4항에 의거해 변경될 수 있다고 주장하는데, 그 조항은 "어느 국가의 영토보전 또는 정치적 독립에 대한 무력 위협 또는 사용"을 금하고 있다. 특히 경쟁력 있는 강압 활동이 속임수에 해당하고 나아가 일종의 개입에 해당한다는 강력한 논거를 제시할 수 있을 경우, "정치적 독립"은 더 낮은 문턱을 정당화할 충분히 탄력적인 문구다. 확실히 제51조에 사용된 핵심 용어들 ─ "공격", "무력공격", "집단적 자위", "국제 평화와 안전" 등 ─ 가운데 명확히 정의된 것은 없다. 이들 용어의 모호함에 힘입어 기술 발달을 수용하고 전복활동 격퇴를 도울 수 있도록 국제법을 광의로 해석할 수 있다.

국제법을 통해 분쟁 문턱을 낮추는 것이 사실은 반생산적일 수 있다. 왜냐하면 그러는 것이 일부 동맹국들 사이에 옭힘 리스크와 유기 우려를 높이는 의도치 않은 효과를 낳을 수 있기 때문이다. 2007년 에스토니아의 기관들을 강타한 대규모 분산 서비스 거부(distributed denial of service) (사이버) 공격과 같은 상황을 생각해 보자. 국가가 후원하거나 운영하는 러시아 내 단체가 그 공격을 이끌었다는 것이 다수의 관측이다. 이러한 관측이 나온 것은 소련 시대에 세운 제2차 세계대전 기념비의 이전을 둘러싸고 에스토니아 내 러시아어 사용 공동체 구성원들이 대규모 시위를 벌이는 와중에 그런 공격이 발생했기 때문이다(Herzog, 2011 참조).

그 공격이 낮아진 분쟁 문턱을 넘었기 때문에 동맹 책무를 발동시켰더라면, 많은 정책적 어려움이 뒤따랐을 것이다. 일부 나토 회원국들은 제5조가 발동되는 것을 의미하는 러시아와의 대규모 분쟁에 잠재적으로 연루될까 봐 불안했을 것이다(2007년 나토와 러시아 간의 관계가 틀어지고 있었지만 10년 뒤처럼 긴장 상태는 결코 아니었음을 상기하자). 그 나토 회원국들은 이 위기에서 동맹공약의 위력을 제한하기 위해 러시아의 책임을 둘러싼 불확실성을 강조할 수 있었을 것이다. 일각에서는 무엇보다도 에스토니아 당국의 정책결정이 위기를 야기했을 수 있다고, 예컨대 거의 틀림없이 에스토니아 당국이 국내 러시아어 사용 공동체의 요구와 바람에 둔감했다고 문제를 제기할 것이다. 비례의 원칙과 대응에 관한 문제 또한 중요한 의견 충돌을 낳을 수 있다. 무언가 조치를 해야 한다는 견해를 가진 사람들 사이에도 정확히 무슨 조치를 할 것인지를 놓고 의견 차이가 생길 수 있다. 일부 나토 회원국으로서는 지목해서 망신시키는 것으로 만족할 수 있지만, 결의를 보여주고 레드라인을 재천명하기 위해 대사이버(counter-cyber) 작전이 필요하다고 주장하는 회원국도 있을 것이다. 또 경미한 경제제재를 선호하는 회원국도 있을 것이다. 낮아진 분쟁 문턱은 또한 아이러니하게도 그 문턱을 넘는 침공이 모종의 대응을 유발할 것이라는 예상을 낳음으로써 유기 우려를 부추길 수 있다. 재구성된 시나리오를 계속하자면, 동맹국들의 반응에 실망한 에스토니아가 불충분한 결의와 지원은 적국의 더욱 사악한 사이버 작전을 고무할 뿐이라고 우려할 것이다. 아마 완전한 유기는 아니겠지만 지원이 불충분하다는 인식이 지속될 것이고, 그 결과 문턱을 낮춤으로써 해결하고자 했던 동맹의 근본 문제가 그대로 남는다. 동맹 가동을 위한 문턱을 낮추는 것은 진영 간 안보 경쟁을 쉬이 격화시키고, 동맹을 일상 수준에서 큰 논란거리로 만들 것이다. 동맹의 신뢰성은 여전히 의심을 받는다.

회복력과 거부 역량 — 군사동맹이라고 해서 꼭 제공하는 것은 아님 — 을 제고하는 것이 좋은 해법이 될 것이다. 전복활동에 대해 완전한 방어는 불가능하다. 예컨대 소셜 미디어 시대에 대외 역정보 공세는 일정 수신자들이 – 수용적이든 아니면 그저 무심하든 간에 – 있기 마련이다. 모든 악성 사이버 작전을 – 탐지하는 것은 차치하고 – 물리치는 것은 불가능하다. 육·해·공을 통한 제한적 불법 영토 침범은 골칫거리지만 그래도 참을 수 있는 범위 안에 있을 것이다. 동맹국들은 자연히 이런 도전에 맞서는 지원이 부족할까 봐 조바심치겠지만, 억지력이 더 높은 (문턱) 수준에서 적용될 경우에는 바로 그 때문에 동맹국들의 유기 우려가 감당이 된다. 한 동맹의 신뢰성에는 언제나 한계가 있으며, 각국은 그 한계와 함께 사는 길을 찾아야 할 것이다. 모든 신뢰성 간극을 메우려는 시도는 지는 해 좇기처럼 자기 패배로 끝나는 헛된 노력일 것이다.

동맹국들은 더 낮은 문턱을 생각하기보다 역정보를 제한하고 사이버 안보를 강화하며 자국 영토 침범에 즉각 대응할 수 있는 역량과 수단을 개발·채택해야 한다. 그래야 이러한 전복활동이 노리는 효과성을 무력화할 수 있다. 이러한 역량과 수단은 동맹국들 스스로 갖추어야 하는 것이다. 만일 동맹국의 국내 정치가 불량하고 특정 소수집단을 소외시킨다면, 그러한 안보 도전에 대처할 임무를 띤 동맹 지휘 센터가 그 국가에 있다는 것이 중요치 않을 것이다. 각국 정부가 국내에 거주하는 일정 집단 구성원들이 외부 세력의 편에서 적대적으로 행동할 것을 진정으로 걱정한다면 당장 시민사회를 진작시키고 다문화 유대를 발전시키며 정보활동을 제고할 필요가 있다(Lanoszka, 2016). 또한 재래식 군사역량을 갖추는 것이 필수인바, 예를 들어 적대국 항공기가 탐지되면 곧바로 긴급발진해서 영공 밖으로 호송할 수 있도록 제트전투기를 보유하는 것이다. 국제법이 어떻든, 한 국가가 사실을 사실대로 말하는 것을 막을 수는 없다. 만일 적국이 나약해서 경쟁력 있는 강압을 진짜로 수행하고 있다면, 법 집행 및 보안 기관들을 적절히 동원해 강력하게 즉각 대응하는 것이 장래의 도전을 억지하거나 적어도 참을 만한 수준 이하로 억제하는 데 도움이 될 수 있다. 어느 점에서는 이것이 바로 동맹 내에서 부담분담 논란이 격화될 수 있는 이유다. 각국은 동맹국들이 각자의 몫을 다함으로써 약한 고리가 생기지 않기를 바란다. 이제 우리는 이 이슈로 들어간다.

제4장

부담분담

요즘 들어 미국의 군사동맹을 괴롭히는 가장 중요한 논쟁은 **부담분담**(Burden-sharing) ─ 동맹국들이 집단방위에 각자의 공정한 몫을 기여해야 한다는 관념 ─ 이슈를 둘러싸고 벌어졌다. 특히 도널드 트럼프 대통령은 조약 당사국들을 향해 자국 군대에 돈을 충분히 쓰지 않을 뿐만 아니라 워싱턴이 어떤 외부 침공이라도 다 막아주기를 기대한다고 꾸짖었다. 그의 어조가 유별나게 신랄했지만 ─ 그는 동맹국들이 돈을 더 쓰도록 자극하는 수단으로 명백하게 유기 위협을 가했음(Sperling and Webber, 2019) ─ 다수의 전임 대통령들도 미국의 동맹국들이 공동 부담 가운데 자신들의 공정한 몫을 짊어지지 않는다고 자주 비난했다. 미국에 근거지를 둔 안보 분석가들 또한 동맹국들의 이른바 무임승차를 비판했다. 나토 국가들이 2024년까지 국내총생산의 약 2퍼센트를 방위비로 지출하겠다고 약속했지만, 불만스럽게도 2021년 현재 몇몇 국가만 이 목표를 달성했고 약속 이행을 향해 나아가고 있는 것으로 보이는 국가도 소수에 불과하다. 동맹국들이 자국 군대에 투자하는 데 관심이 없다고 여겨지면, 워싱턴은 장기적으로 그런 안보관계를 지탱할 마음이 훨씬 더

내키지 않을 것이다. 워싱턴은 그런 동맹을 파기할 수도 있을 것이다. 부담분담과 관련해 걸려 있는 것이 많다.

왜 군사동맹에서 부담분담 논쟁이 발생하기 쉬운가? 그리고 특히 왜 미국 같은 강대국들이 종종 – 화를 낼 정도로 – 불균형한 몫의 방위 부담을 지는지에 대해 학자들이 설명을 진전시켰다. 그러나 이 장에서 논의하듯이 군사기술이 부담분담 이슈를 복잡하게 만든다. 한편으로는, 재래식 군사기술이 더욱 정교해지고 복잡해지면서 각국이 적국이나 동맹국에 뒤지지 않도록 지속적으로 투자할 유인이 생긴다. 이제 어느 국가가 무기 구입에 쓸 돈과 전장에서 그 무기를 쓸 병력을 빠르게 투입해서 군사력을 키울 수 있는 시대는 지났다. 과거에는 효과적인 육군이나 해군을 육성하는 데 수년이 걸렸겠지만 이제는 수십 년이 걸릴 수 있다. 다른 한편으로는, 핵무기가 개별 동맹국의 군사적 기여와 그 기여에서 나오는 집단재(collective good) – 적국 억지 – 간의 관계를 흩트려 놓았다. 무엇보다도 핵무기가 적국의 동맹 공격을 막는 것이라면, 일국 국내총생산의 일정 퍼센트를 재래식 군사력에 지출하는 것은 거의 의미가 없을 것이다. 실로 재래식 군사력 증강은 모순된 효과를 낼 수 있는바, 핵무기 사용을 꺼린다는 신호를 줌으로써 잠재적으로 억지력을 저해할 수 있거나 전쟁 수행을 목적으로 핵무기와 함께 재래식 군사력을 사용하겠다는 신호를 줌으로써 불안정을 키울 수 있다. 군사지출과 억지력 간의 관계는 결코 단선적이지 않다. 현대 군사기술의 정교한 성질은 방위지출을 부추기는 동시에 말리기도 한다. 국내총생산의 2퍼센트 방위지출과 같은 가이드라인은 방위 기여도를 측정하는 데 유용한 방안이겠지만, 그 효용성은 기껏해야 피상적이다.

이러한 논의에 대해 상술하기 위해 이 장에서 왜 무임승차가 군사동맹에서 발생할 수 있는지 그 이론적 이유를 개관한 다음 부담분담 논쟁의 역사를 검토한다. 그리고 어떻게 재래식 군사력의 복합성이 더 중가했는지, 그리하여 어떻게 적국과 동맹국에 결코 뒤지지 않고 싶은 국가들의 지속적인 국방 투자를 필요하게 만들었는지를 설명한다. 그다음에는 어떻게 핵무기가 부담분담을 흩트러 놓는지를 계속해서 설명한다. 이 장에서 결론을 내리기에 앞서 왜 미국 동맹국들의 방위지출 규모가 서로 다른지 그 이유를 검토함으로써 그들이 이런 상충되는 유인에 어떻게 반응했는지 설명한다. 이 장은 주로 재정적 기준에서 부담분담 문제에 초점을 맞출 것이다. 물론 각국은 방위예산에 항상 반영되지는 않는 방식으로 동맹에 중요하게 기여할 수 있다. 기지 사용권 제공, 주둔국 지원(Host Nation Support) 제공, 제3국에 대한 제재 부과, 대외 경제·군사 원조 제공, 교전지대로 선뜻 파병하기 등은 동맹이 기능하는 데 더 중요할 수 있을 것이다. 앞 장의 결론 부분은 어떻게 시민사회를 진작시키려는 국내 노력이 외국의 전복활동에 대한 예방접종이 될 수 있는지 언급했다. 그러나 부담분담 논쟁은 주로 방위지출 면에 고정되어 있다. 한 연구에 의하면, "방위 투입[즉, 일반적으로는 방위지출액 및 구체적으로는 군사장비]과 산출 간의 실증적 관계는 크고 긍정적이며 통계적으로 유의미하다"(Becker, 2017: 135). 이 장의 논의는 그에 따라 전개하고 방위지출 면에서 부담분담을 집중 조명할 것이다.

부담분담의 이론과 역사

부담분담이 동맹정치에서 중요하다는 것은 서로 관련된 네 가지 이유에서다. 첫째, 부담분담은 동맹국들이 공동의 안보 도전에 대처하기 위해 얼마나 많은 돈을 군대에 쓸 용의가 있는지를 반영한다. 둘째, 부담분담은 집단방위에 대한, 더 일반적으로는 동맹에 대한 그들의 공약을 표시한다. 셋째, 동맹은 역량을 모으는 역할을 하는바, 다른 모든 조건이 같다면 동맹이 쏟을 수 있는 역량이 클수록 그 동맹은 더 성공적으로 안보 목표를 성취할 것이다. 전쟁이 발발할 경우, 모든 회원국이 평시에 각자의 역할을 다한 동맹은 십중팔구 승리할 것이다. 끝으로, 지속적으로 과도한 몫의 방위 부담을 지는 국가는 그 동맹이 유지할 가치가 없다고 결정할지 모른다. 그 국가는 혼자서 자력으로 안보를 충분히 지킬 수 있다고 생각해서 일방적 탈퇴를 결정할 수도 있다.

얼핏 보면, 부담분담 논쟁과 동맹 무임승차 문제는 집단행동 문제의 결과인 것처럼 보인다. 이 사회적 문제는 한 집단의 구성원들이 합동 활동으로 생산되는 이득을 원하지만 그와 동시에 자신들이 투입하는 노력의 양은 최소화하고 싶을 때 발생한다. 어느 한 구성원이 아무것도 안 해도 이득을 누릴 수 있다고 생각한다면 합리적으로 그 구성원은 가능한 한 아무것도 안 하고 그냥 넘어가려고 할 것이다. 즉, 그는 남들의 노력에 "무임승차"할 것이다. 불행히도 모든 구성원이 이렇게 생각한다면, 모두가 협력했을 경우 얻었을 이득이 전혀 발생하지 않는다. 개별 구성원의 자기 이익 챙기기가 소속 집단의 이익을 위태롭게 할 수 있다. 따라서 집단행동 문제는 구성원 수가 증가함에 따라 심화되는데, 이는 어느 한 구성원의 한계 기여가 식별하기 더 어려운 데다 집단재 공급에도 그다지 영향이 없을 것이기 때문이다(Olson, 1971: 53).

공공재(public goods)는 소비 면에서 경합성이나 배타성이 없기 때문에 이런 도전에 아마 가장 취약할 것이다. 공공재는 비경합적인(non-rival)바, 이는 어느 집단의 한 구성원에 의한 그 재화 소비가 다른 구성원에 의한 소비를 방해하지 않는다는 의미다. 공공재는 비배타적인(non-excludable)바, 이는 그 재화의 소비에서 배제되는 개인이 하나도 없다는 의미다. 맑은 공기가 공공재의 전형적인 예다. 그 공기를 마시는 것이 다른 사람의 마시기를 막지 않으며, 집단 외부의 그 누구도 ─ 잠재적으로 치명적인 힘이 사용되어 그 외부인의 호흡기를 막지 않는 한 ─ 맑은 공기 마시기에서 배제되지 않는다. 물론 각 집단은 때때로 집단행동을 취할 수 있지만, 그럴 경우는 그 집단 속에 이미 강력한 동기를 가진 구성원들이 있어서 잠재적 무임승객을 벌할 뿐만 아니라 집단재를 스스로 생산할 수 있기 때문이다.

집단행동 이론은 왜 부담분쟁 논쟁이 군사동맹에 수반하는지를 이해하는 데 있어서 충분히 타당해 보인다. 그 이론의 중요한 통찰 중에 하나는 더 큰 ─ 특히 경제적으로 더 강한 ─ 회원국들이 작은 회원국들보다 더 큰 몫의 방위 부담을 진다는 점이다. 월리스 시스(Wallace Thies, 2003: 273)의 기술에 의하면, "미국과 같은 국가는 크고 부유하며 강력하다는 바로 그 이유에서 걸려 있는 것이 매우 많고 따라서 집단적 노력에 기여할 동기가 높으며, 그와 동시에 집단적 노력의 성공을 확보할 자원도 보유하고 있다". 따라서 이 관점에서 보면 미국이 동맹 부담분담에 관해 가장 짜증을 낸 것이 놀랍지 않다.

부담분담 논쟁이 특히 오늘날 심한 것으로 보이지만, 동맹국들의 지출 패턴에 대한 불만이 적어도 1949년 나토 설립 이래로 미국 대외관계의 특징이었다. 사실 미국은 워싱턴조약에 제3조를 넣자고 고집했는데, 그 조항은 "이 조약의 목표를 더욱 효과적으로 성취하기 위해 당사국들은 개별적으로 그리고 합동해서 자조와 상호원조를 지속적이고 효과적으로 실행함으로써 무력공격에 저항할 개별적·집단적 능력을 유지·발전시킨다"라고 규정하고 있다[NATO, 1949(2019)]. 당시 미국 국무부 장관 딘 애치슨(Dean Acheson)은 "저항 능력에 관한 한, 공짜 식권(meal ticket)은 없다"라는 데 근거해 제3조를 정당화했다(Ringsmose, 2010: 321에 인용됨).

제3조의 삽입에도 불구하고, 미국 정책결정자들은 동맹국들이 자국 군대에 투자하려는 의지가 부족하다고 여기고 자주 좌절했다. 1950년 대 초 유럽군 창설과 당시 논란이 많았던 서독의 군사적 기여를 예정한 유럽방위공동체(European Defense Community) 조약안이 결론에 이르지 못하는 사태가 발생했다. 이에 실망한 미국 국무부 장관 존 포스터 덜레스(John Foster Dulles)는 북대서양이사회(North Atlantic Council: 나토의 최고 의사결정 기관 ─ 옮긴이)에서 행한 연설에서 그 조약이 비준되지 않으면 "어쩔 수 없이 미국의 기본 정책을 고통스럽게 재평가할 것"(『미국의 대외관계, 1952~1954(Foreign Relations of the United States, 1952~1954)』, 제5권: 462~463쪽)이라고 천명했다. 드와이트 아이젠하워(Dwight Eisenhower) 대통령은 유럽 안보에 헌신했지만, 나토 동맹국들이 자신들의 집단방위를 위해 충분한 역할을 하지 않는다는 덜레스의 좌절에 공감했다. 아이젠하워 스스로 "상습적으로 유럽인들이 우리 돈을 가져가고, 자기들의 책무에 관해 약간만 암시해도 분개하며, 거기에 더해서 자기들 마음대로 우리를 혹평할 권리가 있음을 내세우는 것"(Duchin, 1992: 211에 인용됨)을 싫어했다. 결국 프랑스 의회가 유럽방위공동체 설립 조약을 비준하지 못했으며 따라서 유럽의 군사적 통합과 서독의 군국화는 나토 틀 내에서 진행되었다. 임기 말에 아이젠하워는 "우리는 인프라 비용의 큰 몫을 짊어진 가운데 억지력 비용의 거의 전부를 부담하고 있으며, 해양 자유를 지키기 위해 대규모 해군을 유지하고 있다"(『미국의 대외관계, 1958~1960』, 제7권: 508~509쪽)라고 비판했다.

미국의 후임 정책결정자들도 비슷한 불평을 터트렸다. 존 F. 케네디(John F. Kennedy) 대통령은 늘어나는 국제수지 적자를 물려받았는데, 그 적자 때문에 미국이 보유한 금이 주로 미국이 전향적인 국가안보 전략의 일환으로 대규모 병력을 주둔시킨 동맹국으로 대량 유출되었다.

그 병력이 보수로 받는 미국 달러화가 동맹국 영토 내에서 지출된 다음 그 동맹국이 금을 매입하는 데 사용되었다. 1944~1973년 기간에 통용된 고정환율제하에서 미국 달러화는 온스당 35달러로 금에 고정되어 국제통화 질서의 토대 역할을 했다. 불행히도 국제수지 적자는 유동성이 미국을 떠난다는 것을 의미했다. 워싱턴 입장에서, 그런 손실은 국내 경제성장을 약화시키기 때문에 장기적으로 지속될 수 없었다(Gavin, 2001). 케네디 대통령은 동맹안보를 위한 미군의 중요성을 인식하는 동시에 1963년 국가안전보장회의(National Security Council, NSC) 모임에서 "우리는 우리가 유럽으로부터 경제적 호의를 애걸해야 하는 사태로 발전하는 것을 허용해서는 안 된다"라고 분명히 언급하고 "우리가 독일 주둔군의 감축을 결정하면 신속히 감축하도록 준비해야" 한다고 부언했다(『미국의 대외관계, 1961~1963』, 제8권: 488~489쪽). 이러한 좌절이 1960년대 내내 지속된 가운데 미국 국방부 장관 로버트 맥나마라(Robert McNamara)는 "위협을 가하는 것은 아니지만, 독일이 절충협정(Offset Agreements) 연장을 통해 돕지 않으면 미국이 주독 미군이 초래하는 금 유출을 절대로 용납할 수 없을 것임을 분명히 하고 싶다"라고 강조했다(Zimmermann, 2002: 165에 인용됨). "절충"을 둘러싼 이 논란은 서독, 미국, 영국 간에 체결된 삼국협정(Trilateral Agreements)으로 결국 해소되었다. 그러나 그 논란은 유럽에 대한 미국의 공약에 관해 그리고 서독이 계속 나토에 확고히 정박할지 여부에 관해 의문을 던졌기 때문에 유럽의 안보 논의에서 크게 부각되었다(Gavin, 2004).

그렇더라도 이러한 국제수지 논란의 해소가 부담분담 논쟁을 종식시키지 못했다. 1970년대 초 부담을 지지 않겠다는 서유럽의 분명한 태도에 대한 계속된 불만이 미국 의회에서 표면화된 것은 마이크 맨스필드(Mike Mansfield) 상원의원(민주당, 몬태나주)이 해외 배치 미군을 거의 절반으로 줄이자는 결의안을 제출했을 때였다. 맨스필드 후원자들의 정서를 파악한 오티스 파이크(Otis Pike) 하원의원(민주당, 뉴욕주 - 옮긴이)이 선언하기를, "서유럽인들이 우리가 국내총생산의 7.5퍼센트를 지출해야 한다고 말하고 2퍼센트, 3퍼센트 또는 4퍼센트를 가져갈 수 있기에 나는 그들의 방위를 돕지 않겠습니다. 그들은 미국 납세자들이 그들을 뒷바라지할 것으로 알고 있기 때문입니다"(Williams, 1976에 인용됨). 임기 초 친(親)나토였던 닉슨 대통령은 이처럼 해외 배치를 제한하려는 의회의 노력을 성공적으로 물리쳤는데도 자신의 성과를 인정하지 않는 조약 동맹국들에 대해 점차 실망했다. 1974년 대통령직을 사임했을 무렵 닉슨은 유럽 동맹국들이 대체로 배은망덕하다고 여겼다(Sayle, 2019: 167~190). 미국 의회는 서유럽 제국이 훨씬 많이 기여할 수 있을 것이라는 생각을 결코 버리지 않았다. 냉전이 끝나가고 있었어도 유럽이 집단방위 부담에 충분히 기여하고 있는지 여부에 대한 논의가 계속되었다(Steinberg and Cooper, 1990 참조). 이러한 담론은 유럽에 국한되지 않았다. 미국 동맹국들의 인권 기록에 관해 우려한 지미 카터 대통령은 더 나아가 동북아시아 동맹국들이 돈을 더 쓰도록 강제하기 위해 한국으로부터의 군대 철수를 추진했다(Oberdorfer, 1999: 87~91).

부담분담 논란이 1990년대와 2000년대에도 계속되었지만, 미국이 경제적·군사적으로 어느 잠재 적국보다 월등했기 때문에 이런 논쟁이 매우 중대하게 보이지 않았다. 물론 어찌해서 서유럽 제국이 발칸 지역에서 군사 개입을 추진할 역량을 결여했는지를 둘러싸고 약간의 당혹감이 있었다(Chalmers, 2001 참조). 그러나 소련 붕괴는 유럽 대륙에 심각한 위협을 제기할 주요 강대국이 없다는 것을 의미했다. 그리하여 다수의 유럽 제국(및 미국)이 방위지출을 줄이고 경제적 번영 시기에 평화 배당금을 누리게 되었다(〈그림 1〉 참조).

그림 1 1949~2019년 미국 등 나토 주요 회원국의 방위지출 （단위: GDP 대비 %）

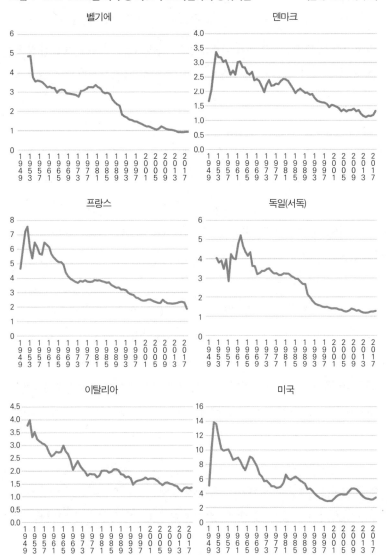

주: 2020년이 제외된 것은 코로나(SARS-CoV-2) 팬데믹이 그해의 경제활동을 급격하게 위축시키면
　서 방위 부담을 왜곡했기 때문이다. 세로축 수치가 서로 다르다.
자료: 스톡홀름 국제평화연구소 자료.

그러나 묵은 부담분담 논쟁이 버락 오바마 대통령 때 다시 부각되었다. 미국 국방부 장관 로버트 게이츠(Robert Gates)가 아프가니스탄과 리비아에서의 역외 작전에 바람직한 수준의 군사지원을 제공하지 않은 일부 나토 회원국에 대해 불만을 터뜨리면서 다음과 같은 유명한 경고를 날렸다.

> 미국 의회 내의 — 그리고 엄연한 국가 전체의 — 냉정한 현실을 보자면, 자국 방위에 진지하고 유능한 파트너가 되려고 필요한 자원을 투입하거나 필요한 변화를 추진할 의지를 보이지 않는 국가를 위해 소중한 자금을 지출하려는 의욕과 인내심이 점점 줄어들 것이다(US Department of Defense, 2011).

이 엄중한 경고에도 불구하고, 유럽의 방위지출이 여전히 낮았는데, 그 주된 이유는 다수 국가들이 당시에 진행되고 있던 유로존(Eurozone, 유로화 사용 지역 — 옮긴이) 위기를 완화하기 위해 긴축정책을 실시했기 때문이다(Gordon et al., 2012). 그렇긴 해도 게이츠의 경고가 나온 것은 미국이 아프가니스탄과 특히 이라크에서 많은 피와 자금을 쏟은 뒤였으며, 그 출혈로 인해 좋든 나쁘든 워싱턴의 시각은 부담분담 문제를 훨씬 더 절실하게 보게 되었다. 오바마 대통령은 한 기자에게 "무임승객들이 나를 짜증나게 만든"다고까지 말했다(Goldberg, 2016에 인용됨). 2001~2014년 기간 나토 내 동맹 지출 가운데 미국의 몫이 63퍼센트에서 72퍼센트로 늘었다(Belkin et al., 2014: 1).

2014년 러시아의 우크라이나 침공은 억지와 방위를 다시 나토 의제로 올려놓았다. 그해 웨일스에서 나토 정상회의가 개최되어 러시아의 크림반도 합병 이후 처음으로 나토 지도자들이 회동했다. 거기에서 나

표 2 **2019년 나토 전 회원국의 군사지출** (단위: GDP 대비 %)

국가	%	국가	%
알바니아	1,26	리투아니아	2,03
벨기에	0,93	룩셈부르크	0,56
불가리아	3,25	몬테네그로	1,66
캐나다	1,31	네덜란드	1,36
크로아티아	1,68	노르웨이	1,80
체코	1,19	폴란드	2,00
덴마크	1,32	포르투갈	1,52
에스토니아	2,14	루마니아	2,04
프랑스	1,84	슬로바키아	1,74
독일	1,38	슬로베니아	1,04
그리스	2,28	스페인	0,92
헝가리	1,21	터키	1,89
아이슬란드	해당 없음	영국	2,14
이탈리아	1,22	미국	3,42
라트비아	2,01		

자료: 나토(2019)로부터 데이터를 추정함.

토 회원국들은 국내총생산의 2퍼센트를 방위비로 지출한다는 2006년
의 약속을 재확인하고 2024년까지 이행한다는 공약을 추가했으며, 그
지출의 20퍼센트를 방위장비의 연구, 개발, 조달에 할애한다는 공약도
추가했다. 그런 약속은 구속력이 없으며 불이행했을 때도 제재가 따르
지 않는다. 아마 놀랍지도 않겠지만, 코로나 팬데믹이 덮치기 직전인
2019년까지 유럽의 나토 회원국 28개국 가운데 단 8개국만 그 문턱에
다다랐다. 〈표 2〉에서 보듯이, 대부분의 다른 동맹국들은 나토 가이드
라인에 한참 미치지 못하는 약간의 증가를 보였다. 공약과 현실 사이
에 이처럼 벌어진 간극은 트럼프 대통령에게 좋은 수사법 소재가 되었
다. 미국 동맹국들이 군사적 부담을 훨씬 더 많이 질 수 있고 져야 한
다는 견해는 해리 트루먼(Harry Truman) 이후 역대 대통령의 주된 먹거
리였지만, 트럼프의 어조는 달랐고 더 단호했으며 동맹국이 군사지출
을 늘리지 않으면 통째로 유기하겠다고 위협하기에 이르렀다. 트럼프

는 회비를 안 내는 나토 회원국들 - 문자 그대로 보면 존재하지 않음 - 을 언급하면서 2퍼센트 가이드라인을 충족한 국가를 분명히 선호함을 드러냈다.

부담분담 논쟁이 미국 주도의 동맹에 국한된 것이 아님은 확실하다. 그런 논쟁의 그림자는 바르샤바조약기구 내에서도 드리워졌는데, 예를 들어 체코슬로바키아, 동독, 폴란드 등과 같은 회원국은 정치적 권위를 유지하고 국민에게 물질적 복지를 전달하도록 소련으로부터 대규모 보조를 받았다(Bunce, 1985: 29). 바르샤바조약기구는 군사적 기여를 얼마나 잘 비례시킬 것인지에 관해 나토와 같은 식의 논의는 없었는데, 소비에트 진영에서는 군사기관에 대한 공산당 정치의 영향이 그런 논의를 배제했다. 그럼에도 불구하고, 보리스 옐친(Boris Yeltsin)은 소련이 저물던 시절에 미하일 고르바초프(Mikhail Gorbachev) 서기장의 리더십에 도전하면서 많은 러시아인들의 정서에 의지한 일종의 러시아 민족주의를 옹호했는데, 그들은 자신들의 개인적 희생이 각 공화국과 바르샤바조약기구 회원국에 대한 소련의 지원을 뒷받침한다고 믿은 사람들이었다(Tuminez, 2003: 129). 결국 러시아소비에트연방사회주의공화국(구소련을 구성한 15개 공화국 중 하나이며, 1991년 현재의 러시아연방으로 국호를 변경함 - 옮긴이)이 소비에트 진영을 이끈 소련에서 가장 넓고 경제력도 가장 큰 부분을 차지했다.

이리하여 집단행동 이론은 왜 동맹정치에서 부담분담 논쟁이 발생하는지 그리고 왜 최강 동맹국이 다른 동맹국을 향해 집단방위에 대한 기여가 불충분하다고 비난할 공산이 큰지를 조명하는 것으로 보인다. 그러나 군사동맹은 어떤 유형의 집단행동에도 속하지 않는다. 냉정하게 보면, 군사동맹은 공공재가 아니라 사유재(private good)다. 군사동맹은 동맹국들이 적국을 상대로 억지하고 방어하기 때문에 본질적으로 배타적이다. 군사동맹에 가입함으로써 생기는 안보가 집단행동 이론대로 배타적이지 않다면, 유기 우려는 전혀 이치에 맞지 않을 것이다. 우리는 제1장과 제2장에서 동맹조약은 흔히 위기 시의 군사지원 제공에 대해 의문을 갖도록 충분한 불확실성을 특징으로 한다는 것을 알았다. 우리는 또한 제3장에서 각국이 유기를 우려하는 데는 충분한 이유가 있다는 것을 알았다. 더 중요한 것으로, 역사 기록을 조사해 보면 평시의 부담분담 논쟁에 관한 초기의 문헌은 찾아보기 어렵다. 이에 대해서는 1945년 이후의 동맹들이 그 이전보다 더 오래 존속했다고 설명할 수 있다. 한 자료에 의하면, 1945년 이후 형성되어 종료된 동맹이 평균 약 14년을 존속했다. 나토와 같은 일부 동맹은 아직 끝나지 않았다. 1945년 이전 동맹의 평균수명은 약 8년이었다(Leeds et al., 2002). 전쟁이 곧 발발했기 때문이거나 아니면 동맹국들의 대외정책 변경으로 동맹이 갱신되지 않고 종료되었기 때문에 부담분담 논쟁이 발전할 시간이 충분하지 않았던 것이다.

그렇지만 수명의 차이는 제2차 세계대전 이전 기간과 이후 기간 사이에 달라진 것이 정확히 무엇인가라는 새로운 질문을 던진다. 부담분담이 주로 워싱턴에서 제기하는 이야기라는 점에서, 대외적 얽힘을 유보했던 미국이 전진방어 전략을 수용하기 위해 그 유보를 뛰어넘었다는 설명이 가능하다(Rapp-Hooper, 2020: 51~52). 이 전진 배치 전략은 미국이 군사동맹과 대규모 평시 상비군을 보유하는 동시에 해외에 위치한 작전전구에 군대를 배치할 것임을 의미했다. 그렇게 해서 미국은 동맹국들이 이 전진방어 태세에 기여함으로써 그들의 몫을 다할 것이라고 기대했다. 그러나 그것이 전부가 아니다. 다음에 설명하듯이, 군사기술의 성격이 크게 관련되어 있다.

부담분담을 결정하는 군사기술의 발전

군사동맹이란 공유된 위협에 대응해 자신들 스스로 안보를 지키려는 국가들의 집단이다. 안보 – 특히 억지력 – 는 대부분의 군사동맹이 회원국의 합동 활동을 통해 생산하는 집단재이기 때문에 부담분담에 관한 핵심 질문은 각국의 개별적인 방위 기여가 그들의 동맹이 산출하는 전체적 안보에 어떤 영향을 미치는가다. 짐작건대, 적어도 한 국가가 자신의 공정한 몫 – 어떻게 정의되든 – 을 제공하지 않으면 동맹의 전체적 안보가 저해된다. 다른 모든 조건이 같다면, 동맹이 클수록 개별국의 기여가 전체적 억지력 생산에 얼마나 영향을 미칠지 불분명해진다. 그리고 사실 동맹에 관한 고전적 견해에 의하면, 동맹은 역량을 총합한다. 어떤 역량이라도 빠지는 것은 군사동맹이 그 진정한 잠재력을 채우지 못하고 있음을 의미한다.

하지만 그것이 정말로 사실인가? 다음 논의의 첫 부분은 재래식 군사력을 산출하기가 과거보다 훨씬 더 힘들어졌다고 주장한다. 그리하여 군사기술의 복잡성이 커지면서 재래식 군사력에 대한 지속적인 지출이 훨씬 더 중요하게 되었기 때문에 과소 지출에 관한 우려는 정당한 것이다. 그럼에도 불구하고 다음 논의의 둘째 부분이 주장하듯이, 동맹정치의 현실은 집단행동 이론과 역량총합 모델이 함축하는 것만큼 그리 간단하지 않다. 우선 동맹은 군사역량을 총합하는 기능을 한다는 견해가 핵무기로 인해 한물간 것이 되었다. 또한 어느 국가가 재래식 군사력 부문에 지출을 늘리는 것은 핵전쟁의 성격 때문에 그 영향이 제한적일 것이며 잠재적으로는 반생산적일 수 있다.

재래식 군사력의 복잡성 증대

일정 수준의 재래식 군사력을 보유하는 것은 어느 동맹국에게나 중요하다. 1945년 이후 벌어진 모든 전쟁이 재래식 군사력을 수반했으며, 냉전 종식 이후에 나토 및 안보 파트너 연합이 수행한 모든 군사작전이 재래식 군사력에 의존했다. 다양한 수준의 역외 작전은 여전히 지상군, 해군 및 제해권에 의존하고 있으며, 그런 작전은 동맹의 집단적 이익 — 정의에 의해 동맹의 영토보전을 함의하지는 않더라도 — 으로 되돌아올 것이다. 중국과 러시아 모두 2008년 이후 비핵 전력을 큰 폭으로 발전시켰으며, 이에 따라 일부 관측통들은 양국이 미국의 동맹국에 대해 대규모 공격을 감행해 그 영토 점령을 기정사실화할 수 있을 것이라고 주장하고 있다(예컨대 Shlapak and Johnson, 2016 참조).

부담분담 논쟁이 1945년 이후 격화된 부분적 이유는 그 이전 시대에 비해 재래식 군사력 산출에 필요한 투자가 훨씬 더 부담스러워졌고 군사기술도 훨씬 더 복잡하게 되었기 때문이다. 달리 말하면, 적어도 군사력에 관해서는 "부(富)를 힘으로 변환시킬 수 있는 속도"가 떨어졌다(Brawley, 2004: 80). 어느 신기술이라도 처음 등장할 때는 생산자와 소비자에게 복잡하게 보이겠지만, 무기와 조직 실무는 특히 20세기 초 이후 꾸준히 기술적 까다로움을 더했다. 무기가 채택되어 효과적으로 사용되려면 신속한 자금 투입 이상의 많은 것이 필요하다. 그 복잡성은 플랫폼, 조직, 개인기량의 세 차원으로 분해될 수 있다.

플랫폼 복잡성(platform complexity)은 항공모함, 제트전투기, 주력 전차 등 군사 플랫폼이 무엇인지를 불문하고 그 플랫폼의 기술적 성격을 가리킨다. 한 플랫폼의 복잡성을 가늠하는 하나의 척도는 그 플랫폼이 얼마나 많은 구성 부품을 포함하고 있는지다. 그 수치가 클수록 부품을 설계, 제작, 생산, 운용, 정비하는 데 문제가 발생할 확률이 높아진다. 한 문헌(Andrea Gilli and Mauro Gilli, 2019: 150)을 인용하면 "부품의 수가 증가함에 따라 부적합하고 취약할 잠재성은 기하급수적으로 커진다. 이리하여 모든 부품과 전체 시스템의 온전한 기능과 상호 양립성을 확보하는 것이 점점 어렵게 된다". 개별 부품 자체는 더 진보하고 평균적으로 훨씬 더 작아졌는바, 이에 따라 부품을 생산하는 데는 전자공학, 엔지니어링, 소재과학에서 첨단의 노하우와 역량이 요구되었다. 소프트웨어 사용의 증가도 복잡성을 배가한다. 예컨대 1958년 첫 비행한 F-4 팬텀 II에는 약 1000개의 소프트웨어 코드라인(line of code)이 있었다. 오늘날의 F-35 전투기에는 거의 600만 개의 코드라인이 들어 있다(Gilli and Gilli, 2019: 151). 플랫폼들이 점차 서로 통합되는 방식이 문제를 더 복잡하게 만들고 있다. 표적을 타격할 수 있는 드론은 정교한 킬 체인(kill chain)을 필요로 하며, 킬 체인은 다시 가능한 한 많은 정보를 신속하게 전달할 데이터 링크에 의존한다. 광범위한 인프라 지원이 종종 필요하다. 또 다른 예를 들자면, 항공모함이 최고의 방어태세를 유지하고 효과적으로 힘을 투사하려면 함께 작전할 구축함, 호위함, 잠수함, 보급함 등과 같은 다른 플랫폼 집단을 필요로 한다(Gilli and Gilli, 2016: 61).

조직 복잡성(organizational complexity)은 작전 용도로 군사기술을 채택하는 데 따르는 난이도를 가리킨다. 구체적으로 말하면, 조직 복잡성은 한 조직이 플랫폼 ― 하드웨어 ― 을 가장 효과적으로 사용하기 위해 가져야 하는 일단의 개념, 실습, 교리 및 다양한 기량 ― 소프트웨어 ― 을 포함한다. 스티븐 비들(Stephen Biddle, 2004)에 의하면, 지상전쟁과 관련해 현대적 전력 시스템은 군인들이 결합된 무기들을 전술적 수준에서 쓰면서 전장에서 위장, 은폐, 엄폐를 실시하는 소그룹으로 분산해 작전함으로써 산업적 규모의 화력 도전을 최대한 완화시킬 수 있다는 것을 의미한다. 제1차 세계대전 중 성숙된 그 현대적 시스템은 그때까지 군대가 밀집된 덩어리에 의존해 전장에서 위력을 극대화했었기 때문에 전쟁 양상이 크게 변했음을 의미했다. 현대적 전력 시스템을 채택한 국가는 그러지 못한 상대에 대해 승리할 확률이 높겠지만, 그 시스템은 군 당국에 대한 국민의 신뢰, 조직의 유연성, 정치화와 정실주의에서 자유로운 성과 기준의 합리성 등을 요구하기에 채택할 수 없는 국가가 많다(Talmadge, 2015). 군사동맹과 관련해 그 현대적 시스템은 또한 역량총합 자체는 더는 전장에서의 승리를 위해 중요하지 않을 수 있음을 의미한다. 왜냐하면 현대적 시스템은 얼마나 많은 군사력을 사용하는지보다 어떻게 군사력을 사용하는지를 더 중시하기 때문이다.

끝으로, 개인기량 복잡성(individual skill complexity)은 군부대 복무를 위해 높은 수준의 인적자본이 요구되는 정도를 가리킨다. 역사적으로 보아 효과적 복무를 위한 지적 요건은 그다지 높지 않았는데, 그 이유는 대부분의 무기 사용이 주로 체력과 손재주에 의존했기 때문이다. 20세기가 경과하는 동안 전쟁은 더욱 자본집약적이 되었으며, 이는 오늘날 군대가 필요로 하는 종류의 인력으로 변화를 초래했다. 그러나 군사 플랫폼의 복잡성 증대를 감안할 때, 이를 운용할 수 있는 고숙련 개인들이 더욱 소중하게 되었으며, 더 이상 징병제에 의존하지 않는 군대는 충원하기가 더욱 어려워졌다. 한 연구팀의 조사에 의하면 다음과 같다.

현대 전술과 교리가 더욱 정교해지고 전술적 수준에서 군대가 직면하는 위협들이 늘어나는 실정에다 현대 무기체계의 복잡성이 한결 높아지고 첨단 기술이 요구하는 동기화(synchronization)와 조정이 필요하게 됨으로써 전쟁이 더욱 어려워졌으며, 이에 따라 신병들의 인지적·비인지적·신체적 능력 면에서 자격 요건이 높아졌다(Asoni et al., 2020: 39).

확실히 현대전은 보병에게 창을 주고 반복연습을 통해 일련의 전술을 주입하는 것 이상의 많은 것을 요한다. 개인기량 복잡성이 특히 심각한 문제가 되는 것은 다수 국가의 군대가 징병제를 탈피하면서 노동비용이 치솟았기 때문이다. 예를 들어 미국 국방예산에서 보수와 복지가 차지하는 비중이 점차 커지고 있는데, 이는 부분적으로 신병 모집과 이직 방지를 위한 것이다(Williams, 2013: 56~58; Bury, 2017도 참조).

이러한 형태의 ― 플랫폼, 조직, 개인기량 ― 복잡성은 어느 한 영역의 약점이 전체적인 전투 효과성을 심각하게 저해할 수 있을 정도로 서로 상호작용을 한다. 사소한 설계 결함처럼 보이는 것이 대규모 비용 초과와 지연 사태를 야기할 수 있는데, 이는 전체 설계가 훼손될 수 있기 때문이다. 동맹 관점에서 이러한 관찰이 시사하는 바는 각국이 공동의 재래식 방위 부담에 기여하려면 지속적인 투자가 필요하기 때문에 그 기여에서 쉽게 뒤질 수 있다는 점이다. 군사 현대화 프로그램을 발전시키는 데는 수년이 아니라 수십 년이 걸릴 수 있다. 상호운용성 문제는 동맹국들 간에 불가피하다. 즉, 동맹국들은 기술 곡선상 위치한 지점이 서로 다르기 때문에 함께 협력할 때 기술과 조직 면의 도전을 더 많이 경험하게 될 것이다. 그러한 도전이 이미 극명하게 드러난 것은 1999년 나토가 유고슬라비아를 폭격하는 동안 미국의 동맹국들이 시스템 통합과 단위부대 간 의사소통에 기본적 문제가 있음을 경험했을 때였다(Lambeth, 2001). 미국의 유럽 동맹국들이 군사지출을 낮게 유지해 탈냉전 평화 배당금을 누리고 있는데도 그 군사작전 이후 미국의 국방예산은 꾸준히 대규모였음을 감안하면, 그런 격차는 지속되고 때로는 확대되었을 것이다. 작전 준비태세와 인력 부족 문제는 독일 군대에서 유별난바, 점검 중인 탓에 사용이 불가능한 무기체계가 ― 대부분은 아니지만 ― 어느 특정 시점에서나 많다(German Bundestag, 2020).

앞서 말한 도전의 다수는 돈 자체와는 별 관계가 없음을 유념하자. 일반적으로 말해 지출할 돈이 많으면 부족한 것보다 낫다. 그러나 일국이 낡은 장비, 부적절한 운용 개념, 덜 훈련된 인력 등에 돈을 쓴다면 재정적 목표를 달성해도 그 타당성이 떨어질 것이다. 중국의 예는 현금만으로는 현시대의 군사기술에 수반하는 근원적 도전을 해결하지 못함을 시사하고 있다. 중국이 산업 스파이 활동과 역(逆)공학에 주력했음에도 불구하고, 비교적 저렴하지만 미더운 부품 기술 — 예컨대 개당 약 3만 달러 내지 5만 달러에 달하는 단결정(single-crystal) 터빈날개 — 을 개발하기는 힘든 것으로 드러났다(Lindsay, 2015; Horowitz et al., 2019: 191). 중국이 비교적 최근 들어 그런 기술 생산을 열망한 것은 문제가 된다. 미국으로서는 개발하는 데 수십 년이 걸린 전문지식과 암묵지식의 깊은 저수지를 이용해 왔다. 기량 세트(skill set)는 소홀하면 쉽게 위축될 수 있다. 오랜 해양국가로서 핵 억지력을 탄도미사일 잠수함에 의존하게 된 영국이 애스튜트급(Astute-class) 핵추진 함대잠수함을 설계하는 초기 단계에서 난관에 봉착한 것은 단지 3차원 캐드(3D-CAD) 소프트웨어를 쓸 수 있는 설계사가 없었기 때문이다(Jinks and Hennesssy, 2015: 617). 독일의 경우, 과도한 규제가 연방군(Bundeswehr) 운용의 신축성 성취를 막는 장애물임이 의회 보고서에서 밝혀졌다(German Bundestag, 2020: 14). 그래서 일국이 군대에 투자를 마다않는 적국과 동맹국을 따라잡으려면 이제 지속성과 제도적 건강이 필수적이 되었다.

핵무기의 역설
재래식 군사력의 복잡성 증대는 각국이 군대에 지속적으로 투자할 필요가 있음을 시사한다. 특히 각국이 적국을 억지하고 막아내고 싶다면 더 그럴 필요가 있다. 그렇지만 억지력을 발휘하는 재래식 군사력의 역할을 당혹스럽게 만드는 심각한 문제가 있으니 바로 핵무기다. 군사동맹이 역량을 총합하는 기능을 한다는 견해는 핵 시대 이전의 그러한 안보장치를 이해하는 데 적절했을 것이다. 1945년 8월 히로시마와 나가사키에 원폭이 투하되기 전, 강대국 간의 전쟁에서 이기는 쪽은 전장에서 치명적 위력(lethality)을 종합적으로 모아 효과적으로 사용할 수 있는 쪽이었다. 치명적 위력은 통상 – 칼날, 총알, 포탄 등 형태를 불문하고 – 금속 사용을 수반했기 때문에 역량총합은 정말로 더 많은 금속을 상대방에게 쏟아붓는 것을 의미했다. 핵무기는 확실히 다르다. 즉, 핵무기는 핵반응이 일으키는 엄청난 에너지와 함께 방사능 노출 같은 부작용 때문에 치명적이다. 핵무기가 일국이 보유할 수 있는 가장 강력한 군사역량이고 동맹이 역량을 총합하는 기능을 한다면, 동맹 회원국들이 모두 적국의 표적 선택을 복잡하게 만드는 동시에 치명적 위력과 화력을 극대화하기 위해 핵무기를 획득해야 한다. 그러나 역량총합 동맹 모델과는 반대로, 고삐 풀린 핵확산은 발생하지 않는다. 워싱턴과 (정도는 더 약하지만) 모스크바는 자기네 공식 동맹국들의 핵 야심을 제한하는 정책을 일반적으로 추구했다(Coe and Vaynman, 2015; Lanoszka, 2018c). 이리하여 핵무기 출현은 여러 가지 역설을 낳았다. 즉, 핵무기는 파괴 잠재력 때문에 가장 효과적인 억지력인 것처럼 보이지만, 바로 그 파괴 잠재력이 핵무기를 – 특히 위기 시 동맹국을 위해 – 사용하겠다는 약속을 믿기 어렵게 만든다. 또한 핵 무기고를 확대하는 것이 핵무기를 사용하겠다는 신호를 보내는 것일 수 있지만, 재래식 군사력을 확대하는 것도 마찬가지다. 그리고 핵무기가 라이벌관계를 안정시킬 수 있지만, 그 핵무기가 라이벌로 하여금 위험한 경쟁을 벌이도록 새로운 유인을 제공하기도 한다.

핵무기가 집단방위 부담에 미치는 영향은 흔히 이해하는 것보다 더 심대하다. 적어도 오늘날에는 어떻게 군사동맹이 대체로 공격을 억지하는 역할을 하는지 다시 생각해 보자. 냉전 초반 이후로 핵의 중요한 차원 하나가 확장 억지력이었다. 다시 말해서 억지력은 적국에 대응해 더 많은 군인과 더 많은 쇠를 동원하는 문제라기보다 적국에 대해 용납 불가한 비용을 부과하겠다고 위협하는 데에 핵무기의 파괴력을 사용하는 문제다. 유럽 지역에서 소련이 이끄는 재래식 군사력이 훨씬 더 컸기 때문에 미국은 동맹국에 대한 분쟁 위험이 최고조에 이르자 핵무기 위협에 의존해 공산 세력의 침공을 단념시켰다. 동아시아에서도 미국은 한국, 대만 그리고 일본의 일부 외딴섬에까지 핵무기를 전진 배치함으로써 핵 억지력 위협을 더욱 신뢰하도록 만들었다(Jones, 2010). 핵 억지력에 과도하게 의존하는 데 따른 문제점은 대규모 공격이 특별히 포함되지 않은 상황에서는 핵 억지력이 생래적으로 믿을 수 없었다는 사실이다. 예컨대 미국이 제한적인 국경 침입에 대응해 소련을 향해 핵무기를 정말로 사용했을 것인가? 이 문제를 염두에 둔 미국과 그 동맹국들은 바르샤바조약기구에 대한 억지력 태세에서 빈틈을 메울 수 있도록 재래식 군사역량을 — 아이러니하게도 더 많은 금속을 — 개발할 필요가 있었다. 이런 이유로 미국은 소련 봉쇄가 효과를 거두려면 서독이 재무장해야 한다고 고집했다. 소련이 핵 무기고와 그 운반 수단을 확충하면서 미국의 핵 우위가 약화되자 나토는 확전(escalation) 사다리의 각 단마다 안정성을 확보하기 위해 재래식 군사력을 증강해야 했다. 그러나 경쟁하는 두 초강대국 간의 핵 평형이 1960년대 초 나타나기 시작하고 뒤이어 상호확증파괴의 조건이 정착함에 따라, 다수의 관측통들이 유럽 중심부에서 벌어질 전쟁이 줄곧 재래전에 머물 수 있을지 여부를 묻기 시작했다. 케네디 행정부가 최신의 기술 진보를 활용해 소련과의 큰 충돌 발생 시 군사적 옵션을 확대하도록 유연대응 독트린을 채택했을 때, 서독의 주요 정책결정자들이 핵무기가 곧장 사용되지 않을 것이라는 가정을 문제 삼았다 — 이는 미국의 핵전쟁 계획에 비추어 정확한 것으로 판명되었다(Sagan, 1990; Bluth, 1995: 111~113; Gavin, 2001 참조).

핵무기 그늘에서 재래식 군사력을 늘리는 것은 다소 상충되는 두 가지 이유에서 문제가 있었다. 첫째, 프랑스와 서독의 — 특히 1960년대 — 정책결정자들은 재래식 군사력의 증대가 핵 확전(nuclear escalation) 위협을 저해한다고 우려했다. 나토는 그런 데 투자함으로써 핵무기 사용을 혐오한다는 — 이 혐오가 바르샤바조약 국가들을 대담하게 만들어 공격을 유발할 수 있음 — 신호를 줄 리스크를 안았다(Duffield, 1995: 156~157). 이러한 우려는 냉전 후반기에 반대로 바뀌었다. 적어도 유럽 관점에서 볼 때, 재래식 군사력의 획득은 핵전쟁도 불사하겠다는 의사를 전달하고 나아가 핵전쟁 확률을 높일 수 있었다. 물론 상호확증파괴가 정말로 유효하다면, 재래식 군사력 투자가 증감하더라도 라이벌 진영 간의 근본적인 힘의 균형을 변경하지 못한다. 전쟁 비용이 용납될 수 없는 높은 수준에서 불변일 터였다(Jervis, 1989). 그러나 재래식 군사력 투자 확대는 리스크 감수 결의가 더 확고하다는 신호를 줄 수 있었는데, 특히 그런 투자와 병행해 — 재래식 군사력과 합쳐 전쟁을 방지하기보다 전쟁을 도발할 능력을 증가시킬 — 핵전력이 향상되면서 더욱 그랬다. 1980년대 초 나토의 새로운 재래식 방어 개념은 그 동맹이 더 이상 전진방어를 고수하지 않는다는 것을 시사했는데, 그때까지 나토는 전진방어를 통해 서독의 동쪽 국경을 따라 영토 손실을 저지하는 데 주력했었다. 대다수 서독 국민을 포함해 많은 사람의 눈에는 미국이 하이테크 재래식 무기를 사용해 바르샤바조약기구 영토 내 깊숙한 표적을 실제 타격하는 것을 구상하는, 보다 공격적인 태세를 취하는 것으로 보였다. 미국 육군이 '공지전투(AirLand Battle)'라는 새로운 전투 교리를 채택한 것이 그러한 우려를 부채질했다(Monson, 1986: 620~622).

이리하여 부담분담과 관련해 역설이 발생한다. 핵무기는 거의 틀림없이 동맹이 갈망하는 안보를 제공한다. 핵무기가 큰 전쟁 리스크를 감소시킨다는 이러한 안보 인식은 동맹국들이 적어도 억지·방어와 관련해 재래식 군사력에서 찾을 모든 이익을 저해한다. 전진 배치된 핵무기가 바르샤바조약기구 군대를 저지하는 것이라면 ─ 물론 그 핵무기가 없으면 그 군대가 침공하려고 한다는 가정하에 ─ 서독이 이만큼 많이 지출하거나 저렇게 적게 지출한들 참으로 무슨 차이가 있는가? 그러나 재래식 군사력에 불충분한 금액을 지출하는 동맹국들은 워싱턴의 불만을 살 위험이 있다. 불만스러운 워싱턴은 동맹국들에게 중차대한 시기에 필요한 지원을 제공하기 꺼릴지도 모른다. 이 불만은 거의 틀림없이 동맹국들 스스로 인색하게 군 결과겠지만, 그다음으로 동맹국들은 미국으로부터 유기당할 것을 우려하고 자신들이 적국에 취약하다고 인식할 것이다. 이는 전쟁 확률이 당초 생각했던 것보다 높을 수 있음을 시사한다. 이 수수께끼가 냉전 초기 서독의 정책결정자들을 괴롭혔다.

물론 핵 억지력이 엄청난 핵 무기고를 보유한 적국에 대해서도 동맹이 직면할 모든 안보 도전을 해결하지 않는다. 정책결정자들은 상호확증파괴와 관련된 교착상태가 사실은 불안정하고 따라서 당연한 것으로 여길 수 없다고 생각할 수 있다(Green, 2020). 일각에서는 핵 억지력이 분쟁의 새로운 길을 틀 수 있다고 주장한다(Snyder, 1965: 198~199). 양쪽이 모두 전쟁은 전략적 수준에서 너무 고비용이라고 생각한다면, 어느 한쪽이 더 낮은 폭력 수준에서 분쟁을 벌이면서 상대방이 동일한 것으로 보복하기에는 너무 겁이 많다고 생각할 수 있는데, 이것이 이른바 안정·불안정 역설이 성립하는 경우다. 전략적 안정이 사실은 분쟁 스펙트럼의 낮은 쪽에서 불안정을 고무할 수 있을 것이다. 양쪽이 모두 생존 가능한 이차타격 역량을 보유하는 상호확증파괴 상황을 고려할 때, 그러한 낮은 폭력 수준의 침공을 억지하려면 오판의 리스크가 일반적으로 충분히 커야 한다는 주장이 틀림없이 나올 수 있다(예를 들어 Jervis, 1989: 21~22 참조). 핵 억지력의 중요성이 과장되었다는 주장도 나올 수 있는데, 그것은 다른 요인들이 1945년 이후 주요 강대국 사이의 전쟁 부재를 설명할 수 있기 때문이거나 금기가 핵무기 사용을 규범적으로 용납할 수 없게 만들기 때문이다(Mueller, 1988; Lebow and Stein, 1995; Tannenwald, 2007). 그럼에도 각국은 그런 불확실성에 대비한 추가 보험용으로 재래식 군사력에 투자할 수 있을 것이다.

그러나 그런 동맹국들이 재래식 군사력에 대거 투자하겠다면, 핵 확전과 관련된 문제와는 별개로 다른 동맹 운영 문제가 발생할 것이다. 첫째, 각국이 동맹국들 사이에 옭힘 우려를 낳을 수 있는 방식으로 적국에 대해 군사력을 행사할 확률이 더 커질 것이다. 예를 들어 대만이 군사력을 사용해 해협 건너 중국 본토 침공을 감행한다면 — 1950년대와 1960년대 미국의 정책결정자들이 우려했던 상황임 — 어떻게 되겠는가? 둘째, 일부 동맹국이 자력으로 적국을 억지할 충분한 힘을 보유하고 있다고 느낀다면 미국과의 안보 유대가 유용하다고 생각할 확률이 낮아질 것이다. 미국의 말을 그대로 믿자면, 미국이 원한다는 이상적 동맹국은 미국을 필요로 하지 않는 동맹국이다. 워싱턴은 단독으로 적국을 억지할 만큼 충분히 강력하다고 여기는 동맹국에 대해서는 군사적 공약을 감축하려는 의향을 더 가질 것이다. 만일 그런 동맹국들이 독자적으로 적국에 맞설 수 없다고 진정으로 생각한다면, 방위 부담의 보다 공평한 분배가 실제로는 불안정을 키울 수 있을 것이다. 이런 불일치가 가장 현저할 수 있는 경우는 재래식 군사 부담이 공평하게 나뉘고, 핵무기가 동맹의 작은 일부 수중에 집중되며, 적국이 핵무기를 보유하고 있을 때다. 사실 한 국가의 방위지출 증대가 더 강한 동맹국의 이탈을 재촉할 수 있다면, 그 국가는 더 강한 동맹국이 기대하는 것을 하고 싶지 않을 것이다. 불가능한 일을 시도할 하나의 방안은 동맹국이 공유협정에 의거하거나 핵확산을 통해 핵정책 결정에 참여하는 것이다. 그러나 제3장에서 논의했듯이 그런 양보는 확전을 통제할 수호국의 능력을 저해하거나 다른 국가들의 불안을 심화시킬 수 있다. 의견을 교환하고 이러한 불일치를 관리하는 데는 제3장에서 논의된 것과 같은 협의체가 더 낫다.

종합하자면, 핵 억지력이 작용할 때는 동맹 회원국 지위, 한 동맹국의 개별적 기여 및 집단안보 간의 관계가 전혀 단선적이지 않다는 것을 이러한 관찰이 시사하고 있다. 재래식 억지력의 정확한 역할을 결정하려고 할 경우 많은 혼란과 불확실성이 발생한다. 핵 이전 세계에서는 다른 모든 조건이 동일하다면, 동맹이 적국에 비해 더 많은 군사력을 모으는 방식으로 집단안보를 생산했다. 한 동맹국이 자국 군대에 투자하기를 소홀히 하면 그 부족이 억지력을 약화시킬 수 있을 것이며, 특히 전쟁이 발발할 것으로 생각되는 작전전구에서 병력과 무기가 부족한 결과가 빚어질 경우에는 더욱 그럴 것이다. 물론 이런 규칙이 항상 유효하지는 않을 것이다. 오토 폰 비스마르크(Otto von Bismarck) 재상이 이끌던 시대의 독일은 오스트리아·헝가리 및 러시아와 동맹을 맺었지만, 그들의 군사력 증대를 꼭 보고 싶지는 않았다. 비스마르크 시대의 동맹이 비교적 단명했음을 감안하면, 오늘의 동맹국이 내일의 적이 될 수 있다는 우려는 참으로 근거가 있었다.

핵 시대에는 핵 억지력, 전쟁, 군사력 등에 관한 지도자들의 다양한 신념에 많은 것이 달려 있다. 동맹국들이 핵 확전 위협이 충분하다고 생각할 경우, 방어와 억지 지역의 재래식 군사력에 투자하는 것은 바람직하지 않을 것이며 반생산적일 수도 있다. 그런 동맹국들은 핵정책 결정을 더 통제하고 싶을 것인바, 1960년대 독일이 바로 그랬다. 그러나 동맹국들이 핵 확전 위협이 불충분하다고 생각하거나 핵무기 사용 시기에 관한 적정 문턱에 동의하지 않을 경우, 재래식 군사력 투자는 취약점 보강을 위해 여전히 중요하다.

재래식 군사력이 억지와 방어를 위해 여전히 중요한 이 마지막 경우에는, 동맹국들이 집단 부담에 공평하게 기여할 수 있는 방법을 결정하는 데 어떤 규칙을 사용할지 불분명하다. 짐작건대, 그런 규칙은 동맹국들이 함께 직면하는 안보 도전에 대한 공유된 위협 평가에 근거해야 한다. 달리 말하면, 그런 규칙은 잠재적 적국의 의도와 역량, 동맹국들이 공격에 착수할 가장 위험하고 확률이 높은 시나리오, 그리고 이런 의도, 역량, 시나리오가 동맹국들에게 개별적·집단적으로 어떠한 직접적 영향을 미칠지를 중심으로 다루어야 한다. 그런 규칙은 또한 가능하다면 언제 재래식 억지력이 끝나고 언제 핵 억지력이 시작하는지를 고려해야 한다.

불행히도 이 합리적 절차에는 동맹국들이 서로 벌이고 싶지 않을 솔직한 토론이 요구될 것이다. 예컨대 한 동맹이 회원국별로 우선순위와 관심도가 서로 다른 복수의 위협에 직면할 수 있을 것이다. 광범위한 위협 평가는 그런 불일치를 표면화시킬 수 있다. 그래서 냉전 시대에 방위 기여를 측정하는 기본 방법으로 각국의 국내총생산 대비 방위지출 비율을 검사했는데, 이 자기 발견적인 관행이 나토의 2퍼센트 가이드라인처럼 대체로 오늘날까지 계속되었다. 1988년 나토의 방위검토위원회가 논평한 바에 의하면, 이 측정 전략은 "가장 유명하고 가장 쉽게 이해되며 가장 널리 사용되고 아마도 가장 효과적으로 보여주는 투입 측정이다. 그것은 일국의 기여 능력과 관련한 방위 투입을 폭넓게 묘사한다"(Ringsmose, 2010: 324에 인용됨). 그러나 유럽 제국은 자신들이 공정한 몫을 기여하지 않는다는 비판을 반박하기 위해 다른 측정을 제시했다. 즉, 전략적으로 중요한 국가에 대한 대외원조 제공, 역외 병력 전개 참여, 동맹 사용을 위한 기지와 시설 제공 등을 제시했다(Thies, 2003: 135). 그러나 집단안보에 대한 개별국의 기여를 평가하기 위한 이런 방법들 가운데 보다 심층적인 이슈, 즉 공평한 기여가 핵 (확장) 억지력 맥락에서 무슨 의미가 있는지라는 물음에 답하는 것은 없다.

현시대의 부담분담 논쟁

핵 억지력은 주요 강대국 간의 전쟁을 일어날 것 같지 않게 만들고 그래서 이론적으로 억지와 방어가 관련되는 한, 재래식 군사력에 투자할 유인을 줄인다. 원자력 시대에 재래식 군사기술 자체는 훨씬 더 정교해지고 효과적으로 운용하기가 더 힘들게 되었다. 핵 억지력 때문에 의욕이 꺾일 수 있음에도 불구하고, 각국이 플랫폼과 조직 복잡성으로 인해 생길 수 있는 도전을 극복하고 싶다면 재래식 군사력에 지속적으로 투자해야 한다. 각국은 또한 신규 충원으로 필요한 수준의 인적자본을 달성할 필요가 있다. 이처럼 모순된 압력이 작용한다면, 어째서 미국의 동맹국들 일부는 더 많이 또는 더 적게 지출하는가?

단순한 설명은 각국이 근일의 안보 도전에 직면할 때 재래식 군사력에 투자한다는 것이다 ─ 이 설명은 핵 억지력의 효과성에 한계가 있음을 시사한다. 아베 신조 총리 시절에 일본은 국제안보 동반자관계를 강화하고 국제 위협 대처에 더 좋은 입장을 확보하도록 군사력을 유지할 수 있다는 식으로 헌법 규정을 재해석했다. 이러한 헌법 재해석과 그에 따른 군사지출이 이루어지는 시기는 북한이 탄도미사일을 시험하고 중국이 군사력을 증강하면서 동중국해와 남중국해에서 활동을 증대하고 있던 때와 일치한다(Auslin, 2016). 일본은 전후 역사의 대부분 동안 겨우 국내총생산의 1퍼센트를 방위에 지출했다. 흥미롭게도 이런 제약에도 불구하고 도쿄는 최근까지 주변 환경에 걸맞게 충분히 강력한 군사역량을 보유했다(Lind, 2004 참조). 국내총생산의 2.5퍼센트 이상을 군사비로 지출하는 한국은 미국의 신뢰성을 걱정하는 가운데 바로 북한의 호전성과 무기 프로그램 때문에 강력한 군을 유지하고 있다(Kwon, 2018; Bowers and Hiim, 2020/21도 참조).

또한 나토와 앞의 〈표 2〉에 나온 데이터를 살펴보자. 2019년 미국과 영국을 제외하고 2퍼센트 문턱을 넘은 국가들이 모두 동맹의 유럽 동쪽 변경을 따라 위치해 있다(Christie, 2019: 82 참조). 이들 국가는 불가리아, 그리스, 에스토니아, 라트비아, 리투아니아, 폴란드, 루마니아, 튀르키예다. 러시아가 크림반도를 병합하고 동부 우크라이나에서 전쟁을 일으킨 후, 불가리아와 그리스를 제외한 모든 국가가 러시아를 가장 심각한 안보 도전으로 간주한다. 그럼에도 이들 국가가 모두 아마도 핵무기가 동원될 러시아의 대규모 공격 같은 것을 ─ 그 가능성을 전적으로 무시할 수 없지만 ─ 우려하기보다 저수준의 전복활동(즉, 제3장 말미에서 논의된 '경쟁력 있는 강압')을 더 우려한다(Lanoszka and Hunzeker, 2019). 그리스는 같은 나토 회원국인 튀르키예와 해양 분쟁이 진행되고 있기 때문에 높은 방위지출을 유지해 왔다. 예외적인 경우지만, 원칙적으로 러시아를 위협으로 보지 않는 불가리아의 방위지출이 급증한 것은 불가리아가 군 현대화 노력의 일환으로 F-16 블록(Block) 70 제트전투기 여덟 대를 미국으로부터 구매했을 때다. 확실히 나토 회원국 대다수가 2014년 이후 방위지출을 늘렸다. 군사지출이 상대적으로 적다고 자주 맹비난을 받는 독일은 방위지출을 약간 늘렸다(NATO, 2019).

러시아 국경에서 멀리 떨어진 곳일수록 러시아가 군사력을 투사할 능력이 감소한다. 같은 맥락에서 미국에서 멀리 떨어진 동맹국일수록 워싱턴이 자국을 도우러 오지 않을지도 모른다는 의심이 증가한다. 예를 들어 캐나다는 비교적 방위비를 적게 지출하고도 잘 지낼 수 있다. 캐나다 인구의 대부분이 미국 국경 가까이에 거주하고 있어 캐나다는 미국으로부터 — 더 멀리 떨어진 동맹국은 누리지 못하는 — "비자발적 보장"을 누리는 수혜국이다(Jockel and Sokolsky, 2009: 308). 벨기에 같은 서유럽 국가들도 러시아로부터 충분히 멀리 떨어져 있어 동유럽 국가들과 위협 인식을 공유하지 않는다(Jakobsen, 2018: 502~513; HaeseBrouck, 2021). 실로 그들은 나토 확대에 의해 부여된 전략적 깊이를 누리고 있다. 따라서 무임승차는 아무런 위협에 직면하지 않는 국가 또는 합리적으로 강대국에 안보를 의존할 수 있는 국가만이 이용할 수 있는 옵션이다. 그러나 중대한 위협에 처한 국가라면 보호에 드는 비용을 감안할 때 수호국이 도우러 올 것이라고 단정할 리는 아마 없을 것이다(Lanoszka, 2015).

위협 환경의 심각성을 제외하고, 군대에 대한 일국의 투자 의욕을 결정할 수 있는 다른 요인들도 있다. 유럽의 나토 국가들 중 "범(凡)대서양주의(Atlanticist)" 국가전략 문화를 가진 나라는 "유럽주의(Europeanist)" 국가전략 문화를 가진 나라에 비해 방위지출이 더 높을 것 같다(Jordan Becker and Edmund Malesky, 2017). 미군을 주둔시키는 국가는 어떻게 측정되든 자국 몫의 방위 부담을 줄이고 싶을 것이며, 특히 자국 내 주둔 미군이 100명 정도밖에 안 되는 동맹국이라면 자국민의 전의(戰意)라도 떨어질 것이다(Jo Jakobsen and Tor Jakobsen, 2019). 독일, 일본 그리고 정도는 약하지만 이탈리아가 이 범주에 든다. 3국은 모두 제2차 세계대전에서 패전한 쪽이며, 독일과 일본은 평화주의 국가안보 문화를 발전시킨 것으로 유명하다. 이러한 관찰은 역사적 유산이 각국의 군사지출 의욕에 영향을 미칠 가능성을 제기한다. 냉전이 개시될 때는 서독이 평화주의자가 아니었는바(Berger, 1998), 그런 가치관은 장기적으로 뿌리를 내린 것이었으며 동서 양 진영의 경계선에 접한 국가에서는 서독의 잠재적 군국화와 대외정책 지향을 우려하는 정책결정자들이 많았다. 미국의 정책결정자들은 서독이 나토에 군사적으로 기여하기를 바랐지만, 그들도 무력 사용에 대한 서독의 관심을 억누를 여러 가지 제도와 협정 속에 서독을 얽어넣으려고 했다. 무임승차 혐의를 받은 독일이 냉전 끝 무렵에 대규모 탱크 전단을 구축했지만, 현재 독일의 미흡한 방위지출은 그러한 억제 노력이 성공했음을 어느 정도 반영하고 있다(Chalmers and Unterseher, 1988: 8). 앞서 언급한 일본도 비슷한 경우다.

끝으로, 정치 지도자들이 가진 신념이 또 다른 관련 요인이 될 수 있다. 앞서 언급한 대로 일부 지도자는 재래식 군사력 균형이 핵 억지력에 어떤 영향을 미치는지에 관해 자기 나름의 신념을 가질 수 있다. 여기에 다른 신념들도 작용할 수 있을 것이다. 국제안보학자 매슈 퍼먼(Matthew Fuhrmann, 2020)은 나토 회원국들의 역사상 군사지출에 관한 연구에서 사업가 출신의 정부 수반들은 이기적이고 공정성에 무관심한 경향이 있기 때문에 방위지출을 줄이는 대신에 미국에 의존할 확률이 더 높다는 증거를 제시하고 있다. 그럴 수도 있지만 프랑스, 영국, 서독이 모두 이러한 분석 결과에 주요한 영향을 미치고 있다. 프랑스와 영국은 핵무기를 보유하고 있기 때문에 어떻게 양국이 미국에 무임승차할 수 있는지 불분명하다. 실제로 1970년대 초 사업가 출신의 프랑스 대통령 조르주 퐁피두(Georges Pompidou)는 프랑스의 이익을 보호하는 수단으로서 핵무기의 가치를 보았는데, 특히 미국과 소련이 유럽을 희생시키는 모종의 거래를 하지 않을지 걱정하면서 그렇게 보았다(Trachtenberg, 2011: 41~42).

각국별로 지출 가이드라인을 달성하거나 미달한 이유가 무엇이든, 그 달성이 반드시 동맹의 집단안보에 보탬이 되는 것은 아니다. 그 미달도 꼭 집단안보를 축내는 것이 아니다. 동맹국들의 대외정책 목표가 폭넓게 분산되면, 조약 당사국들 사이의 상호 불편함이 나타날 범위가 줄어들 수 있기 때문에 과소 지출이 오히려 집단안보를 제고할 수도 있다. 이론상, 공격 역량을 구매함으로써 지출 약속을 지키는 국가는 잠재적 옭힘 리스크로 보일 것이다. 그래서 미국은 부담분담과 동맹국 문제에 관해 일관성이 없었다. 트럼프 행정부가 부담분담 논의에서 독일과 한국을 좋은 표적으로 삼았지만, 그 두 나라는 국내총생산 대비 군사지출 비율에서 서로 큰 차이가 난다. 만일 독일이 한국이 투입한 비율만큼 부(富)를 군대에 투입했다면, 지금쯤 나토 내 유럽에서 단연 최대의 지출국일 것이다. 그러나 한국의 경우, 트럼프 행정부가 강조한 이슈는 한국이 미군의 한국 주둔과 관련된 비용을 어느 정도로 직접 부담하는지에 집중되었다. 부담분담 논쟁이 실제로는 다른 정치적 이슈에 관한 것이라고 생각해도 무방할 것인바, 그 이유는 특히 트럼프 행정부가 독일 주둔군을 군비지출이 훨씬 더 적은 국가로 재배치하도록 명령했기 때문이다(Lanoszka and Simón, 2021). 독일의 경우, 트럼프 행정부를 정말 성가시게 한 것은 무역, 이민정책, 에너지정책, 중국 등에 관한 문제였을 것이다. 한국의 경우, 그것은 무역 문제였고 지속되는 북한 문제를 최종적으로 해결하려는 욕구였을 것이다. 부담분담 논쟁은 그저 관심 전환용이 아닌지 의문시된다.

제5장
동맹 전쟁

일반적으로 각국은 적국을 억지하고 나아가 전쟁(Warfare) 발발을 막기 위해 동맹을 형성한다. 평시의 동맹 관리는 옭힘, 재보장, 부담분담과 관련된 이유에서 많은 비용이 들 수 있지만, 그래도 전쟁을 치르는 비용이 더 크다. 생명이 희생되고, 유형재산이 파괴되며, 때때로 오판의 위험은 작은 전쟁을 훨씬 더 크거나 파괴적인 전쟁으로 바꿀 잠재성을 안고 있다.

역사상 군사동맹은 수많은 분쟁에 참가했다. 펠로폰네소스전쟁(기원전 431~404년)은 아테네와 스파르타가 이끄는 두 라이벌 동맹(league) 간의 경합이었다. 나폴레옹 보나파르트(Napoléon Bonaparte)가 1814년 파리 교외에서 한 연합(coalition)에 의해 최종 패배할 때까지 그에 대항하는 연합이 여섯 번 결성되어야 했다. 공식 동맹국인 독일과 오스트리아는 1914년 삼국협상(Triple Entente) — 프랑스, 영국, 러시아 — 을 상대로 전쟁을 일으켰다. 전쟁이 감소하고 있다는 관념이 보편적이지만, 전투작전이 여전히 군사동맹의 핵심 기능이라는 것도 사실이다. 군사동맹이 동맹조약의 창설 책무와 아주 미미하게 연결되는 무력 분쟁에 참가하더라도 그것은 사실이다. 예컨대 21세기 현재까지 나토 국가들로 구성된 여러 하위 그룹이 러시아에 대해 효과적인 영토 방어전 수행을 겨냥한 합동군사연습과 전략뿐 아니라 아프가니스탄과 리비아에서 벌어진 역외 군사작전에도 참가했다. 반면에 러시아는 벨라루스와 대규모 군사연습을 실시했는데, 그 연습은 아마 나토 회원국들과 맞서는 고강도 전쟁에서 그들 군대의 준비태세 점검을 겨냥한 것이었다. 한국은 이라크 등에서 평화유지와 재건 임무를 위해 병력을 파견했지만, 그 군대는 주로 북한과 관련된 우발사태에 대비해 계획을 세우고 있다.

언뜻 보기에, 일국이 군사동맹에 소속되어 있는 것이 전쟁에서 그 국가의 승률을 높여야 한다. 동맹이 역량을 총합한다면, 더 큰 군사력 총량을 보유하는 것이 전장에서 적국을 물리칠 확률을 높여야 한다. 그러나 현실은 훨씬 더 복잡하다. 제1차 세계대전에서 연합군 총사령관으로 활약한 페르디낭 포슈는 전시 연합을 관리하기가 얼마나 어려울 수 있는지를 깨달았을 때 나폴레옹의 군사적 능력에 대한 존경심을 약간 잃었다고 자신의 경험에 비추어 말했다. 포슈가 시사했듯이, 나폴레옹은 그가 대적한 그 많은 연합들이 전략적 목표를 성취하는 데 허우적거리지 않았더라면 군사적 천재로는 부족하다고 판명되었을 것이다. 결국 동맹 회원국들은 전시 목적과 군사적 공세 방안에 대해 의견이 분분할 것이다. 그들은 심지어 자원을 철수하고 그리하여 동맹의 진정한 잠재력 실현을 막기까지 할 것이다. 그렇지 않으면, 각국 부대들끼리 소통이 잘되지 않기 때문에 또는 그들의 군비가 호환성이 없기 때문에 동맹국들이 힘을 합쳐 싸우기가 어려울 수 있을 것이다. 일부 동맹국은 더 이상 싸우지 않겠다고 일방적으로 결정하고 공세 도중에 떠날 수도 있을 것이다. 그런 갈등은 상대편에게 전시 연합을 분할정복(divide-and-conquer) 하는 기회를 제공할 수 있을 것이다.

이 장에서는 여러 핵심 질문을 차례로 다룬다. 첫째, 군사동맹은 정확히 어떤 유형의 분쟁에 연루될 것인가? 둘째, 왜 각국은 동맹 책무가 진정으로 발동하는지 여부와 관계없이 다국적 군사작전에 참가하는가? 셋째, 군사적으로 효과적인 동맹이나 연합을 만드는 것은 무엇인가? 오늘날의 안보환경에서 적절한 질문들이다. 특히 크림반도 합병 직후에 발트 3국은 러시아의 결연한 침공을 받을 경우 힘센 나토 동맹국들에 의해 유기될 것을 염려했다. 그럼에도 일부 발트 국가는 역외 작전을 중심으로 임시 조직된 연합에 참가해 왔다 — 이러한 역외 작전이 자국과 가까운 영토적 위협에 대한 관심을 다른 데로 돌릴 위험이 있고 엉뚱한 역량을 요구할 수도 있는데도 그랬다.

먼저 용어를 명확히 하고 논의를 전개할 필요가 있다. 전쟁에서 국가들의 연합이 전투를 벌이지만, 이 연합은 그 전투 국가들 중 적어도 일부가 속하는 공식 조약 동맹과 완전히 일치하지 않을 수 있다. 모든 나토 회원국이 아프가니스탄에서 국제안보지원군(International Security Assistance Force, ISAF)에 일정한 기여를 했지만, 2011년 리비아에 군사적으로 개입할 때는 모든 회원국이 참가한 것은 아니었다. 제1차 세계대전 직전에 독일, 오스트리아·헝가리, 이탈리아는 모두 1882년 창설된 삼국동맹(Triple Alliance)의 여전한 일원이었지만, 적대행위가 발생했을 때 이탈리아는 전투에서 동맹국 편에 가담하기보다 중립 정책을 채택했으며 1년 뒤에는 대오를 이탈해 삼국협상에 가담했다. 표면상 비동맹 국가들이 때때로 한 동맹의 군사작전에 참가하는 것은 더욱 혼동을 일으키는 문제다. 나토 비회원국인 스웨덴과 핀란드 양국은 국제안보지원군에 병력을 제공했으며, 다수의 아랍 제국이 리비아 내 나토의 활동에 기여했다. 특히 미국은 제1차 세계대전 후반에 프랑스와 영국 편에서 제휴국(Associated Power)으로 싸웠다. 2003년 미국이 주도한 '의지의 연합(coalition of the willing)'은 미국이 대충 꿰맞춘 여러 동맹과 동반자관계로부터 참가국을 모았다. 그래서 군사동맹은 공식 조약에 의해 결성된 국가집단인 반면, 연합은 공식 동맹국일 수도 있고 아닐 수도 있으면서 특정한 다국적 군사작전에 참가하는 국가들의 집단이다. 흔히 군사작전을 중심으로 조직되는 연합은 그 군사작전이 종결될 때 해체된다(Mello, 2020: 48). 제2차 세계대전에서 나치 독일에 대항한 연합의 여러 참가국들처럼 어떤 연합은 전시에 공식 협정을 체결하지만, 새로운 조약이 그 협정을 포함하거나 대체하지 않는 한 그런 협정이 당면한 군사 분쟁 이후에도 존속하는 경우는 드물다. 대표적인 예가 제2차 세계대전 기간에 미국과 캐나다가 체결한 1940년 오그덴스버그협약(Ogdensburg Agreement)이다. 양국은 나아가 1949년 나토 창설을 도왔다.

전쟁이란 무엇인가 그리고 전쟁의 추세는?

전쟁 자체는 드문 사건이다. 그러므로 한 동맹국이 공약을 지킬지 여부를 실제로 결정해야 할 경우는 극히 드물 것이다. 확실히 전쟁은 애매모호한 개념이며 제1차 세계대전, 1969년 온두라스와 엘살바도르가 싸운 축구전쟁, 2003년 이라크전쟁의 침공 단계, 2014년 이후 우크라이나와 러시아가 싸운 돈바스(Donbas)전쟁 등 다양한 군사적 대결을 묘사하기 위해 사용될 수 있다. 이처럼 전쟁 형태가 다양함에도 불구하고, 전쟁이란 결국 정치적 이익을 추구하는 교전국들 상호 간의 폭력 사용이다. 전쟁은 또한 대가가 크며 위험한바, 군인과 민간인들이 죽고 유형재산이 파괴되며 사태가 악화되어 정책결정자의 통제를 벗어날 수 있다. 각국은 일반적으로 분쟁을 평화적으로 해소해 그런 고통을 피하고 싶어 한다(Fearon, 1995). 각국은 무력 분쟁을 다루기보다 통째로 피하기 위해 동맹을 수립하는 경향이 있는데, 이는 더욱 강력한 국가집단이 충분히 믿을 만한 전투 세력으로 등장함으로써 타국이 어느 회원국에 대한 공격을 단념하기를 바라는 것이다. 그렇긴 하지만 새로이 형성된 방어적 동맹이 (제3장에서 논의된) 동맹안보 딜레마를 통해 적국의 불안감을 높임으로써 적대행위의 악순환을 초래할 수 있기 때문에 오히려 각국을 전쟁으로 이끌 수도 있다는 일각의 주장이 있다 (Kenwick et al., 2015).

각국이 전쟁의 특징인 상호 치명적 수준의 무력에 호소하기 위해서는 단순한 적대관계를 넘어설지 여부, 본격화된 정치적 위기를 더욱 고조시킬지 여부, 물리적 폭력을 사용할지 여부, 그리고 폭력이 더 큰 폭력을 부른다면 추가로 보복할지 여부 등을 결정해야 한다. 각국은 이러한 확전 옵션을 선택할 때마다 각각의 단계에서 긴장을 완화할 다수의 기회를 비켜간다. 동맹이 — 더 정확히는 동맹을 구성하는 국가들이 — 이러한 단계별 선택에서 어떻게 하는지는 여러 가지 요인에 달려 있다. 군사적 균형이 하나의 중요한 요인이 될 수 있을 것이다. 중대한 전략적 우위를 상실할지 모르는 상황에 처한 어느 일방이 타방을 먼저 공격함으로써 "기회의 창"을 닫히기 전에 이용하고 싶은 압박을 받을 수 있을 것이다. 마찬가지로 임박한 공격에 희생될 것이라고 우려하는 일방은 나름의 선제공격을 감행할 수도 있을 것이다 — 다만 이런 선제공격은 경험적으로 매우 드물다(Reiter, 1995). 또 다른 시나리오를 보자면, 각국은 유리한 힘의 불균형이나 동맹으로부터 받는 지원을 이용해 전쟁 가능성을 높이는 방향으로 적대행위를 증가시킬 수도 있을 것이다. 이 경우에 옭힘 우려가 현저할 수 있지만, 제2장에서 설명하듯이 각국은 호전적인 동맹국을 억제할 방안을 찾을 수 있거나 싸우고 싶지 않다면 중요한 지원을 보류할 수 있어야 한다. 결의(決意)가 선택을 전쟁으로 몰아가는 또 다른 요인일 수 있다. 어느 일방이 정치적 이익 추구에 따른 비용과 위험을 감수할 용의가 더 크고 따라서 상대방에 대해 더 호전적일 수 있다. 이러한 위험 감수가 반드시 전쟁을 야기하는 것은 아닌바, 상대방이 평화를 위해 양보할 수도 있다. 그럼에도 불구하고, 근원적인 분쟁 이슈가 피와 돈을 감수할 수 있을 만큼 본질적으로 너무 중요할 수도 있다.

그러나 1945년 제2차 세계대전이 끝난 이후에 — 대립하는 동맹 간 전쟁은 고사하고 — 국가 간 전쟁도 숫자상 분명히 감소했다. 존 밀러(John Mueller, 1989)는 그러한 실증적 관찰에 근거해 전쟁이 거의 한물갔을 만큼 너무 대가가 크고 매력 없게 되었다고 주장한다. 긴장을 단계적으로 줄이려는 각국의 의지가 과거에 비해 더 강한 것 같다. 스티븐 핑커(Steven Pinker, 2012)는 더 나아가 주로 낮은 문맹률과 향상된 정부 행정 덕분에 폭력이 전반적으로 감소했다고 주장한다. 영토보전에 관한 규범도 일부 설명이 될 수 있으며(Fazal, 2007), 많은 학자들이 군사적 충돌에서 일어나고 있다고 보는 그런 변환을 설명하려고 새로운 전쟁, 하이브리드 전쟁, 회색지대 분쟁 등에 관해 저술했다(예컨대 Hoffman, 2009; Kaldor, 2012). 인도주의 국제법의 확산과 더불어 각국이 불이행 시에 따를 결과를 회피하기 위해 공식적인 선전포고나 평화조약 체결을 더욱 꺼리게 되었다(Tanisha Fazal, 2018). 실로 2014년 러시아의 크림반도 합병과 같이 제한된 영토 장악 빈도는 역사상 크게 변하지 않았다(Altman, 2020). 또한 핵무기가 국가 간 전쟁 빈도 감소 및 동맹의 전쟁 성향 감소와 관계가 있을 것이다(Kenwick et al., 2015). 상호확증파괴 덕분에 그리고 핵 이차타격 역량을 가진 국가들로서는 대규모 군사 충돌을 도저히 받아들일 수 없게 되었다는 점에서 협력 유인이 충돌 유인을 능가한다는 주장까지 나온다(Jervis, 1989). 이러한 관찰은 제쳐두고 전쟁이 감소했다는 명제는 논란이 많다. 즉, 국가 간 전쟁의 횟수 감소는 단순히 우연 때문일 수도 있고, 군진의학(military medicine)의 발전에 힘입어 무장충돌에 따른 전사자 수 – 학자들이 전쟁을 측정할 때 흔히 쓰는 기준 – 가 감소했다는 사실 때문일 수도 있다(Braumoeller, 2019; Fazal, 2014). 전쟁 발생이 드물다는 것은 각국이 전쟁에 돌입할 때 까다롭게 결정한다는 것을 시사한다. 즉, 각국은 승산이 매우 높거나 다른 좋은 대안이 없다고 생각할 때 전쟁에 돌입한다.

일부 학자는 전쟁 횟수 감소가 대체로 선진 세계에서만 해당한다고 주장한다. 즉, 가장 산업화된 선진국들이 참가하는 분쟁은 대개 저개발 남반구(Global South)에 걸쳐 발생한다(Mann, 2018). 이러한 선진국들의 개입은 다국적 군사작전 형태를 취하는 경향이 있으며, 유럽이나 아시아를 주된 작전지역으로 하는 군사동맹들의 개입까지 시사한다. 그러한 분쟁에는 아프가니스탄, 이라크, 리비아, 시리아, 말리 등에 군사 개입한 것이 포함된다. 이러한 개입은 본토에서 멀리 떨어져 발생하므로 다수 참가국에게 역외 작전이 되며 영토 방어에 유용한 것 외의 다른 군사역량을 요구할 것이다. 특히 그런 개입이 반군 퇴치에 집중된다면, 역외 작전은 대개 비교적 경무장하고 저강도 분쟁에 더 적합한 원정 부대를 포함할 것이다. 그에 반해 영토 방어는 흔히 더 큰 화력과 치명적 능력을 요구할 것이다. 특히 적국이 강하고 고강도 분쟁을 수행할 수 있다면, 다시 말해서 적국이 강대국이라면 더욱 그럴 것이다. 물론 그런 상충관계가 절대적인 것은 아닌바, 특히 군사적 개입의 목표가 집권 정부를 몰아내고 그 군부를 타도하는 것이라면 그 개입은 광범위한 역량을 요하는 복잡한 군사작전을 포함할 수 있다. 그럼에도 역외 작전은 확전과 임무 변경 위험이 있는바, 특히 참가국들이 성공을 성취하려는 욕심에서 애초의 위임 범위를 넘어 점차 더 많은 임무를 맡을 수 있다(Taliaferro, 2004 참조). 참가국들은 임무의 덫에 걸려드는 것을 우려할 수도 있는데, 만일 임무가 공식적으로 끝나기 전에 철수하려고 하면 그 참가국의 평판이 손상될 것이다. 그래서 영토방어든 역외 작전이든, 다국적 군사작전에 참가하는 것은 대가와 리스크가 따른다. 자국 영토와 존속이 직접적으로 위협받지 않는 한, 한 국가가 참여해야 하는지 여부는 정해진 것이 없는 경우가 대부분이다.

왜 다국적 군사작전에 참가하는가?

각국이 조약 당사국들과 함께 전쟁함으로써 동맹 책무를 이행하는 경우가 얼마나 빈번한지와 관련해 다양한 추정치가 있다. 제3장에서 언급했듯이 한 학자 팀의 조사에 의하면, 동맹국들이 약속한 대로 행동하는 경우는 역대로 약 4분의 3이다(Leeds et al., 2000). 더 비관적인 다른 보고에 의하면, 추정치가 모든 사례의 23~30퍼센트로 낮아진다(Sabrosky, 1980: 164; Siverson and Sullivan, 1984: 11). 최근의 연구에 의하면, 1816년과 2003년 사이에 동맹 책무 이행률이 약 50퍼센트였다(Berkemeier and Fuhrmann, 2018: 2). 그러나 조사 대상 기간을 1945년 이전과 이후 시대로 나누어보면, 시대별로 동맹공약이 각각 66퍼센트와 22퍼센트 이행되었다.

어느 일국이 동맹국의 전쟁 기여를 원하지 않을 경우가 분명히 있을 것이다. 하나의 이유는 그 동맹국의 영토와 자원이 비교적 쉽게 적의 수중에 떨어질 수 있을 정도로 그 동맹국이 전장에서 패배할 리스크가 높을 때다. 포르투갈은 영국과 동맹을 맺어 유럽에서 가장 오래된 동맹관계를 유지했음에도 불구하고 제2차 세계대전 대부분 기간에 중립을 지켰다. 포르투갈의 전쟁 불참이 바람직했던 것은 부분적으로 독일이 포르투갈을 공격해 다량의 텅스텐 ― 철갑을 뚫을 수 있는 탄약에 쓰이는 원소 ― 을 획득할 가능성을 줄이기 위해서였다. 포르투갈의 불참은 또한 프랑코 정권의 스페인이 중립을 지키고 아조레스(Azores)제도가 독일의 지배에서 벗어나는 데 일조했다(Wheeler, 1986; Crawford, 2008). 전전의 폴란드는 루마니아와 동맹을 맺었지만 그 지도부는 1939년 9월 루마니아가 독일과 싸우지 않기를 바랐는데, 그것은 그들이 루마니아 땅을 퇴로로 사용할 수 있도록 하기 위해서였다. 공약 이행을 꼭 원하는 것이 아닌 또 다른 이유는 동맹국이 전쟁 중에 독자적인 싸움을 선택함으로써 공세에 새로운 어려움이 가중되고 중요한 자원이 다른 데로 전용될 것이라고 다른 국가들이 우려할 수 있다는 데 있다(Edelstein and Shifrinson, 2018 참조). 이 종류의 동맹국은 외교적 지원을 제공할 수 있기 때문에 평시에 소중할 수 있지만, 전시에는 짐이 될 수 있다. 파시스트 정권의 이탈리아가 바로 그런 예인데, 1940년 10월 이탈리아는 독일의 바람과는 반대로 그리스를 침공했다(Kallis, 2000: 175~176). 이탈리아 군대는 그리스의 매우 완강한 저항에 봉착해 결국 독일이 그들을 돕기 위해 개입해야 했다.

학자들은 각국이 전시에 동맹 약속을 이행하는지 여부와 상관관계가 있는 요인들을 찾아냈다. 브렛 애슐리 리즈(Brett Ashley Leeds, 2003)는 역대 동맹 약속의 4분의 3이 이행되었다는 결론을 근거로, 각국이 실행하는 평시 투자가 그들의 진지함을 입증하는 동시에 잠재적으로 불성실한 동맹국을 걸러내기 때문에 대부분의 동맹이 믿음직할 것이라고 상정한다. 어떤 요인은 동맹국들을 향해 약속한 대로 행동하지 않는 국가들 사이에 공통적으로 나타난다. 그 요인 중 하나는 한 국가가 동맹 형성 이후에 그 국가의 권력 역량에서 ― 긍정적이든 부정적이든 ―

적어도 10퍼센트의 변화를 경험했을 때 나타난다. 또 다른 요인은 주요 강대국들이 더 약한 동맹국들보다 조금 덜 싸우려고 할 때 나타난다. 후자의 결과가 놀랍지 않은 것은 다른 조건이 모두 같다면 주요 강대국들은 대외정책 관여를 선택할 때 더 융통성을 발휘하는 경향이 있기 때문이다. 이와 반대로 약한 국가들은 자국의 사활적 이익이 어느 분쟁에 직접적으로 연루되어 있는지 여부와 관계없이 그 싸움에 가담하지 않을 수 없다고 느낄 수 있다. 리즈가 찾아낸 또 다른 요인은 한 국가가 눈에 띄게 더 민주화되든가 더 독재화됨으로써 국내 정치기관 구성에 있어서 큰 변화를 겪었는지 여부다(2003: 820~822). 학자들은 흔히 싸우겠다는 약속과 관련해 민주국가가 비민주국가보다 훨씬 더 신뢰할 수 있다고 평가한다. 그러나 민주국가가 실제로는 더 쉽게 공약을 어길 것이라고 주장하는 학자도 있다. 특히 민주국가는 집권 연합의 교체를 기대할 수 있기 때문에 동맹을 형성하는 지도자들은 동맹을 군사적으로 방어하도록 요청받는 지도자들과 다를 것이라는 주장이 있다(Erik Gartzke and Kristian Gleditsch, 2004). 그에 따른 공약 격차는 국내 정치의 속성에 비추어 메우기가 너무 어려우며 조약에 의해 일부 완화할 수 있을 뿐이다. 그렇지만 민주국가는 제도적 장치에 의지해서 이런 리스크를 상쇄하기 때문에 그런 회의론을 뒷받침할 증거가 없다는 주장도 있다(Michaela Mattes, 2012).

그러나 상관관계를 찾는 것으로 충분하지 않다. 즉, 상관관계는 각국이 ― 왜 동맹 책무가 현안이 아닐 때도 그런 공동의 활동에 참가하는가라는 질문은커녕 ― 왜 자신의 공약을 이행하고 군사작전을 수행하는가라는 근본적인 질문에 충분히 답하지 않는다. 결국 다국적 군사작전은 집단행동의 예이며 따라서 무임승차하기 쉬울 것이다. 다국적 군사작전에 내재된 집단행동 문제와 관련해 뜻이 맞는 국가들이 공동의 이해관계, 위협 인식, 정치 이데올로기, 가치관 등을 고려해 참가하는 것이 하나의 해법이다(Davidson, 2011; von Hlatky, 2013). 바르샤바조약기구 회원국인 폴란드, 불가리아, 헝가리, 소련은 프라하의 지도자들이 시작한 자유화 개혁 운동에 대한 우려를 공유한 나머지 1968년 공식적인 선전포고도 없이 체코슬로바키아를 침공했다(Crump, 2015: 215~257). 또 다른 해법은 군사력을 모으기 위해서건 작전의 정당성을 제고하기 위해서건 (또는 둘 다를 위해서건) 연합 참가국을 늘리고 싶은 강대국들이 강압을 동원하는 것이다. 강대국은 자신이 가진 우월한 역량을 동원해 각국이 연합에 참여하도록 또는 (조약 동맹국인 경우에) 동맹 약속을 이행하도록 강요할 수 있다. 그렇지 않으면, 이러한 약소 파트너 국가들이 "이해관계를 공유하거나 처벌 위협을 받기 때문에 그리고 또한 패권국의 권위를 존중하고 순응하기 때문에 명령에 따를" 수 있을 것이다(Lake, 2011: 173).

보다 설득력 있는 설명은 강압, 이해관계, 정당성을 함께 묶는다. 마리나 헨크(Marina Henke, 2019)에 의하면 다국적 군사작전이 집단행동 문제를 겪을 수 있기 때문에 특정한 안보 도전에 대처하기 위한 연합 형성에 관심이 있는 국가는 타국이 합류하도록 설득하는 노력을 기울여야 한다. 그러기 위해 이들 국가는 참가할 가능성이 있는 타국을 찾아야 하며, 만일 그 잠재적 파트너 국가가 주저한다면 흥정해야 하는데, 때로는 참가에 대한 보상으로 지원금도 주고 그들의 선호를 반영해 부대 배치를 조정해야 한다. 연합을 조직하는 국가는 협상 과정을 순조롭게 하기 위해 헨크가 말하는 "외교적 착근(embeddedness)" ― 일정 시점에서 양국이 서로 가질 수 있는 양자적·다자적 외교관계의 집합 ― 에 의지한다. 외교적 착근은 신뢰 구축과 보다 오래가는 합의를 위한 기회를 창출하며, 나아가 개인 정보에 대한 접근을 제공하고 협상이 일차적으로 전개될 공간을 제공한다(Henke, 2019: 19~26). 예컨대 미국은 현지 접촉을 통해 나이지리아 정부의 우선순위를 학습하면서 나이지리아에 부과된 제재를 제거하고 채무를 탕감함으로써 전쟁으로 파괴된 다르푸르(Darfur)를 안정시키려는 유엔 승인의 연합에 나이지리아를 참여시켰다(Henke, 2019: 106~109). 헨크가 밝히고 있는 놀라운 결론은 다국적 군사작전의 형성에 있어서 동맹의 역할과 관련이 있다. 그녀의 관찰에 의하면, "20세기 말과 21세기 초 위기에 개입한 연합 중에 약 3분의 2가 동맹을 맺은 국가를 포함하지 않았으며, 동맹국을 포함한 연합도 대부분이 비동맹 국가를 파트너로 삼았다"(Henke, 2019: 5). 이러한 결론은 동맹 회원국이라고 해서 반드시 연합에 참가하는 것이 아니라면 왜 일차적으로 공식 동맹에 가입하는가라는 질문을 제기한다.

그러나 이 대목에서 동맹정치가 정말 중요하다. 일부의 경우에는 각국이 외교적 착근을 만들기 위해 다국적 군사작전에 참가했다(Gannon and Kent, 2021). 2003년 미국이 이라크에 대항해 끌어모은 '의지의 연합'에서 유럽 참가국 다수가 국방정책을 서로 그리고 특히 미국과 간절히 조율하고 싶었던 비교적 신생의 민주국가들이었다. 마르친 자보로프스키(Marcin Zaborowski, 2004: 12)가 기술한 대로 "폴란드가 이라크 위기 동안 미국을 지원한 것은 사실 미국 내에서 폴란드 안보에 대한 책무감과 책임감을 육성하는 것을 겨냥한 것으로 보인다". 폴란드 대통령 알렉산데르 크바시니에프스키(Aleksander Kwasniewski)가 선언했다. "우리는 미국과의 전략적 동반자관계에 건다. 그것 없이는 우리가 훨씬 더 나쁜 상황에 처할 것이 확실하기 때문이다"(Wagrowska, 2004: 10에 인용됨). 폴란드 지도자들은 미국과 관계를 강화함으로써 자국의 정치적 주권과 영토보전에 대해 제기되는 러시아의 장기 위협에 대항해 균형을 더 맞출 수 있다고 생각한다(Zaborowski and Longhurst, 2007:

12). 나토 가입을 추진하는 조지아는 미국과 좋은 관계를 양성하려는 노력의 일환으로 여러 건의 개입에 참가했으며, 특히 러시아의 위협이 가중되는 중에도 이라크에 병력을 파견했다(Kyle, 2019: 238). 에스토니아는 프랑스가 아프리카 사헬(Sahel) 지역에서 펼친 반군 진압 작전에 병력을 파견하며 참가했는데, 국방관계를 다변화하고 유럽연합의 방위정책에 지지를 보내려는 노력의 일환이었다. 그러자 프랑스가 에스토니아에 순환 부대를 배치했다(Stoicescu and Lebrun, 2019 참조).

왜 군사동맹은 군사적 효과성을 성취하기 어려운가?

그러나 이러한 흥정 역학을 감안할 때, 이러한 연합이 얼마나 군사적으로 효과적일 수 있는가? 군사적 효과성이란 전투에서 기본 전술과 고난도 작전이 얼마나 잘 수행되는지를 가리킨다. 동맹이 공동의 위협에 대응해 군사적 역량을 총합한다고 하지만 그리고 각국이 다국적 연합을 구축할 때 집단행동 문제를 극복해야 하지만, 이러한 전시 연합의 실제 군사적 효과성은 의심의 여지가 있다(Bensahel, 2007: 187~190; Schmitt, 2018). 사라 비에르 몰러(Sara Bjerg Moller, 2016: 27~36)의 설명에 의하면, 역량총합 모델은 동맹이 가진 군사적 효과성에 관해 문제가 있는 여러 가지 가정을 한다. 다시 말해서 연합 가담이 군사력을 추가한다는 것(즉, 동맹이 동원할 군사력은 단순히 합산하는 것)이고 동맹이 규모의 경제를 달성한다는 가정을 한다. 이상론이지만, 군사적으로 효과적인 동맹(또는 연합)이라면 표준화된 장비가 풍족하고 보급·병참 사슬이 탄력적·효율적이며, 부대 간 통신이 안전하고 수월하며, 적의 의도와 역량에 관한 핵심 정보가 공유되고 지휘 통일이 이루어져 통합된 참모부가 국별 배치와 작전을 조율할 수 있다. 일부 국가의 경우 그 군대 자체가 이러한 이상에 가깝지도 않은데, 다음 논의에서 어떻게, 왜 연합이 종종 그 이상에 한참 미달하는지 검토한다.

이번 논의는 동맹 상호운용성(interoperability) 개념을 중심으로 한다. 나토가 그 개념을 다음과 같이 아마도 잘 정의하고 있다.

상호운용성이란 별개의 군사조직들이 합동작전을 수행할 수 있는 능력을 가리킨다. 이러한 조직들은 국적이나 군종(육군, 해군, 공군)이 다를 수 있다. 상호운용성에 힘입어 군대들, 부대들 또는 시스템들이 함께 움직인다. 상호운용성이 있으려면 그들이 교리와 절차, 서로의 인프라와 기지 등을 공유해야 하고 서로 소통할 수 있어야 한다. 상호운용성은 회원국 26개(2006년 기준) 동맹에서 중복을 줄이고 자원의 공용(pooling)을 가능하게 하며, 나아가 회원국들 사이에 시너지 효과를 낸다(NATO, 2006: 1).

이러한 이슈는 군사장비의 차이로 귀결될 필요가 없는데, 그 이유는 상호운용성 문제가 전략적, 조직적 및 기술적 요인으로부터 파생될 수 있기 때문이다. 모두 정치가 작용하고 있는 것이다. 어떤 소총을 사용할지의 선택은 국별 부대를 동맹 지휘부에 종속시킬지 여부 또는 도대체 싸움을 계속해야 할지 여부에 관한 결정만큼이나 경합이 심할 수 있다(Ford, 2017 참조).

전략적 요인

적국과의 적대행위가 너무 격화되거나 안보 도전이 너무 긴박해서 군사작전을 수행할 연합이 결성되어야 한다면, 여러 가지 전략적 요인이 작용해 그 연합이 작전 내내 어떤 성과를 낼지를 결정할 것이다. 위협 인식의 차이가 그런 하나의 요인이다. 동맹조약의 일부 회원국은 과거 평시에 어떤 약속을 했든 관계없이 적국에 대해 무력을 사용할지 여부를 결정해야 할 것이다. 동맹공약은 결코 자동적이지 않다. 워싱턴조약 제5조가 한 나토 회원국에 대한 공격은 모든 회원국에 대한 공격이라고 규정하고 있다는 점에서 많은 관찰자들이 흔히 그 조항을 모든 동맹공약의 황금표준으로 간주하지만, 적대행위가 발생할 경우에 어떤 종류의 군사적 대응을 강제하는 규정은 제5조에 없다. 앞서 언급한 대로, 일부 동맹국은 사전에 회유나 보상을 받아야 싸움에 가담할 것이다. 가담하는 동맹국은 적어도 두 문제와 씨름해야 한다.

첫째, 연합 참가국들이 양립될 수 있는 목표를 가지고 있는가? 그들의 목표가 완전히 똑같을 필요는 없다. 그들의 목표가 상호보완적인 것이 중요하다. 제1차 세계대전에서 영국과 러시아는 각각 독일과 싸울 나름의 이유가 있었다. 런던 측의 이유는 유럽을 지배할 수 있는 역내 패권국의 출현을 미연에 방지하고 영국의 위신을 지키며 벨기에의 영토보전을 방어하겠다는 약속을 준수하는 것이었다. 모스크바 측의 전쟁 목표는 독일을 약화시키는 것뿐만 아니라 오스트리아·헝가리를 발칸반도에서 축출하고 다르다넬스해협을 장악하는 것이었다. 이처럼 서로 다른 전쟁 목표는 전혀 조화롭지 않았지만, 삼국협상의 이 두 동맹국이 선전포고와 동시에 동원령이 떨어지자마자 독일과 싸우기에 충분할 정도로 그 목표가 겹쳤다. 이 역사상의 예가 보여주듯이, 지리가 각국의 전쟁 목표를 결정하는 데 일정한 영향을 미친다. 그 두 동맹국은 ― 육상제국과 해양제국으로 ― 제국의 유형이 달랐을 뿐 아니라 독일과 부딪치는 방향도 달랐다. 전쟁 목표가 다른 양국은 정치체제와 가치관은 물론이고 취약점과 자원 제약에서도 달랐다.

이러한 관찰 다음에 오는 두 번째 질문으로, 연합 참가국들은 이탈

위협을 어떻게 관리할 수 있는가? 연합 전쟁은 사슴 사냥, 즉 게임이론가들이 사회적 협력을 방해하는 어떤 문제를 예시하기 위해 소환하는 딜레마와 매우 흡사하다. 상황은 다음과 같다. 여러 명의 사냥꾼이 큰 사슴을 쫓고 있는데, 잡을 수도 있고 못 잡을 수도 있다. 그들이 협력하고 인내해서 사냥감 사슴에게 들키지 않으면, 그 사슴을 죽이고 그 고기를 맛볼 확률이 매우 높다. 그러나 토끼 한 마리가 나타나서 약간의 고기를 맛볼 기회를 주지만 사냥꾼들 전체가 먹기에는 분명 충분하지 않을 때, 한 사냥꾼이 유혹을 느껴 일방적으로 그 토끼를 잡겠다고 결정하면 나머지는 탐나는 사슴을 잡을 확률이 크게 떨어지면서 주릴 것이다. 다국적 군사작전의 참가국들이 그와 비슷한 유인을 맞이할 수 있다. 그들 모두가 끝날 때까지 함께 싸움다면 적국에 대해 완전한 승리를 거둘 확률이 가장 높다. 그럼에도 불구하고 일부 참가국은 목표의 전부가 아닌 일부를 성취하고도 만족할 수 있을 것이다. 혹은 일부 참가국이 다른 참가국들에게 신뢰성을 보여주기에 충분한 노력을 기울였다고, 그러나 계속 참가하기에는 비용이 너무 높아졌다고 종국적으로 느낄 수도 있을 것이다.

흔히 연합 내 흥정이 이루어진 결과, 전쟁 도중에 목표 자체가 바뀐다. 일반적으로 교전국들은 사태 진전이 전쟁 전개에 대한 예상과 부합하는지 여부 및 전장에서의 성과를 기반으로 전쟁 목표를 합리적으로 조정해야 한다(Ramsay, 2008; Friedman, 2019: 161~186). 사태가 악화할수록 그들의 목표는 더 온건해져야 한다. 일부 참가국은 전장 결과에 대해 다른 참가국보다 더 민감할 수 있다. 루마니아는 독일 편에서 제1차 세계대전에 참전했으나, 이후 1916년 여름 러시아가 브루실로프공세(Brusilov Offensive)를 취하자 바로 패배했다(이후 루마니아는 러시아 편에 가담했음 ─ 옮긴이). 그러나 연합 정치는 또한 전장 결과와 전쟁 목표 간의 관계를 왜곡할 수 있다. 예컨대 영국은 제1차 세계대전 개전 초기에 전쟁 목표를 상향하고 군사 개입을 확대했다. 미라 랩-후퍼 (Mira Rapp-Hooper, 2014)는 런던조약에 주목해 영국의 행동을 설명한다. 런던조약은 당사국들이 독일과 개별적 평화협상을 추진하지 못하도록 의무화함으로써 삼국협상 — 프랑스, 러시아, 영국으로 이루어진 체제로 대전 이전에는 공식적인 방위 관계가 없었음 — 을 강화했다. 랩-후퍼가 조사한 자료에 의하면, 1816년 이후 체결된 모든 동맹 가운데 10퍼센트 미만이 적국과 개별적 강화를 추진하지 않겠다는 약속을 포함하고 있다. 이러한 약속의 절반은 전시에 발동되었으며 위반된 경우가 거의 없다. 경제적·물질적 역량이 거의 비슷한 국가들이 그런 약속을 체결하는 경향이 있었는데, 이는 강국이 약한 동맹국을 보다 효과적으로 관리할 수 있는 불평등 관계에서는 전시에 유기당할 우려가 비교적 덜 심각하다는 것을 시사하고 있다.

　이러한 협정을 체결하는 이유는 여러 가지다. 하나의 이유는 협정 위반에 따른 평판 비용을 만들고 연합 내부의 이견을 관리함으로써 앞서 언급된 사슴 사냥 딜레마에 의해 부각되는 문제를 해결하는 것이다. 또다른 이유는 전시 연합의 결속력을 크게 강화하고 분열의 가능성을 줄임으로써 적국에 대한 연합의 협상 입장을 제고하는 것이다. 그러나 각국이 이러한 이점을 실현하기 위해서는 서로의 전쟁 목표를 받아들여 이탈을 방지해야 할 것이다. 전쟁이 각국이 상호 수용할 수 있는 모종의 해결을 모색하기 위해 결국 폭력을 쓰는 흥정 과정이라면, 그런 동맹 이유로 전쟁 목표를 확장하는 것은 외교적 기회를 짓궂게 축소시키고 분쟁을 더욱 꼬이게 만들 수 있다. 이러한 협정이 사용된 양차 세계대전을 셈에서 빼더라도, 별개의 평화조약을 허용하지 않은 전쟁들이 허용한 전쟁들보다 훨씬 더 유혈이 낭자했다는 것은 조금 놀라울 것이다(Rapp-Hooper, 2014: 817~823 참조).

　다국적 군사작전에서 이탈 리스크는 현실적이다. 어떤 경우에는 적 국이 상대 동맹의 회원국들을 재편할 수 있을 정도로 능숙한 외교를 실 행할 수 있다. 1915년 삼국협상은 로마 측에 유럽 남서부 등지에 위치 한 여러 영토에 대한 지배권뿐 아니라 아드리아해에서의 특권적 지위 를 약속함으로써 독일과 오스트리아·헝가리에 동조하는 이탈리아를 끌어들이는 데 성공했다. 삼국협상이 이러한 양보를 하려면, 이탈리아 가 균형을 기울어지게 할 잠재력이 있다고 인식될 만큼 충분히 소중한 파트너여야 했다(Crawford, 2014: 135~142). 또 어떤 경우에는 일국의 국 내 정치적 요인이 그 국가가 다국적 군사작전을 계속할지 여부에 영향 을 미칠 수 있다. 지배층의 합의(elite consensus) 정도 ― 집권당과 야당 의 구성원들이 정책에 동의할 수 있는 정도 ― 가 연합 참가를 결정할 수 있 다(Kreps, 2010). 그런 합의가 없다면, 우파 정부는 자국의 신뢰성 평판 에 더 신경을 쓰고 나아가 연합에 잔류할 것이다. 좌파 정부는 무엇보 다도 군사력 전개를 더 꺼리고 나아가 집권하자마자 연합에서 이탈할 수 있을 것이다(Massie, 2016: 90). 확실히 이탈은 대체로 다면적인 결정 이다. 흔히 국제 요인과 국내 요인이 복합적으로 작용한다. 우파 정부 라도 공정한 몫을 다했고 전장 상황이 감당할 수 없게 되었다고 결정 하면 이탈할 수 있을 것이다(Mello, 2020). 국내 요인은 특히 민주국가 에서 복잡하다. 대통령제 국가에서 행정부와 입법부를 각각 다른 정당 이 지배할 때 이념적 차이가 가장 중요하게 작용하며, 이는 다시 군사 적 공약의 조기 철회와 같이 중대한 정책 변경을 단행할 수 있는 지도 자의 능력을 제약한다. 의원내각제 국가에서 행정부가 단일한 집권당 이 아니라 모종의 국내 연정이 구성되어 복수의 정당에 의지할 때 이 념적 차이가 가장 중요하게 작용한다. 이러한 이념적 차이가 군사작전으로부터의 이탈을 야기할 수 있는 것은 한 정당이 다른 정당이 정말로 시행하고 싶은 정책을 승인하는 대가로 그 이탈을 요구할 때다.

이탈이 핵심적인 우려 사항은 아니더라도, 동맹국이 전장에서 엄청난 피해를 입는 것을 보게 되는 국가는 자국의 군사작전을 재평가하지 않을 수 없다. 오스트리아·헝가리는 제1차 세계대전 초기 단계에서 러시아에 형편없이 밀렸는데, 이 때문에 오스트리아군 참모총장 프란츠 콘라트 폰 회첸도르프(Franz Conrad von Hötzendorf)가 독일에 지원을 호소했다. 그는 독일의 지원을 받았지만, 그 대가로 독일이 동부전선의 지휘·통제 구조에서 더 지배적인 역할을 맡았다. 단순히 오스트리아에 대한 압박을 덜어주려던 공세 계획이 고를리체(Gorlice)와 타르누프(Tarnow) 주변 지역 — 전전에는 오스트리아가 통제하는 갈리치아(Galicia) 왕국이었다가 지금은 폴란드 남부 지방이 됨 — 에서 일련의 승리를 거두면서 더욱 확대된 목표로 바뀌었다(Foley, 2005: 132~142). 그 결과 중유럽의 두 강대국이 크게 승리를 거두고 러시아 제3군의 전략적 철수를 강요했다. 1917년 영국군과 프랑스군이 비슷한 압박에 직면했지만 결과는 사뭇 달랐다. 서부전선의 프랑스 육군 사령관 로베르 니벨(Robert Nivelle)은 오래 기다린 돌파구를 마련하고자 독일 전선을 돌파하는 대규모 공세를 계획했다. 그러나 그의 전략이 실패했으며 1917년 4월과 5월에 벌어진 전투에서 프랑스군 사상자가 너무 많이 발생했다. 이에 따라 다수의 프랑스군 보병 사단이 새로운 공격 명령을 따르지 않았으며 오히려 반란이 촉발되었다. 뒤이어 영국군이 독일 예비군을 끌어내고 프랑스군에 대한 압박을 덜어주며 사기를 진작하고자 1917년 6월 벨기에 서부의 메신(Messines) 마을 부근에서 제한된 공격작전을 개시했다(Philpott, 1996: 139~140).

조직적 요인

각국은 다국적 군사작전 참가에 동의할 때 작전 수행에서 어떤 종류의 지휘·통제 체제를 사용할지 결정해야 한다. 미국 국방부의 군사 관련 용어사전은 지휘·통제를 다음과 같이 정의하고 있다.

적정하게 임명된 사령관이 임무 완수를 맡아 배치된 부대에 대해 권위와 지시를 행사하는 것. 지휘·통제 기능은 사령관이 임무 완수를 위해 부대와 작전을 기획·지시·조정·통제하며 사용하는 일련의 인원·장비·통신·시설·절차를 통해 수행된다(US Department of Defense, 2004: 101).

1990년대 초 미국 주도의 대(對)이라크 작전에 참가한 영국 육군의 한 고위 장교가 "연합 작전에서 가장 논란이 많은 측면이 지휘·통제"라고 논평했다(Rice, 2004: 101). 각국 정부는 타국 출신의 연합군 사령관이 자국 군대를 어떻게 사용할 것인지에 대해 경계할 만한 이유가 충분히 있는바, 주권 우려가 크게 대두된다. 예를 들어 각국 정부는 자국 군인들이 자국의 목표, 이해관계와 어긋나는 위험한 임무에 냉소적으로 배치되는 것을 보고 싶어 하지 않는다. 그와 동시에 각국 정부가 자국 군대의 사용을 지나치게 빈틈없이 보호한다면, 연합은 참가국들의 기여에 효과적으로 의지할 수 없을 것이다. 모든 연합 참가국이 개별적으로 싸운다면 연합이 적국의 분할정복 전술에 취약할 수도 있다.

전시 동반자관계에서 지휘·통제 체제는 통합 수준별로 ─ 즉, "여러 군사 활동이 [전략·작전·전술 수준에서] 내부적으로 일관성이 있고 상호보완적인 정도"에 따라 ─ 다양하다(Brooks, 2007: 10). 그 한쪽 끝으로는, 각국이 동맹국으로 싸우지만 그럼에도 서로 독립적으로 작전을 수행한다. 각 군대는 자국의 지휘 계통에 전적으로 종속된다. 한국이 베트남

전쟁에 대규모 부대를 파견해 싸웠지만 자신들의 병력을 공식적으로 미군 지휘에 종속시키지 않은 것이 한 예다(Cosmas, 2009: 434~435). 다른 한쪽 끝으로는, 한 동맹국이 타 동맹국의 군대에 대해 권한을 행사하는 일원화된 통합이 있다. 아이러니하게도 한국이 1978년 창설된 한미연합군사령부(ROK·US Combined Forces Command)를 통해 조약 동맹국 — 미국 — 의 지휘에 종속된 국가의 예다. 미국 4성 장군의 지휘를 받는 한미연합군사령부는 양국의 모든 군종이 포함된 60만 명 이상의 현역 병력을 작전통제권 아래 두고 있다. 참모부의 모든 직책은 한국인이 수석이면 미국인이 차석을 차지하고 그 반대도 마찬가지인 식으로 양국 구조로 충원된다. 미군과 한국군은 1978년 이후 거의 매년 합동연습을 실시했다(United States Forces Korea, n.d.). 최근에는 한국이 자국 군대에 대해 적어도 평시작전통제권을 환수할 것인지 여부에 관해 논의가 있었다. 그동안에는 지휘·통제 구조가 독립된 형태와 일원화된 형태의 혼성이다. 그럼에도 연합의 지휘·통제 구조는 권한이 군종별로 또는 지리적 범위에 따라 얼마나 집중되고 얼마나 분할되는지를 기준으로 다를 수 있다(Moller, 2016: 87~88).

대부분의 경우, 동맹의 지휘·통제 구조는 복잡하고 뒤얽혀 있다. 나토를 보자. 나토의 다국적 작전은 네 수준에서 유권 통제를 받고 있다. 작전지휘권(Operational Command, OPCOM)에 힘입어 지휘관은 휘하 지휘관들에게 작전·전술 통제를 위임할 뿐만 아니라 임무와 과제를 부여한다. 또한 작전지휘권에 힘입어 사령부는 부대를 전개하고 병력을 재배치한다. 작전통제권(Operational Control, OPCON)은 전투부대들이 각각의 기능, 시간, 위치에 따라 정의된 임무나 과제를 수행하도록 지시하는 지휘관에게 부여된 권한을 가리킨다. 작전지휘권이나 작전통제권은 행정이나 병참을 담당하지 않으며, 그 대신에 군사공세를 뒷받침하는 작전 과정을 기획하고 집행하는 일에 관련되어 있다. 전술지휘권(Tactical Command, TACOM)과 전술통제권(Tactical Control, TACON)은 실제 전투 또는 특정한 임무 수행과 관련이 있다. 전술지휘권에 힘입어 지휘관은 상위 권한에 의해 배정된 구체적 임무를 성취하기 위해 휘하 군대에 과제를 배정한다. 전술통제권은 지휘관들에게 구체적 작전지역 내에서 휘하 부대의 기동을 지시하고 통제할 좁은 권한을 부여한다(Young, 2001/2: 41; Moller, 2016: 71~73).

민간인들로서는 이러한 지휘 수준들이 그 용어만큼이나 혼란스러울 수 있지만, 그래도 이론은 실제보다 더 명확하다. 현실에서는 나토 국가들이 참여한 실제 작전들이 이처럼 복잡한 모델에서 벗어났다. 유엔보호군(United Nations Protection Force, UNPROFOR)의 예를 보자. 그 군대는 1990년대 초 유고슬라비아 내전 기간에 크로아티아와 보스니아·헤르체고비나에 전개된 최초의 유엔평화유지군이었다. 1995년 유엔보호군의 작전이 나토와 유럽연합의 임무로 대체될 때까지 공습을 위한 지휘·통제 체제가 이중결재(dual-key)였다 ― 즉, 유엔과 나토가 모두 공습을 승인해야 했다. 한 저술(Myron Hura et al., 2000: 27)이 어떻게 이러한 정치적 타협이 의사결정을 느리게 만들고 군사적 효과성을 제약했는지를 다음과 같이 잘 보여주고 있다.

지상군의 [공습] 요청은 일반적으로 보스니아 주둔 유엔 지상군 사령관 마이클 로즈(Sir Michael Rose) 중장, 자그레브 주재 장 코(Jean Cot) 프랑스군 대장(구 유고슬라비아 주둔 유엔군 전체를 지휘함), 공격 지휘권을 가진 유엔 특사 아카시 야스시(Yasushi Akashi) 등을 거쳤다. 달리 말하면, 유엔 절차상 지상 진지에 대한 나토의 공격은 사라예보에 있는 로즈의 보스니아 사령부로부터 승인을 받은 다음 그 요청이 발칸반도 주둔 유엔보호군 사령관에게 전달되고 끝으로 유엔 특사 아카시에게 도달해야 했다. 유엔보호군 지상부대를 방어하기 위한 나토의 근접 공중 지원의 경우에도, 이중결재 방식에서 결함이 발견된 것은 현장에 도착한 항공기가 유엔 문민 당국으로부터 지원 제공 승인이 떨어질 때까지 어정거려야 하는 결과가 일반적으로 초래되었기 때문이다.

이중결재 방식의 뿌리가 미국과 나토 동맹국들 사이에 분쟁에 대처하는 전략적 접근법이 다른 데 있었지만, 상황이 너무 걷잡을 수 없게 되어 존속이 불가능했다(Bensahel, 2007: 193). 나토는 병렬적인 지휘 계통이 더 이상 안 된다는 입장을 분명히 함으로써 결국 유엔보호군을 대체한 실행군(Implementation Force, IFOR)에 대해 전권을 획득했다.

흔히 연합 참가국들은 군사작전 기간에 자국 군대가 어떻게 사용될 것인지에 관해 한계를 설정하는 이른바 단서(但書)를 붙인다. 단서 이슈는 특히 국제안보지원군(ISAF)에서 현저했는데, 국제안보지원군은 2001~2004년 존속한 나토의 아프가니스탄 파견군으로 나토는 2003년에 그 지휘권을 넘겨받았다. 단서는 공식적이든 구두이든 특정 국가의 군대가 배치될 수 있는 지리적 범위나 작전 유형에 제약을 가할 수 있다. 때로는 단서가 그런 군대가 준수해야 하는 교전규칙 - 예를 들어 공격받지 않으면 발포하지 않는다는 등 - 을 지시할 수 있다(Saideman and Auerswald, 2012: 70; Mello, 2019: 47~49). 단서는 전반적인 군사적 효과성을 저해할 수 있고, 불균형한 비율로 비용과 위험을 부담한다고 생각하는 연합 참가국들 사이에 분노를 부를 수 있다. '항구적자유작전(Operation Enduring Freedom)' 초기 단계에서 아프가니스탄 주둔 캐나다군 지휘관들은 부수적 피해가 우려되는 모든 임무에 착수하기 전에 오타와와 상의해야 했다. 그런 세세한 운영은 장기적으로 완화되었으며 캐나다군은 국제안보지원군이 감독하는 보다 위험한 일부 임무에 기여했다. 이에 반해 나토의 여러 핵심 동맹국들 — 벨기에, 독일, 이탈리아 — 은 국제안보지원군의 작전 기간 내내 자국 파견대에 여러 가지 제약을 가했다. 독일 부대는 대체로 평화로운 지역인 아프가니스탄 북부 지역을 벗어나서는 거의 활동할 수 없었다. 이러한 제한은 갈등을 빚고 효과성을 저해했는바, 이는 독일 부대가 자신들이 훈육하는 아프가니스탄 부대와 함께하는 경우라도 지역적 관할 범위 밖으로는 전개될 수 없었기 때문이다. 또한 나토가 리비아에 개입했을 때, 단서가 한몫을 했다. 네덜란드는 자국의 F-16 제트전투기가 공습에 사용되는 것을 금지했다. 국제안보학자들의 연구에 의하면, 단서 사용은 국민 여론이나 위협 인식보다 국내 정치기관들을 부분적으로 반영한다(Saideman and Auerswald, 2012). 다수당이 강력한 의원내각제 또는 강력한 대통령제 국가는 독일처럼 항상 연정이 특징인 의원내각제 국가에 비해 단서를 붙일 가능성이 적다.

단서 문제를 제외하고, 동맹이 통합을 성취할 수 있는 방안과 관련해 상충관계가 흔히 존재한다. 동맹국들은 군사적 기량과 역량에 있어서 수준이 다양하기 마련이다. 따라서 각국 군대가 서로를 보완하고 일정한 효율을 달성하도록 각국 군대를 여러 지리적 구역에 따라 분산 배치하는 것이 타당할 것이다. 이러한 분업의 단점 중 하나는 적국이 약한 구역을 식별해 이용할 수 있다는 점이다(Bensahel, 2007: 194). 동맹국들은 또한 기능과 작전을 조율하기 위해 서로 연락 팀을 교환할 수 있을 것이다. 그러나 연락 팀은 자원 집약적일 수 있고 전문지식을 결여할 수 있으며, 이미 과부하가 걸린 군 인력에 관료적 요구 사항을 추가할 수 있다(Bensahel, 2007: 195). 끝으로, 파트너 국가들이 전투작전과 적 역량에 관해 중요한 세부 사항을 알게 되면서 첩보 공유가 동맹 효과성에 필수적일 수 있다. 그러나 때때로 각국은 정보가 제3국에 유출되지 않도록 동맹국들에게도 정보를 배포하기를 매우 꺼린다. 영국이 '다섯 눈(Five Eyes)' — 영어권 5개국이 포함된 정보 '동맹' — 의 일원이 된 결과, 영국은 프랑스와 일부 첩보를 공유하는 데 제한을 받는다. 양국이 모두 나토 회원국이고 2010년 랭커스터하우스조약(Lancaster House Treaties) 체결에 의해 쌍무적 안보협력을 심화하기로 약속했음에도 불구하고 그런 실정이다(Pannier, 2020: 106~107).

기술적 요인

기술적 요인이 또한 상호운용성과 나아가 전시 연합의 군사적 효과성을 저해할 수 있다. 그런 요인 중 하나가 장비의 다양성이다. 많은 사람의 눈에는 상호운용성이라는 개념 자체가 여러 국가와 군종에서 차출된 부대 간의 연결성을 억제할 수 있는 무기 플랫폼, 통신 장비, 첩보 시스템의 차이를 부각시킨다. 장비의 표준화가 연합에 이롭다는 통념은 근거가 충분하다. 각국이 똑같은 플랫폼과 똑같은 장비를 사용한다면, 똑같은 종류의 탄약과 연료도 사용할 수 있으며, 이리하여 보급망에 주는 부담을 완화하고 군 병참을 단순화한다. 때로는 똑같은 플랫폼인데도 그 구성이 여러 가지라면, 각국의 장비가 불가피하게 마모될 때 호환성 부품을 공유할 수 있는 각국의 능력이 심한 제약을 받는다. 그렇긴 하지만 똑같은 장비를 사용한다고 해서 자동적으로 상호운용성 이슈가 사라지지는 않는다. 예컨대 사용자들이 장비가 익숙하지 않아 그 장비를 사용할 수 없다면, 상호운용성 이슈가 상존할 것이다. 한국전쟁 기간에 미국은 군복부터 차량과 무기에 이르기까지 모든 것을 다른 참전국에 공급했다. 불행히도 일부 참전국은 수령한 장비를 적절히 무탈하게 사용하는 데 필요한 경험이 없었다(Moller, 2016: 40).

연합국 간의 장비 차이가 합동 군사적 효과성을 얼마나 저해했는지에 관해 수많은 사례가 있다. 20세기 초에 캐나다 정부는 영국으로부터 리엔필드(Lee-Enfield) 소총을 획득하려는 계약을 거부당했는데, 그 부분적 이유는 영국 육군도 보어전쟁 이후 장비가 부족했기 때문이다. 그래서 1915년 4월 제2차 이프르(Ypres: 벨기에 서부의 소도시 — 옮긴이) 전투에서 싸운 캐나다 보병대는 캐나다산 로스(Ross) 소총을 사용했다. 크고 무거운 이 소총은 결함이 있는 무기로 고장이 잦았고 따라서 서부전선의 혹독한 고강도 참호전에는 매우 부적합했다. 설상가상으로 로스 소총은 영국산 탄약을 쓸 수 없었다. 영국산 탄약은 캐나다산에 비해 품질이 떨어졌지만 리엔필드 소총에는 쓸 수 있었으며, 캐나다 병사들은 결국 전쟁 후반부에 리엔필드 소총을 사용했다(Nossal, 2016: 33~37). 때로는 장비 차이보다 공급이 더 큰 문제가 된다. 나토의 유럽 회원국들이 발칸반도와 사하라 이남 아프리카에 군사 개입했을 때 끊임없이 역량 부족을 겪었다(Menon, 2011: 80). 일반적으로 다른 유럽 국가에 비해 방위지출이 훨씬 많은 영국조차 2011년 리비아에 대한 공습 중에 정밀유도 군수품의 재고가 당혹스럽게 동났다(Goulter, 2015: 181).

소통 문제도 발생한다. 언어 장벽이 상호 이해를 저해할 수 있는 것은 당연하다. ≪더타임스(The Times)≫ 특파원은 공통된 언어의 부재가 제1차 세계대전 기간에 영국과 프랑스의 고위급 군·정계 인사들 간의 "관계를 막는 진정한 장애물"이라고 적었다(Greenhalgh, 2005: 9에 인용됨). 한국에서 미국 주도의 연합군 또한 언어 장벽과 씨름했다. 어긋나는 암호 장비와 불안전한 통신이 또한 문제를 일으킬 수 있다. 현대의 전쟁 시스템은 분산, 소부대 기동, 은폐와 엄폐 등에 부합하는 것이 중요함을 감안할 때, 각 부대는 간섭받거나 위치를 알리지 않고 서로 통화할 수 있어야 한다. 아프가니스탄에서 나토 국가들은 일정한 상호운용성을 확보하기 위해 미군이 사용하던 것과 같은 무전기를 구입해야 했다. 그러지 않으면 각국이 한 무전기의 음성 출력을 다른 무전기에 맞는 음성 입력으로 바꿈으로써 상호운용성이 없는 무전기 간의 간극을 메워야 했을 것이다. 그런 방식은 무선망들이 불안전하거나 서로 보안 등급이 다르다면 도청될 위험이 있다(Johannes, 2018: 5~6). 때로는 각국이 서로 다른 주파수를 사용한다. 제2차 세계대전 기간에 영국과 미국의 폭격기들을 포함한 타격 부대가 프랑스 마이르캉(Mailly-le-Camp)에 위치한 독일군 훈련소를 급습했을 때 바로 그런 이유로 많은 사상자가 발생했다. 서로 통화할 수 있어야 하는 그들은 빙 크로스비(Bing Crosby, 미국의 유명 가수 ― 옮긴이)와 글렌 밀러(Glenn Miller, 미국의 유명 트럼본 연주자 ― 옮긴이)의 음악을 듣고 있었다(Nichol, 2020: 61).

기동성 문제도 언급할 가치가 있다. 최근 나토의 방위기획관들을 괴롭히는 문제는 발트 3국이 러시아의 공격을 받을 경우 군대가 이들에게 증강과 지원을 제공하기 위해 유럽을 가로질러 이동할 수 있도록 어떻게 보장할 것인지다. 민간인과 민수품은 유럽연합 내 대부분의 국경을 통과할 때 세관 절차를 거칠 필요가 없지만, 군사 인력·장비는 엄중한 규제와 절차의 대상이었는데, 이에 따른 대규모 지연 사태는 큰 공격을 받은 발트 3국을 고립무원에 빠뜨릴 수 있을 것이다. 법적인 문제만 있는 것이 아니며 물리적 인프라와 관련된 문제도 있다. 서로 다른 철도 궤간(軌間), 제한된 도로망, 창고·주차장·주유소 부족 등도 작전지역으로 대거 진입하려는 나토 군대의 노력을 방해할 것이다(Hodges et al., 2020: 8). 게다가 군대가 주둔지에서 전쟁지대로 이동하는 것은 동맹국들이 아껴서 사용하고 싶을 수송 역량을 필요로 한다. 1943년 미국과 영국 간의 큰 논쟁은 상륙주정의 생산에 집중되었다. 미군 고위 지도자들은 영국이 더 많은 상륙주정을 생산할 수 있었을 것이라고 보았다. 특히 당시 영국 지도자들이 지중해 작전 ─ 이 작전은 영국해협을 가로지르는 영국의 대륙 침공에 사용될 장비를 전용할 리스크가 있었음 ─ 을 고집하고 있었기 때문에 더욱 그랬다(Harrison, 1951: 62~68). 냉전 기간 동안 미국은 특히 소련이 공격할 경우에 중부 유럽으로 군대를 급파해야 할 것이라는 걱정 때문에 해상·공중 수송에 상당히 투자했다. 냉전 종식 이후 수송 역량에 대한 투자가 축소된 것은 미군조차 ─ 예컨대 한 육군 여단을 미국 본토에서 북동부 유럽으로 이동시킬 때 ─ 대규모 지연 사태와 높은 비용을 겪을 수 있음을 의미했다(Owen, 2017: 104~105).

현시대의 연합 전쟁

21세기 첫 20년 동안 군사적 충돌의 본질에 관한 인식이 이미 급격한 변화를 겪었다. 내란과 테러리즘이 제기하는 안보 과제가 가장 심각했으며, 이에 따라 각국은 중동과 아프리카에서 '역외' 작전에 참가하게 되었다. 그리하여 각국이 개입한 분쟁 지역은 그들의 동맹이 ─ 각국이 맺은 동맹이 있다면 ─ 가장 직접적인 영토 위협을 맞이할 곳으로부터 지리적으로 먼 곳이었다. 국가 간 전쟁이 감소하는 추세이며 대부분의 위협이 라이벌 강대국보다는 인종 폭력 및 취약한 국가 역량과 더 관련이 있다는 생각이 현시대 들어 보편화되었다. 그리하여 많은 국가가 가벼운 원정군에 투자하되 주요 강대국 전쟁에 특유한 고강도 전투 작전에 더 적합할 무거운 군용 하드웨어에는 투자하지 않는 것이 더 낫다고 느꼈다. 그럼에도 2008년 이후 위협 인식과 우선순위가 바뀌기 시작했다. 중국의 부상과 러시아의 수정주의와 관련된 우려와 더불어 영토 방어가 점차 방위기획을 지배하게 되었다. 이제 각국은 주요 강대국으로부터의 위협을 다시 걱정할 뿐만 아니라 어떤 이유로 싸움이 터질 경우에 타국의 지원을 받지 못할까 봐 두려워한다.

현시대의 전쟁에 관한 이러한 관찰이 이 장에서 제기된 질문에 답한다. 어떤 국가가 전시에 동맹공약을 이행하는가? 도대체 어떤 국가가 다국적 군사작전에 참가하는가? 리스크와 비용이 수반되는데도 왜 그들이 참가하는가? 그리고 그들이 연합에 참가할 때 그들의 군사적 효과성을 결정하는 것은 무엇인가? 어떤 요인들이 동맹의 상호운용성에 지장을 주는가?

동맹국들이 자신들의 공약에도 불구하고 서로 합심해서 싸우는 일이 점차 드문 것은 경험적 관찰에 의해 분명하다. 다양한 추정치가 있지만, 최근의 연구 결과에 의하면 ― 전시에 동맹국과 함께 싸우는 것을 기준으로 정의된 ― 동맹 신뢰성은 사실 핵 시대가 열린 이후 감소하는 추세다. 민주국가와 약한 동맹국들은 공약을 이행할 확률이 매우 높다. 선별 효과가 작용하고 있는 것이 확실한바, 각국은 자신들의 공약을 검증받는 출정 결정을 좀처럼 내리지 않는다. 가장 신뢰성이 높은 동맹들은 전쟁을 하지 않는 덕분에 이들 통계에 잡히지 않으며 따라서 그 결과를 왜곡시킨다(Cohen and Lanoszka, n.d.). 그럼에도 앞에서 논의했듯이, 동맹 가입은 일국의 다국적 군사작전 참가를 예측하는 중요한 변수가 아니다(Henke, 2019). 연합을 결성하는 데 관심이 있는 국가는 타국이 참가하도록 구애해야 하는바, 때로는 당면 분쟁과 다소 무관해 보이는 이해관계와 네트워크에 호소해야 할 것이다. 실제 작전에 참가하는 문제를 협상할 필요가 있다면, 우리는 도대체 왜 공식적인 군사동맹이 존재하는지 ― 물론 대부분의 동맹이 보유한 목적이 전쟁을 벌이는 것이 아니라 예방하는 것임을 우리가 상기할 때까지 ― 의문을 가지게 된다.

동맹국들이 작전에 정말 참가할 경우에도 그들의 군사적 효과성은 거의 담보되지 않는다. 동맹은 군사적 역량을 모을 수 있고 나아가 적국에 대해 더 큰 무력을 행사할 수 있으며 따라서 승리 확률을 높인다는 것이 통념이다. 이 직관적인 견해는 연합국들이 다국적 군사작전에 참가할 때 봉착하는 어려움을 과소평가하고 있다. 연합국들은 작전 중에 갈라질 가능성이 있고 개별적 평화조약과 일방적 이탈을 초래할 수도 있는 전쟁 목적 및 이해관계와 씨름해야 한다. 그들은 어떤 지휘·통제 체제로 작전을 운영할지 결정해야 하고 일부 연합국이 자국 군대의 사용에 관해 붙일 수 있는 국가적 단서를 처리해야 한다. 장비 차이, 불평등한 군수품 보급, 통신 문제, 기동성 도전 등도 연합 전투의 효과성을 제한한다.

이 모두가 군사동맹이 국제정치에서 흔히 생각하는 것보다 훨씬 덜 중요하다는 것을 의미하는가? 결국 동맹의 전체적 목적이 전쟁을 억지하고 나아가 그 억지력이 실패하지 않도록 합동작전의 군사적 효과성을 제고하는 수단을 제공하는 것이라면, 동맹이 전시에 공약 불이행의 제물이 되고 수많은 전략적·조직적·기술적 도전에 시달리는 경향이 있다는 사실을 우리는 어떻게 이해해야 하는가? 또는 동맹에 가입하지 않는다고 해서 다국적 군사작전에 참가하지 못하는 것이 아님을 어떻게 이해해야 하는가?

분명히 우리는 연합해서 싸우는 데 따르는 어려움을 과장하지 말아야 한다. 각국이 공식적인 군사동맹에 가입하는 이유는 결국 그들이 그런 체제로부터 이득을 보는 입장이라고 여기기 때문이다. 전략적·조직적·기술적 문제는 발생하기 마련이다. 그 일부 문제는 상충관계에 있지만 항상 처치 곤란한 것은 아니다. 동맹이 역량을 총합하는 기능을 한다는 설명 가운데 일부가 시사하듯이, 그런 문제를 일소할 수는 없다. 여기서 윈스턴 처칠(Winston Churchill)의 다음 명언이 상기할 만하다. "동맹국들과 함께 싸우는 것보다 더 나쁜 것이 딱 하나 있다. 그

것은 동맹국들 없이 싸우는 것이다." 이러한 정서를 공유하는 국가들, 특히 작은 국가들이 많다. 발트 3국인 에스토니아, 라트비아, 리투아니아는 러시아와 심각한 위기가 발생할 경우에 나토 가입에 따른 온갖 유기 리스크와 군사적 도전이 있음에도 불구하고, 나토 울타리 바깥보다 안에 있는 것을 물론 더 선호할 것이다. 조약 동맹 안에 있는 것은 적어도 유연하거나 암묵적인 공조가 제공할 수 있는 것보다 훨씬 더 일관된 기조로 군사적 효과성을 제고할 기회를 제공한다. 마찬가지로 대만은 중국에 대해 점차 불리한 힘의 균형에 직면함에 따라 미국과의 안보·정치 관계를 몹시 되살리고 싶어 한다. 대만을 위한 미국의 군사적 개입은 실패할지도 모르며 무엇보다도 서면 공약의 유무와 관계없이 보장되지 않을 것이다. 그러나 결국 다수의 안보 파트너 국가들로서는 단언컨대 공식적인 군사동맹 안에 있는 것이 밖에 있는 것보다 낫다. 그것은 바로 그 동맹의 전쟁 수행 가치가 현실적으로 의심스럽더라도 잠재적 억지력 가치는 있기 때문이다.

제6장

동맹 종료

우리는 종종 미국이 유럽과 동아시아에서 주요한 군사동맹을 이끌고 있고 이 동맹들이 오랜 연륜에도 불구하고 비교적 강력하게 유지되고 있는 것을 당연하게 여긴다. 그 동맹들이 그토록 오래 존속했다는 사실은 우리에게 놀라움으로 다가와야 한다. 제2차 세계대전 이전에는 군사동맹의 평균수명이 겨우 10년이었다. 1940년대 말과 1950년대 초 미국과의 공식적인 동맹 수립을 도왔던 유럽과 아시아 지도자들은 당시 가용한 역사 기록에 비추어 볼 때 그 협정들 다수가 나중에 얼마나 회복력을 발휘했는지 안다면 아마도 놀랄 것이다. 그리고 그들은 그 협정들 대부분이 냉전에서 살아남았고 일부 라이벌 협정보다 더 오래 존속했다는 사실에 감명할 것이다.

그러나 도널드 트럼프가 2016년 미국 대선에서 깜짝 승리한 후, 그 종말이 가까운 것으로 보였다. 트럼프가 어느 하나의 군사동맹에 대해서도 끝내겠다는 캠페인을 명시적으로 벌이지는 않았지만, 그가 나토와 일군의 조약 동맹국들을 신랄하게 비난한 탓에 다수의 우방국 정부는 그가 고립주의 대외정책을 추진할 것이라고 우려했다. 그는 단임 기간 동안에 파리기후협약(Paris climate accords), 환태평양경제동반자협정(Trans-Pacific Partnership, TPP)과 여러 군축 협정에서 미국을 탈퇴시켰으며 재임 내내 미국의 동맹조약 책무에 반대하는 언사를 누그러뜨리지 않았다. 트럼프가 2017년 미국을 나토에서 탈퇴시키려고 했지만 정무·군사 보좌관들의 설득으로 그만두었다는 소문이 돌았다. 군사기지 비용을 둘러싼 한국과의 험악한 협상이 또한 이 특별한 양자동맹이 끝날 것이라는 추측을 불러일으켰다. 물론 논란이 많은 트럼프 임기 중 실제로 소멸된 동맹은 없었다. 오히려 그의 임기 중 새로운 공식 동맹국이 두 개 추가되었는데, 몬테네그로와 북마케도니아가 각각 2017년과 2020년 나토에 가입했다.

트럼프가 유별나게 미국의 동맹들에 대해 비판적이었지만, 미국과 그 조약 파트너들이 방위예산과 대외정책에 관해 힘든 선택을 내려야 하는 상황에서 그 동맹들의 지속가능성에 관한 논란은 계속될 것이다. 트럼프 시대가 동맹의 종말을 의미할 것이라는 생각에 다소 신빙성을 보탠 것은 동맹의 소멸을 촉진하는 것으로 보이는 추세의 심화였다. 일부 논객은 미국이 "전략적 파산", 즉 미국의 국제 공약이 그 역량을 훨씬 초과하는 사태에 직면해 있다고 주장한다(Mazarr, 2012). 국제정치에서 권력의 이동을 강조하는 논객들은 그 이동에 따라 미국이 중국을 동급 경쟁자로 보고 유럽을 상대적으로 덜 중요하게 여긴다고 주장한다(Simón and Fiott, 2014). 그러나 미국의 동맹들이 어느 정도는 제2차 세계대전 이후 자신들이 거둔 성공의 제물이 되었으며 마침내 안일에 빠졌다고 지적하는 논객도 있다(Rapp-Hooper, 2020: 2~3). 이러한 고찰은 트럼프의 영향으로 여전히 중요할 것인바, 특히 사스·코로나 팬데믹의 경제적 후유증, 중국의 부상, 미국의 긴축에 대한 지속적인 우려 등이 계속해서 일부 관계에 압박을 가할 것이다.

군사동맹은 실제로 어떤 상황에서 어떻게 종말에 이르는가? 미국 동맹의 대부분이 유별나게 장수함에도 불구하고, 모든 군사동맹은 궁극적으로 소멸한다. 영속하는 동맹은 거의 없다. 미국조차 일부 조약 동반자관계(예컨대 중·미 상호방위조약)를 파기하거나 일부 체제[예컨대 동남아시아조약기구(Southeast Asia Treaty Organization, SEATO)]를 천천히 시들게 하다가 결국 폐기했다. 다만 후자의 경우, 그 창설 조약인 마닐라조약이 여전히 미국과 태국(원서의 'Taiwan'은 오기로 보임 — 옮긴이) 사이에 유효하다.

이러한 과정을 이해하기 위해 이 장은 **동맹 종료**(Termination)의 다섯 가지 형태를 개술하고 나아가 군사동맹이 어떻게 끝날 수 있는지 논의한다. 그에 앞서 동맹조약에 구현된 공약이 종국적으로 어떻게 만료되는지에 관해 조약 자체에 규정된 것을 먼저 검토한다. 첫 번째 형태의 종료는 동맹이 전쟁으로나 평화적으로 그 목적을 성공적으로 달성했을 때 발생한다. 두 번째 형태의 종료는 동맹이 군사적 패배의 결과로 종말을 맞이하는 것이다. 세 번째 형태의 종료는 적어도 한 회원국이 동맹이 더 이상 자국의 이익에 봉사하지 않는다고 결정하고 그래서 다른 대외정책 목표를 추구하기 위해 평시에 동맹을 파기할 때 발생한다. 탈퇴하는 동맹국의 관점에서 볼 때, 동맹이 존속하면 그런 목표를 실현하기가 전적으로 불가능할 것이다. 네 번째 형태의 종료는 몰락을 수반한다. 어느 면에서 이것은 동맹관계의 형해화(形骸化)에 가깝다. 회원국들이 동맹공약을 명백하게 파기하기보다 주요 안보관계를 유지시킬 유의미한 투자를 피하면서 그 공약을 문서상으로만 존속시킨다. 이 시나리오에서 정치·군사 지도자들은 서로 점차 멀어지지만, 공개적으로 파열음을 내기에는 그 대가가 너무 크다. 마지막 다섯 번째 형태의 종료는 변환이다. 이 유형은 종료라고 부르기가 다소 부적절한데, 그

것은 한 군사동맹이 다른 군사동맹으로 대체되는 경우이기 때문이다. 변환은 동맹국들이 하나의 연방국가가 되기로 합의한다든가 양자동맹이 더 큰 다자동맹 속으로 포용될 때 발생한다.

이 장에서 우리는 동맹 형성에 관한 서두의 논의로 크게 되돌아간다. 아마도 군사동맹을 수립하도록 각국을 추동하는 요인에 대한 설명이 그런 체제를 포기하게 만드는 요인도 밝힐 수 있을 것이다. 그렇긴 하지만 그러한 결정은 단일 요인인 경우가 드문바, 흔히 주요한 대외정책 결정에 의해 여러 가지 요인이 형성된다. 또한 왜 각국이 동맹을 형성하는지를 설명하는 핵심 변수가 어떻게 동맹이 장기적으로 존속하는지에 대한 약간의 통찰을 제공하는 것도 가능하다. 예를 들어 소련의 위협 때문에 북미와 유럽 국가들이 나토를 형성했는데, 이 동맹은 1991년 소련 붕괴에도 불구하고 존속하고 있다. 동맹 종료의 각 유형은 그 나름의 논리를 가지고 있으며, 이에 따라 왜 또는 어떻게 어느 한 동맹이 시작하고 존속해서 끝나는지에 관해 통일된 설명을 제공하려는 노력이 힘들게 된다.

어떻게 동맹조약 자체를 통해 동맹에서 나오는가?

각국이 만드는 국제조약 중에 면책 또는 탈퇴 조항이 들어 있는 조약이 많다. 면책조항은 일국이 국내외 환경에서 예기치 못한 충격을 받을 경우에 일정한 유연성을 허용한다(Koremenos et al., 2001: 773). 예컨대 유기 우려가 그토록 부정적인 결과를 초래한다면, 수호국은 그 우려를 어떻게 완화할 수 있는가? 사정 변경(rebus sic stantibus)의 법원칙에 따라 당사국은 환경이 근본적으로 바뀌어 최초의 합의를 존중하거나 이행하기가 너무 어려울 경우에 협정에서 탈퇴할 수 있다. 실로 면책조항은 꼭 합의 조건을 위반하지 않고도 책무를 유예할 수 있다. 면책조항은 일국이 원하지 않는 구체적 공약에 저항하기 위해 탈퇴 위협을 가할 기회를 제공함으로써 협정을 희석시키는 효과를 낼 수 있다. 그럼에도 불구하고, 면책조항 삽입은 무엇보다도 조약에 대한 일국의 동의를 끌어내는 데 필수적일 것이다(Rosendorff and Milner, 2001: 831~832). 물론 군사동맹이 일정 유형의 조약에 근거하는 것은 아니다. 군사동맹의 활성화는 피와 돈을 연루시키는바, 때로는 동맹 회원국 자체의 존립이 문제된다. 제1장에서 논의되었듯이, 핵 시대에 각국은 조약상 공약을 존중할 정확한 조건을 가늠하기 어렵도록 일부러 애매모호한 언어를 삽입했다.

동맹조약이 면책조항 자체를 포함하지 않을 수 있지만, 종료 문제를 다루는 조항은 흔히 포함한다. 흥미롭게도 전쟁이 더욱 복잡해짐에 따라 동맹조약의 시간대(time horizon)가 더 길어졌다. 독일 재상 오토 폰 비스마르크가 일부 협상한 1873년 삼제(三帝)동맹과 1887년 재보장조약(Reinsurance Treaty)은 적어도 3년 동안 존속한다고 원문에 명기했다. 오스트리아·헝가리와 독일이 맺은 1879년 이국동맹은 5년 동안 존속한 후, 어느 당사국도 재협상을 추진하지 않으면 3년 더 연장될 예정이었다. 그 양국이 1882년 이탈리아와 체결한 삼국동맹도 또한 5년 동안 존속하도록 애초에 설정되었다. 이 삼국동맹 조약의 확장 버전이 6년간 존속할 예정으로 1912년 체결되었다. 어느 일국의 포기를 금지한 이 조약은 6년마다 자동 갱신될 예정이었다. 1914년 독일·터키 동맹조약도 그 시대의 다른 조약들처럼 5년 존속기간을 명시했다. 비밀조약인 1892년 프랑스·러시아 군사협약은 전체적으로 모호했지만, "삼국동맹과 똑같이 존속할 것"이라고 선언함으로써 예외적으로 모호한 표현을 쓰지 않았다(Brigham Young University Library, 2020 참조).

20세기 내내 동맹조약의 시간대가 더 길어졌다. 1921년 폴란드·프랑스 협약은 실제로 예상 존속기간을 전혀 언급하지 않았다. 1924년 프랑스·체코슬로바키아 동맹조약도 그와 비슷하게 존속기간이 무기한이었다. 프랑스가 루마니아 및 세르비아와 체결한 조약은 각각 10년과 5년의 존속기간을 명시했다. 미국이 한국 및 필리핀과 개별적으로 체결한 두 상호방위조약은 공통적으로 "무기한 시행될 것이다. 어느 당사국이나 다른 당사국에 통지하고 1년 후 조약을 종료할 수 있다"라고 규정하고 있다(Yale Law School, 2008b; 2008c). 일본·미국 안보조약에도 비슷한 조항이 들어 있지만, 그 전문(前文)을 보면 조약이 "일본과 미국 양 정부의 의견에 비추어 일본 지역에 국제 평화와 안전의 유지를 만족스럽게 제공할 유엔의 채비(arrangements)가 발효될 때까지 시행될 것이다"(Ministry of Foreign Affairs of Japan. n.d.). 나토의 창설 조약도 무기한이며, 아이러니한 일이겠지만 미국의 변함없는 참여를 상정하고 있다. 그러나 그 제13조의 규정을 보면 "조약이 20년 동안 시행된 다음, 어느 당사국이나 조약 폐기 통고서를 미국 정부에 전달하고 1년 후 당사국을 그만둘 수 있으며, 미국 정부는 그 통고서가 기탁되었음을 다른 당사국들에게 통지한다"[NATO, 1949(2019)]. 나토의 냉전 라이벌인 바르샤바조약기구의 창설 조약은 종료에 관해 더 탄탄하게 규정했다. 나토와 비슷하게 20년 시행을 예정한 바르샤바조약은 탈퇴하겠다는 1년 전 통고가 없으면 또다시 10년 동안 시행된다고 규정했다. 그 동맹조약은 아마 국내 및 국제사회를 향해 유순하거나 방어적인 의도임을 알리기 위해 "[집단안보에 관한 일반유럽조약(General European Treaty)이] 발효되는 날부터 시행을 중단"한다고 명시했다(UN, 1955: 32).

군사동맹이 실제로 얼마나 오래 존속했는지는 편차가 있다. 바르샤바조약의 탈퇴조항이 발동된 것은 1968년 알바니아 탈퇴가 처음이었고 그다음에는 1990년대 초 마지막으로 해체될 때였다. 양차 세계대전 사이에 체결된 프랑스의 동맹공약은 나치 독일이 체코슬로바키아와 폴란드 영토를 차례로 정복하면서 끝이 났다. 나토는 아직도 존재한다. 따라서 동맹은 여러 가지 방식으로 종말을 맞이할 수 있다. 다음에 논의되는 일련의 결말은 동맹이 어떻게 끝날 수 있는지를 보여준다.

목적 달성

동맹은 원래 목적 — 동맹을 탄생시킨 조약상 사유(casus foederis) — 을 달성하면 그냥 종료될 수 있다. 각국이 왜 동맹을 형성하는지 이유를 상기하자. 각국은 일차적으로 어떤 공동의 위협에 대처하기 위해 동맹을 형성하지만, 각국의 이해관계가 완벽히 일치하지 않기 때문에 공동의 목적을 적국과 서로에게 알리기 위해 공식적인 — 그러나 종종 의도적으로 애매모호한 — 방식을 선택한다. 강대국, 라이벌 연합이나 동맹, 초국가적 이데올로기 운동 또는 이러한 도전들의 어떤 결합이 공동의 위협이 될 수 있다. 군사적 승리 때문이든 힘의 균형이 크게 기울어졌기 때문이든 공동의 위협이 강도 면에서 현저히 약화된다면, 그 동맹은 더 이상 유용성이 없을 수 있으며 그래서 결국 소멸할 것이다(Walt, 1997: 158~159). 그렇지 않으면 각국이 자신들 사이의 분쟁을 관리하기 위해 동맹을 활용할 수도 있는데, 이것이 바로 프러시아 재상 비스마르크가 발칸 지역에서의 강대국 경쟁 문제와 관련해 삼제동맹을 통해 성취하고 싶었던 것이다. 어떤 식으로 — 라이벌관계를 보다 협력적인 관계로 변환시킬 수 있도록 — 분쟁이 해결된다면, 우호적 감정이 높아진 상황에서 조약 동맹의 의의가 사라질 수 있다.

실제로 얼마나 많은 동맹이 핵심 목적을 달성했기 때문에 소멸했는가? 놀랍게도 그 답은 '많다'가 아니다. 동맹 종료에 관한 한 통계적 연구에 의하면, 동맹의 약 16퍼센트가 다소 이러한 이유에서 끝난다고 한다(Leeds and Savun, 2007: 1119). 성공한 전시 연합이 바로 그 정의에 의해 이 모델에 부합한다. 미국·소련·영국 간 대동맹(Grand Alliance)이 그 한 예인데, 제2차 세계대전 직후 해체되었다. 다만 1942년 두 강대국이 적어도 20년 동안 지속될 동맹조약(미국이 '무기대여법' 대상에 소련을 포함시킨 협정 ─ 옮긴이)을 체결했었다. 그렇더라도 대동맹의 종말은 추축국들(Axis Powers)의 패배로 인해 기존의 갈등이 표면화된 것이 주 원인이었다. 전후 유럽의 평화 정착을 둘러싸고 소련과 이전의 그 파트너 국가들 사이에 대립이 격화되었다(Trachtenberg, 1999 참조). 성공은 협력을 저해하는 새로운 문제를 만들기 마련이다.

근본적 목적 달성이 동맹 종료의 드문 방식인 데는 적어도 세 가지 이유가 있다. 첫째, 각국이 동맹을 형성해 처리하려는 문제는 해소하기가 유난히 어렵다. 대적하는 강대국은 평시에 좀처럼 무너지지 않지만, 초국가적 이데올로기의 도전은 강도의 차이는 있어도 대중 정치 시대가 되며 오래가는 경향이 있다. 소련의 해체는 예외적인 지정학적 사건으로 그 경제구조, 이익단체 정치, 민족주의 운동 등과 관련된 요인들이 특이하게 융합되어 발생했다(Beissinger, 2002; Miller, 2016). 그러나 일반적으로 신음하는 강대국들은 웅크리고 앉아 모험을 매우 삼가며, 전열을 가다듬고 장기적인 군사·정치 경쟁을 보다 효율적으로 추진하기 위해 대외공약을 선별적으로 축소한다(MacDonald and Parent, 2018 참조).

성공한 동맹이 끈질기게 버티는 두 번째 이유로, 핵심 목적의 달성이 때로는 동맹 회원국들에게 상호협력이 성공적이었으며 다른 공동의 프로젝트를 위해서 계속될 가치가 있음을 권고할 수 있다. 달리 말하면 협력의 성공이 협력을 부른다. 이것이 바로 글렌 스나이더(Glenn

Snyder, 1997: 8)가 "후광(halo)" 효과라고 부르는 것인데, 동맹국들은 "외교적 위기 등 여러 가지 이슈에서 파트너 국가들이 자국을 지지할 것이라고 기대하며, 동맹조약상 그런 것을 요구하는 것이 전혀 없더라도 그렇다". 그러나 그것은 동맹 심리와 관련이 적고 그 동맹이 얼마나 제도화·관료제화되었는지와 더 관련될 수 있다. 이 주장은 일부 전문가들이 소련 해체 이후의 나토 존속을 설명하기 위해 내놓은 기본적인 주장이다. 냉전 기간 내내 나토는 회원국들 간의 조율과 협상을 촉진하는 제도적 자산을 발전시켰다는 주장이 있다(Celeste Wallander, 2000: 711~712). 그러한 자산은 또한 소련에 대응한다는 당초의 나토 사명을 넘어서는 새로운 안보 임무를 추진하기에도 유용했다. 그러한 자산을 만드는 데는 비용이 많이 들기 때문에 나토같이 성공한 동맹의 회원국들은 그 자산을 버리고 싶지 않을 것이고, 새로운 안보 도전이 대두하면 처음부터 새로 만들어야 하는 리스크를 부담하고 싶지 않을 것이다(Haftendom, Keohane and Wallander, 1999 참조). 간단히 말해서 제도는 회원국들이 단기적 편법에 흥분하기보다 장기를 더 생각할 정도로 협정의 범위를 확대하고 시간대를 확장함으로써 협력 유인을 바꿀 수 있다(Oye, 1985: 16~18). 이러한 패턴에 들어맞는 다른 동맹들도 있을 것이다. 영국·포르투갈 동맹은 카스티야(스페인 중부의 옛 왕국 – 옮긴이)와 프랑스의 야망을 견제하려는 공동의 바람에 따라 1386년 탄생했다. 1580년 포르투갈과 스페인이 60년 동안 지속될 왕조 연합을 형성했을 때 협정이 교란되었지만, 이 동맹은 지금까지도 존속하고 있어 세상에서 가장 오래된 동맹이다. 양국이 제국주의 정책을 추구하고 결국 노예무역을 둘러싸고 크게 대립했음에 비추어 볼 때, 리스본과 런던 간의 공통의 이해관계만으로는 이 동맹의 놀라운 존속을 설명하지 못한다. 포르투갈은 중재와 기타 새로운 국제법 규범을 활용해 지긋지긋하게 비대칭적인 양국관계를 바로잡을 수 있었다(Paquette, 2020).

혹자는 군사동맹이 안보 관점에서 합리적인 기간보다 더 오래 존속할 만큼 제도 자체가 일종의 선거구민이 된다고 보다 냉소적으로 주장할 수 있다. 현실주의 학자 스티븐 월트(Stephen Walt, 1997: 166)는 나토를 예시로 다음과 같이 주장하고 있다.

동맹이 대형의 공식 관료 체제를 탄생시킨다면, 여기에 소속된 간부들의 전문적 식견과 커리어 전망은 동맹관계의 유지와 밀접하게 연계되어 있다. 이들은 동맹이 본질적으로 바람직하다고 보게 될 것이며 환경이 변하더라도 동맹 포기를 꺼릴 것이다. 동맹이 오래 존속할수록 그 옹호자들이 수적으로 많아지고 영향력도 커질 것이다.

동맹 존속에 대한 이러한 설명의 문제점은 당연히 동맹의 소멸을 위해 로비하는 단체들도 있다는 것이다. 동맹이 국가 이익과 점점 더 멀어진다면, 그러한 반대 단체들은 더욱 설득력 있는 주장을 하게 됨으로써 힘도 커진다. 게다가 너무 많은 정책 자율성을 누리는 동맹 사무국은 회원국들의 반발을 초래할 수 있는바, 특히 각국이 느끼기에 사무국이 회원국의 이익에 반하는 행동을 한다면 더욱 그럴 것이다(von Borzsyskowski and Vabulas, 2019: 348~365). 사무국이 반발을 사지 않는 경우라면, 회원국들이 관료제 힘과 무관한 이유에서 동맹이 유용하다고 볼 가능성이 있다. 그러나 동맹이 자체적으로 구현하는 초국가적 네트워크에 의해 각국을 기만할 수 있다는 것은 국가가 국제정치에서 그 나름의 수단을 가지고 있고 가장 중요한 행위자라는 현실주의 견해와 잘 어울리지 않는다.

군사적 패배

동맹이 끝나는 또 다른 이유는 동맹이 전시에 군사적 성공을 거두지 못하기 때문이다. 오스트리아·헝가리와 독일의 동맹이 창설 14주년을 앞두고 끝난 것은 1918년 11월 양국이 패전국으로서 제1차 세계대전을 마무리하는 강화조약을 개별적으로 체결했을 때였다. 독일과 이탈리아의 1939년 '강철조약'은 적어도 10년 존속을 예정했지만 1943년 실질적으로 조기 종료되었다. 연합국이 시칠리아를 침공한 직후 이탈리아 정부와 군의 주요 인사들이 파시스트 지도자 베니토 무솔리니 체제를 전복시키고 새로운 정부를 수립했다. 그 신정부가 연합국과 휴전협정을 체결한 후 오히려 독일에 대해 선전포고했다.

승리하는 쪽의 동맹도 전시에 무너질 수 있다. 제1차 세계대전 중 프랑스·러시아 동맹과 나아가 삼국협상이 종료된 것은 일련의 주요 전투 패배가 일부 작용해 러시아에서 차르의 통치가 붕괴하고 후속 임시정부도 붕괴했을 때였다. 뒤이어 1917년 11월 권력을 장악한 볼셰비키 혁명가들은 전쟁을 포기하고 독일과 별도의 가혹한 평화협정을 맺었다. 볼셰비키 정권은 프랑스에 군사지원을 요청하지 않았지만 ― 사실 프랑스군 총참모부는 그 요청을 수용하려고 했음 ― 파리의 정치 지도자들은 새로운 혁명정권을 너무 혐오한 나머지 결국 러시아내전에서 반공산주의 세력을 지원하는 무력 개입을 단행했다(Carley, 1976: 426~428). 1939년 나치 독일이 폴란드를 침공했을 때, 프랑스와 영국은 선전포고했지만 사면초가에 몰린 그들의 동맹국을 구하기 위한 행동은 달리 없었다. 폴란드 망명정부는 대전 기간에 확실히 런던을 벗어나 활약했지만, 나치 독일이 패배한 후 중동부 유럽에 진출한 붉은 군대의 위력으로 인해 정치적 주권을 회복하고 영토를 지배할 수는 없었다. 폴란드에 대한 프랑스와 영국의 동맹공약이 실질적으로 끝이 났다. 이러한 각각의 사례를 보면 군사적 패배가 정권교체에 일조했으며 정권교체 자체가 때로는 동맹을 종료시킬 수 있다(Walt, 1997: 162; McKoy and Miller, 2012 참조).

핵심 복적 달성에 실패한 것 외에도 동맹이 군사적 패배 ─ 동맹체제가 곧바로 복원될 수 없을 정도의 패배 ─ 에서 살아남지 못하는 또 다른 이유는 전쟁의 결과가 지역정치 또는 세계정치의 재편을 초래할 수 있기 때문이다. 대규모 전쟁에 이은 평화회담과 합의에서 각국 지도자들은 상호작용을 규제하고 지속적인 평화와 안정을 보장하려는 노력의 일환에서 새로운 형태의 제도와 집단적 협정을 강구한다. 이러한 정치 질서의 일부는 동의를 기반으로 할 수 있다(Ikenberry, 2001). 새로운 공조가 형성되어 패전국이 이제는 승전국과 과거의 어떤 이해관계도 초월하는 방식으로 협력할 수 있다. 베르사유조약(Treaty of Versailles)이 신생 독일공화국에 성공할 기회를 주지 못했지만, 제2차 세계대전 이후 등장한 전후 질서에서 주요 패전 추축국들 ─ 독일, 일본, 이탈리아 ─ 모두가 그들의 이전 적국들이 민주주의를 보장하고 공산주의 확산을 막기 위해 창설한 제도 속에 점차 편입되었다. 게다가 군사적 패배로 인해 집권 당국이 신임이나 권력을 잃을 수 있으며, 이는 때때로 혁명을 초래해 기존 통치자들과는 판이한 정치적 감성과 이데올로기 성향을 가진 지도자들이 집권할 수 있다. 제1차 세계대전 이후의 러시아 사례에서 보듯이, 그러한 체제변동(regime change)은 이전의 동맹국들 사이에 불안감과 나아가 적대감을 조성할 수 있다(Walt, 1996 참조).

핵 억지력을 발휘하는 동맹이 군사적 패배 때문에 끝난 적은 없다. 이러한 관찰은 흥미롭고 아주 특이한 질문을 제기하는데, 동맹이 핵무기 사용이 포함된 무력충돌에서 살아남을 수 있는가? 바라건대, 그 답은 결코 알 수 없을 것이다. 동아시아와 유럽의 냉전 군사동맹은 승산이 있다는 믿음에서 핵전쟁에 대비했다. 냉전 전반기에 나토와 바르샤바조약기구가 모두 핵무기 사용으로 사회가 전화에 휩싸이고 특별한 재난을 당하더라도 전쟁에서 성취하고 싶은 목표를 간직하고 있었다. 그러나 1960년대 말 나토의 방위기획관들은 고강도의 군사적 충돌에서 승리한다는 생각은 더 이상 타당성이 없다는 결론을 내렸다. 점차 그들은 핵 확전을 위협으로서만 유용하다고 보았는데, 이 위협이 소련의 정책결정자들 사이에 조심을 불러일으키고 일차적으로 전쟁 발발을 막는 역할을 하는 만큼 유용했다. 이 문제에 대한 미국의 관점에도 불구하고, 핵 확전은 더 이상 나토의 전쟁 승리 독트린에 포함되지 않았다. 그 위협이 사용됨으로써 오로지 현상유지만 강화시켰는데, 이는 동맹이 온전히 살아남을 수 있을 것임을 시사하고 있다. 이에 반해 공산주의 승리는 역사적 필연이라는 마르크스·레닌주의 주장에 다소 힘입어 바르샤바조약기구는 이른바 섬멸전 및 나토 영토 내 깊숙한 타격을 구상하는 전략을 채택했다. 이리하여 냉전 유럽에서 대립하는 두 동맹은 핵전쟁에 대해 대조적인 관점을 가졌는데, 특히 바르샤바조약 군대는 대규모 상호 핵공격에도 불구하고 정치적 목적을 성취할 수 있다는 견해를 더 확고하게 견지했다. 그렇게 된다면 한 동맹 – 바르샤바조약기구 – 은 존속하고 다른 동맹은 항복할 터였다(Heuser, 1998 참조). 이러한 승리 이론이 실제로 어떤 근거가 있었는지 여부는 다행히도 결코 결정되지 않았지만, 냉전 사례에 비추어 볼 때 정책결정자들이 핵전쟁으로 인해 참전 동맹들이 모두 종말을 맞이할 것이라고 꼭 생각하는 것은 아니다.

몰락

군사동맹은 저렴하지 않다. 국제·국내 사회가 알 수 있는 공개 조약을 통해 안보 동반자관계를 형성할 때, 어느 일국이 그 가치가 더 이상 없다고 보거나 그 대신에 다른 관계를 추진하고 싶다는 이유에서 그 조약을 어기기로 결정한다면 평판 비용이 따를 수 있다. 적국은 일국이 공약을 철회하고 있다고 판단하면 대담해질 수 있다. 미래의 동맹국들은 훗날에 배신당하지 않을 것임을 확신하기 위해 더 많은 확약과 나아가 더 많은 양보를 요구할 것이다. 위약 국가 내에서 야당과 대중은 동맹 이탈이나 위반이 국익에 부합하는지 여부를 문제 삼을 것이다. 게다가 흔히 각국은 그런 동맹의 억지력과 전쟁 수행력을 효과적으로 만들기 위해 플랫폼 합동군사연습뿐 아니라 조정 기구와 여러 방위기획 활동에 투자한다. 이러한 편익은 장기적으로 누적되며 갑자기 포기하기는 어려울 것이다. 조약을 전면적으로 파기한다면, 특히 그 정당성이 의심스러울 경우에는 평판 면에서 타격이 너무 클 것이며 파기하는 정부가 국내외에서 너무 많은 비난을 받을 수 있다. 그 조용한 대안은 동맹의 중요성을 격하하되 동맹을 통째로 거부하지는 않으면서 동맹을 몰락(downgrading)시키는 것이다. 동맹은 점차 '종잇조각'에 불과하게 된다.

이런 식의 결과는 국제기구의 운명과 관련해 세계정치에서 놀랍도록 흔하다. 줄리아 그레이(Julia Gray, 2018)에 의하면, ― 지역 통합, 금융 협력 등의 이슈 분야를 포함하는 ― 국제기구의 3분의 1 이상이 그가 말하는 "좀비"다. 그의 설명에 의하면, "좀비 기구는 절반 수준에서 정상적인 운영을 유지하지만, 그 목표를 향한 진전 면에서 산출물이 기대 이하다"(Gray, 2018: 3). 때로는 좀비 기구가 새로운 임무에 착수함으로써 자기 쇄신을 추구하지만, 그 임무를 계속하는 데 성공하더라도 침체될 수 있다. 그레이에 의하면, 그러한 침체는 기구의 자율성이 부족하거나 자체 사무국에 숙련된 직원을 영입할 수 없기 때문에 생기는 결과

일 수 있다. 그러나 이러한 요인들은 군사동맹과 밀접한 관련이 없을 것이다. 군사동맹의 기능적 전문성은 존립 문제가 걸려 있는 안보 영역에 있으며, 그 무대는 매우 경쟁적이고 실수를 용납하지 않을 수 있다(Jervis, 1982). 그럼에도 일부 군사동맹은 좀비가 될 수 있다. 1985년 냉전 말기에 미국은 핵전략에 관한 큰 대립으로 뉴질랜드에 대한 자신의 책무 일부를 정지시켰다. 여론에 일부 부응한 웰링턴은 점차 반핵 정서를 부추기고 비핵지대를 채택해 핵무기를 탑재하거나 핵추진력에 의존하는 미국 해군 함정에 대해 접근을 거부하기까지 했다(Hensley, 2013 참조). 그렇긴 하지만 뉴질랜드는 현재까지 앤저스(ANZUS: 호주, 뉴질랜드, 미국의 안보조약)의 일원이며 여전히 방위·정보 문제에서 미국과 협력하고 있다.

역설적으로 북한과 중국의 조약 동맹은 또 다른 그런 예다. 평양은 대외무역의 대부분을 베이징에 의존한다. 북한은 또한 그 핵무기 프로그램의 지위를 둘러싸고 미국 등 역내 이해 당사국들과 벌이는 국제협상에서 중국이 제공하는 외교적 보호막 덕을 보고 있다. 국제안보학자 김영준 교수(2019: 16~17)에 의하면, 그럼에도 "북한은 1950년대 중국 인민의용군이 북한에서 철수한 이후 중국과 군사협력을 거의 추진하지 않았다. 공식적으로 북한과 중국 군부 간의 교육 교류, 연합 연습이나 기타 활동이 매우 드물었다". 실로 북한 지도자들은 1960년 이 동맹의 창설 조약에 서명하자마자 그 중요성을 축소하려고 했는바, 국가주권을 빈틈없이 보호하면서 어느 강대국에도 과도하게 의존하지 않으려고 매우 노력했다. 북한과 소련 간 동맹도 비슷하게 운영되었다. 두 공산국가 간의 관계는 1960년대와 1970년대 내내 긴장의 연속이었다. 모스크바는 핵발전소 건설을 지원해 달라는 평양의 요청을 거절했는데, 그 부분적 이유는 북한의 의도에 대한 소련의 불신이었다(Szalontai and Radchenko, 2006: 11~12). 양국 간 협력은 남은 냉전 기간 동안 줄곧 제한적이었다. "사회주의 진영" 내에서 소련과 중국 간 동맹도 좀비가 되었다. 이념적 대립과 지정학적 불화가 1950년대 말 양국관계를 괴롭히기 시작했다(Lüthi, 2010). 다음 10년간 분열이 너무 심화되어 1969년 명목상 동맹국인 양국이 일련의 작은 국경충돌을 벌였다. 결국 긴장이 완화되었지만 양국 간 경쟁은 계속되었다. 소련은 1978년 베트남과 새로운 동맹을 체결함으로써 중국을 압박하려고 했지만, 그 효과는 미미했다. 베이징은 모스크바와의 동맹조약이 그 만료일을 마침내 경과하도록 내버려두었다(Elleman, 1996).

몰락하거나 좀비가 된 동맹의 가장 전형적인 예는 아마도 동남아시아조약기구(이하 SEATO)일 것이다. 1954년 형성된 이 동맹은 특히 인도차이나반도에서 공산주의의 추가 팽창을 저지하려는 목적에서 호주, 프랑스, 뉴질랜드, 파키스탄, 필리핀, 태국, 영국, 미국을 한데 모았다. 그러나 강대국의 개입이나 동맹공약을 발동시킬 만한 위협이 어떤 것인지를 둘러싸고 의견 충돌이 빠르게 발생했다. 이질적인 이해관계로 인해 생긴 내분은 이후 수십 년 동안 SEATO를 계속 괴롭혔다. 회원국들의 분열을 악화시킨 것은 1960년대 초 라오스의 큰 정치 위기를 처리할 방안을 둘러싼 문제였다. 10년 후에는 미국과 여러 역내 동맹국들이 중국과 대화를 추진하기 시작하면서 SEATO가 빈사 상태가 되었다. 워싱턴이 베트남전쟁에 따른 정치적 실패 와중에 인도차이나반도에서 철수하기 시작하면서 중국과의 대화는 더욱더 적절한 목표가 되었다(Buszynski, 1981 참조). 파키스탄은 동파키스탄(방글라데시) 해방전쟁과 1971년 인도·파키스탄 전쟁에서 패배하자 기구에서 탈퇴했다. 1977년 SEATO는 마침내 유령 신세마저 마감했다.

다른 동남아시아 동맹들도 이런 식의 운명을 맞이할 수 있다. 일부 논객은 로드리고 두테르테(Rodrigo Duterte) 필리핀 대통령이 미국과의 동맹을 격하시키려고 했다고 주장할 것이다. 옭힘 우려가 있는 가운데 보다 자주적인 대외정책을 추진하고 싶은 두테르테는 1999년 주둔군 협정을 파기하면서 상호방위조약을 훼손하려고 했다(Cruz De Castro, 2020: 18). 필리핀 영토에서 운용되는 미군을 위한 법적 틀을 제공하는 이 협정 덕분에, 가령 미국 정부는 필리핀 내 범죄행위로 기소되는 미군에 대해 사법권을 가지고 있었다. 두테르테는 아마도 국내 반발 탓에 결국 주둔군협정 파기 입장을 번복했지만, 보다 자주적인 길을 계획한다는 자신의 방침을 분명히 밝힌 셈이었다. 그의 임기가 2022년을 넘어 계속되었더라면, 미국·필리핀 상호방위조약은 좀비가 될 위험에 처했을 것이다. 역내 다른 곳에서도 미국은 태국과의 동맹을 유지하고 있다. 이 동반자관계는 SEATO를 출범시킨 마닐라조약으로 수립되어 1962년 타낫·러스크 공동성명 및 2012년 태국·미국 방위동맹을 위한 합동비전성명에 입각해 시행되고 있다. 태국은 2003년 미국으로부터 준(準)나토 동맹국의 지위를 인정받아 미국 무기의 구입이 수월해졌지만, 공동의 이해관계와 위협 인식이 없기 때문에 그 동맹의 활력은 미심쩍었다(Ciorciari, 2010: 120). 예컨대 중국을 전략·개발 파트너 외의 다른 것으로 낙인찍을 때는 태국이 거부감을 드러냈다(Chongkittavorn, 2020).

나토가 몰락할 위험에 처해 있는가? 나토 동맹이 매우 규칙적으로 회동하고 튼튼하게 제도화되어 있지만, 일부 비판적인 인사는 나토가 기대에 한참 못 미치고 있고 쓸모없게 되었을 것이라고 본다. 트럼프와 프랑스 대통령 에마뉘엘 마크롱(Emmanuel Macron)이 이러한 인사에 포함되었다. 트럼프는 다수의 나토 회원국들이 집단방위에 기여하는 부분이 그들의 정당한 몫에 미달할 뿐 아니라 무슨 군사 위기가 발생하더라도 미국의 지원을 받을 것이라고만 그저 믿고 있다고 맹공격했다. 약간의 뉘앙스가 있지만, 마크롱은 ≪이코노미스트(The Economist)≫ (2019)와의 회견에서 나토가 "뇌사 상태"라고 악명 높게 표현했는데, 나토가 변덕스러운 미국에 너무 의존하고, 안보 업무에서 보다 자율적인 방향 추구를 너무 주저하며, 러시아 등 다른 강대국들과의 대화를 너무 꺼린다는 것이다. 나토 역사에서 그 소멸에 관한 소문이 빈발했지만, 앞으로도 나토는 그런 비판에서 어떤 식으로든 살아남을 것이다. 그럼에도 유럽의 나토 회원국들은 가끔 기존의 소지역별 포맷을 사용하거나 나토 영역 밖의 양자·다자 수준에서 새로운 구상을 출범시키면서, 공동의 안보 도전에 집중하기 위해 나토 내에서 마음이 맞는 국가들끼리 서로 파트너 삼기 시작했다. 그 결과 파편화가 심해지고 나토는 유럽의 안보활동에 겉치레 결속을 제공하는 총괄적 다자 틀이다 (Simón et al., 2021).

사실 일부 회원국은 과거에 일방적으로 자국의 안보정책 속에 나토의 중요성을 격하했다. 프랑스는 1966년 나토의 통합 구조에서 탈퇴했으며 모든 나토 기관과 동맹군을 자국 영토 밖으로 쫓아냈다. 당시 프랑스 대통령 샤를 드골은 나토가 점차 자신의 대외정책 목표와 맞지 않는다고 보았다. 그는 적어도 서유럽의 안보와 관련해서는 프랑스를 미국과 동등한 위치에 올려놓으려고 했다. 또한 그는 미국이 밀어붙인 전략적 개념들을 불신했지만, 다른 나토 회원국들이 바로 그 개념들을 전폭적으로 지지함으로써 오히려 꼬이고 말았다. 게다가 위협 환경의 강도가 낮아졌는데, 그것은 특히 프랑스가 자체 핵 무기고를 이용할 수 있었기 때문이었다. 새로운 유럽 질서가 드골의 야망이었으며, 프랑스의 나토 군사령부 참여는 그러한 계획과 맞지 않았다(Haftendorn, 1996: 2~4). 프랑스가 나토에 잔류한 것은 부분적으로 워싱턴조약 제13조가 창설 후 20년 내에 회원국이 탈퇴하는 것을 금지했기 때문이다. 프랑스는 나토의 연습과 구매 프로젝트에 계속 참여했으며, 나토 군사령부에서 탈퇴한 1966년부터 2009년 복귀할 때까지 가끔 나토 민간인 회의를 주최하기도 했다(NATO, n.d.).

일방적 파기

때로는 일국이 군사동맹을 단순한 '종잇조각'으로 전락시키는 것으로 충분하지 않을 때가 있는데, 그 국가는 그 동맹이 어떤 형태로든 존속하지 않도록 통째로 파기할 필요가 있을 것이다. 도대체 왜 한 동맹국이 그런 짓을 하는가?

각국이 일방적으로 이러한 길을 가는 이유는 군사동맹이 신호를 보낸다는 논리(signaling logic)와 관련이 있다. 모름지기 각국은 특정한 안보 도전에 진지하게 대처한다는 것을 국내외 청중에게 전달하기 위해 군사적·정치적 공약을 문서로 공식화한다. 동맹조약의 문언에 어느 정도의 모호함이 종종 배어 있지만, 동맹 회원국들이 기대하는 것은 잠재 적국이 그 조약을 집단방위에 따르는 위험을 기꺼이 단결해 감수하겠다는 증거로 보는 것이다. 그리하여 잠재 적국은 동맹에 도전할 때 더욱 신중할 것이며, 따라서 동맹조약 당사국들의 안보를 강화하는 억지력 효과가 생긴다(예컨대 Morrow, 2000 참조).

그러나 장기적으로 회원국들의 대외정책 목표가 진화해 점차 지지할 수 없는 — 심지어 용납할 수 없는 — 방향으로 이해관계가 갈라질 것이다. 힘의 균형이 크게 이동하거나 국내 기관이나 사회의 구성이 크게 바뀌어서 또는 지도자들이 자국의 국제 전략을 재고하게 만드는 어떤 대형 위기가 발생한 결과, 동맹국들이 점차 분열할 수 있다. 이런 종류의 변화에 고무된 지도자들은 적국에 손을 내밀고 적국과 훨씬 더 협력적인 관계를 추구할 수 있을 것이다. 어쩌면 한 적국이 다른 더 위협적인 적국에 대응해 균형을 맞추는 데 유용할 수 있을 것이다. 어쩌면 비(非)안보 분야 협력의 편익이 ─ 중대한 교역 기회처럼 ─ 포기하기에는 너무 클 수 있다. 그러나 적국과 보다 협력적인 관계를 수립함에 있어서 동맹공약이 짐이 될 수 있다. 국제사회의 무정부상태가 낳은 의도의 불확실성 때문에 적국은 자신 쪽에서 어떤 협력적 태도를 보이면 속거나 이용당하기 쉬울 것이라고 우려할 것이다. 말려들고 싶지 않은 적국은 모든 협력이 믿을 수 있고 상호적이라는 보장을 찾게 된다. 공식 동맹을 포기하는 것은 이러한 상황에서 강력한 형태의 보장이다. 일방적으로 그 동맹을 파기하는 국가는 동맹의 편익을 포기한다는 의사를 보여주는 것이며, 특히 그런 파기로 적국의 부정직한 행동 가능성에 노출될 위험이 있는 경우에는 더욱 그렇다(Yarhi-Milo et al., 2016).

미국은 1970년대 말 대만과의 동맹을 포기하고 결국 중국과 그러한 결말을 맞이했다. 이 동맹의 당초 목적은 공산당의 공격으로부터 그 섬나라를 방어하는 것뿐만 아니라 대만 지도부가 본토에 대해 반갑지 않은 공격작전을 감행하는 것을 억제하기 위한 기제를 마련하는 것이었다. 이러한 목표는 냉전 기간 내내 대체로 변함이 없었지만, 다른 우선순위가 대만해협에 대한 미국의 정책을 지배하게 되었다. 첫째, 앞서 언급한 중·소 분열로 미국이 소련에 대한 압박을 가중할 기회가 생겼다. 리처드 닉슨 대통령은 특히 베트남전쟁이 미국의 자원을 소모하고 사회를 찢어놓았기 때문에 자국의 약화된 국제 지위를 걱정했다. 닉슨은 모스크바가 데탕트 ─ 양 초강대국 간의 긴장 완화로 정의됨 ─ 를 동원해 이 약점을 활용할 것이라고 우려했다. 중국과의 외교관계 정상화는 소련의 측면을 포위하기 위한 경쟁력 있는 전략의 일환이었다. 둘째, 닉슨은 베트남에서 미국을 철수시키면서 체면을 살리고 싶었다. 그는 중국에 손을 내미는 것이 그 전쟁을 해결하는 데 필요하다고 생각했다. 그러나 문제는 당시 중국 지도자들이 외교관계가 수립되기 위해 내놓은 핵심 요구 사항, 즉 미국이 대만과의 관계를 느슨하게 풀어야 한다는 것이었다. 닉슨과 그의 국가안보보좌관 헨리 키신저는 대체로 그 요구 사항을 들어주려고 했다(Shen, 1983; Tucker, 2005: 121~125). 이 계획의 논리적 결말은 약간 늦어졌는데, 1980년 1월 1일 지미 카터 대통령이 동맹조약을 일방적으로 파기했다. 이날은 미국이 중국과 외교관계를 수립하면서 동맹조약 규정에 따라 그 조약의 종료를 통보하고 정확히 1년이 지난 뒤였다.

때때로 각국은 한 동맹에서 탈퇴하고 다른 동맹에 가입하면서 편을 바꾸기도 한다. 바르샤바조약기구 국가들을 보자. 알바니아는 1968년 그 동맹에서 탈퇴하고 중국과 이념적으로 동조하기로 이미 결정했었다. 그 두 공산국가는 결국 새로운 조약 동맹을 타결하지 못했으며, 몇 년 만에 알바니아 지도자들은 중국에도 불만을 가지게 되었다(Mëhilli, 2017). 더 중요한 것은 20년 뒤 바르샤바조약기구의 나머지 회원국에게 일어난 일이다. 1989년 내내 중동부 유럽의 집권 공산당들은 점차 권력 독점을 상실하고 소련의 지배에 오랫동안 치를 떨었던 민주적 재야 단체로 대체되었다. 소련은 1955년 바르샤바조약기구의 탄생 때부터 이 기구를 지배했지만, 그 위성국들은 결국 더 효율적으로 그 동맹을 이용해 그들의 정책 관심사와 불일치를 분명하게 표현하게 되었다(Crump, 2015). 1989년과 1990년 소련 진영에서 급변 사태가 진행되면서 바르샤바조약기구가 갑자기 내부로부터 존립 위기를 맞이했다. 체코슬로바키아 지도자들이 재빨리 자국 영토 내 소련군의 철수를 요청하기에 이르렀다. 독일 통일에 대해 우려하는 입장인 폴란드는 당초부터 유보적이었다. 그러나 곧이어 소련 위성국들이 군사동맹 구조의 희석을 요구하기 시작하다가 급기야 전면 해체를 요구했다. 소련 군부로서는 분하게도, 1991년 바르샤바조약기구가 종말을 맞고 공식 해체되었다(Matějka, 1997). 이후 몇 년 사이에 이 사라진 동맹의 구 회원국 일부가 나토 가입을 추진하기 시작했다. 그렇지만 이들 국가는 이 여정을 가기 위해 그리고 더 일반적으로는 서방 제도에 더욱 편입되기 위해 다수의 고비용 개혁, 특히 나토 회원국 자격을 갖추기 위한 민·군 관계와 관련된 개혁을 추진해야 했다(Epstein, 2005).

신호를 보낸다는 논리가 일국이 일방적으로 동맹조약을 파기하는 이유를 항상 설명할 필요는 없다. 국내 정치도 결정적 요인이 될 수 있을 것이다. 영·일 동맹이 좋은 예다. 1902년 체결되고 1905년과 1911년에 두 차례 갱신된 이 동맹 덕분에 영국은 이른바 '영광의 고립(splendid isolation)'에서 벗어나 중국과 인도에서 국익을 보호하게 되었으며 러시아에 대해 그리고 결국에는 독일에 대해 균형을 유지하게 되었다. 동맹은 종종 상업적 연계에서 이득을 얻는바, 산출된 부(富)가 동맹 전체에 이로운 군사력을 구매하는 데 사용될 잠재성이 있다(Gowa, 1995). 그럼에도 일부 영국 상인들은 극동에서 그들의 경쟁력을 떨어뜨린 일본의 거의 틀림없이 불공정한 무역 관행과 정부 보조금을 견뎌야 했다. 또한 일본의 섬유산업이 영국에 비해 경쟁력이 매우 높았음이 드러났다. 장기적으로 영국 의회에서 항의가 늘어났다. 동맹에 회의적인 자유당이 영국 노동자 계층의 지지에 부분적으로 힘입어 집권했을 때, 영국 지도자들은 영·일 동맹을 지렛대로 이용하기 시작해 1910년 새로운 상업조약을 통해 일본에게서 관세양허를 성공리에 얻어냈다(Davis, 2009: 171~172). 그러나 일본에 대한 영국의 경제적 불만은 제1차 세계대전 이후 줄곧 커졌다. 양국의 대외정책이 갈라지기 시작했음에도 일본 지도자들이 여전히 그 동맹을 지지했지만, 영국과 일본 간의 상업적 이해관계의 경합으로 런던은 그 관계를 끝내야 했다. 1921년 영국과 일본이 프랑스, 미국과 함께 사국조약(Four Power Treaty)을 체결하면서 영·일 동맹은 공식적으로 멈추었고 1923년 정식으로 종료되었다.

변환

동맹이 끝나는 또 다른 길은 안보관계를 근본적으로 제고하는 변환(transformation)이다. 변환은 두 갈래로 전개될 수 있다. 첫째는 동맹국들이 통일된 단일국가가 되기로 합의하는 것이다. 각국이 합의에 의해 통일하는 이유는 문화적 동질성 공유, 규모의 경제를 활용하려는 욕구, 달리 가능한 방도가 없어서 주권적 자원을 결집시킴으로써 생기는 강력한 이익 등 여러 가지다. 둘째는 동맹이 훨씬 더 큰 동맹의 틀 속에 포함되는 것인데, 이로써 원래의 동맹이 매우 보잘것없게 된다. 예를 들어 자동적으로 더 많은 회원국을 거느리는 다자동맹 속에 양자동맹이 편입될 수 있다.

역사상 이전의 파트너 국가들이 통합한 경우가 많다. 폴란드왕국과 리투아니아대공국은 별개의 국가였지만 군주 겸임(personal union)에 의해 이미 동맹이 되었다. 그러나 양국은 1569년 루블린의 연합(Union of Lublin)에 의해 이제 폴란드·리투아니아연방 형태의 진짜 연합으로 결합했다. 리투아니아가 모스크바대공국과 벌인 리보니아전쟁(Livonian War)에서 패배한 것이 그 변환을 자극했다. 리투아니아의 엘리트들은 정치적 자주성을 폴란드의 군사지원과 교환했다(Bardach, 1970: 75~76). 마찬가지로 스코틀랜드와 잉글랜드가 군주 겸임에 의해 결합한 것은 1603년 스코틀랜드 왕 제임스 6세(James VI)가 잉글랜드와 아일랜드의 왕위를 계승했을 때다. 한 세기 뒤 1707년 이러한 군주 겸임이 진짜 연합이 되어 영국(Great Britain)을 형성했다. 이로써 스코틀랜드가 잉글랜드를 침공하는 프랑스를 지원할 수 없게 되었을 뿐만 아니라 스페인 왕위계승전쟁에 쓰일 자원이 대거 비축되었다(Macinnes, 2007: 277). 냉전 기간 내내 아랍연맹(Arab League)의 일부 회원국이 자신들의 범아랍주의 정체성에 입각해 새로운 연방 또는 연합국가(union state)를 창설하려고 시도했다. 이러한 통합 시도가 모두 실패했지만 예외적으로 남예멘과 북예멘이 1990년 예멘이 되었다. 유럽에서는 1999년 벨라루스와 러시아가 연합국가가 되기로 약속했지만, 양국 대통령 알렉산드르 루카셴코와 블라디미르 푸틴 간에 불량한 관계가 형성된 데다 그 제도적 성격과 정책 우선순위를 둘러싸고 깊이 대립하는 바람에 아직 별개의 국가다(Martin, 2020: 4; Gould-Davies, 2020).

변환은 또한 새 동맹이 기존 동맹보다 우선함으로써 초래될 수 있다. 물론 그런 사태가 동맹 자체의 종식을 의미하지는 않는다. 오히려 그런 사태는 일단의 국가들 사이에서 안보관계가 이루어지는 패턴을 근본적으로 바꿀 것이다. 그렇다고 새 협정의 초석이 되는 양자관계가 조금이라도 덜 중요하다는 뜻은 아니지만 말이다. 그러한 변환 사례는 양자동맹이 다자동맹 속에 포함되는 경우다. 독일과 오스트리아·헝가리는 1882년 이탈리아와 삼국동맹을 형성함으로써 양국 간 동맹을 보완했다. 영국·포르투갈 동맹이 실질적으로 다자화된 것은 1949년 양국이 나토의 창설 회원국이 되었을 때다. 1940년 오그덴스버그협약을 체결한 캐나다와 미국의 관계도 그와 똑같은 경우다. 이러한 식의 변환은 미국이 일본 및 한국과의 개별적인 동맹에 대해 오랫동안 열망해 온 것이기도 하다. 동아시아의 이들 양국은 현재 시장 지향 경제를 가진 자유민주주의 국가다. 1950년대 초 이후 양국은 각각 미국과 양자동맹을 맺고 있다. 이러한 공통점에도 불구하고 워싱턴은 그 두 조약 당사국이 서로 훨씬 더 강력한 안보관계를 형성하도록 만드는 데 성공하지 못했다. 양국은 동맹공약의 다자화 및 양국 간 기존 협력의 심화를 거부했다(Jackson, 2018a 참조). 미국의 정책결정자들에게 문제가 되는 것은 서울이나 도쿄가 워싱턴과 사이가 좋지 않을 때 자기들끼리는 잘 지낸다는 점이다(Cha, 2000).

동맹 종료의 이해는 분석적으로 중요하다

동맹이 여러 가지 이유에서 소멸할 수 있다는 것은 동맹정치에 관해 어떤 단일 요인으로 설명하는 것에 어느 정도 무리가 따름을 시사하고 있다. 군사동맹이 구체적 전략 환경 속에서 특정한 안보 도전에 대응해 수립되겠지만, 그것이 존속하는 동안 많은 일이 발생할 수 있다. 군사동맹은 나토처럼 원래의 기능을 넘어서 존속하거나 아니면 독일이 19세기 말 프랑스와 러시아를 떼어놓을 큰 전략적 필요성에서 러시아와 체결한 재보장조약(3년 만에 소멸 ― 옮긴이)의 경우처럼 주된 관심사보다 단명할 수도 있다. 각국이 위협을 억지하기 위해 동맹을 수립하겠지만, 억지력이 실패할 수 있으며 군사적 패배가 결국 동맹의 운명이 될 수도 있다. 그러나 때로는 협력이 매우 성공적이어서 협력이 협력을 부른다.

동맹 종료의 복잡성을 파악하는 것은 어느 한 요인의 설명력을 평가하는 것을 넘어서기 때문에 중요하다. 일부 논객은 특히 미국의 맥락에서 동맹의 붕괴가 더 큰 불확실성과 나아가 더 큰 분쟁을 낳을 수 있다고 주장할 것이다. 그런 주장을 하는 사람들은 트럼프의 국수주의적 언사와 그 언사가 세계 질서와 안정에 주는 함의에 관해 경보를 울렸다(Brands, 2017 참조). 일부 논객은 미국이 이른바 "전략적 파산"을 피하기 위해 외교정책과 국방정책을 모두 합리화할 때라고 주장하며 트럼프 행정부가 오래된 공약을 철회할 가능성을 환영했다. 이 견해에 의하면, 동맹 종료 이후의 분쟁 리스크가 과장되었으며 진짜로 낮다(Gholz et al., 1997). 사실, 분쟁은 동맹의 결과로 발생할 수 있다. 그리고 동맹이 종료될 때 분쟁이 발발한다고 해도 꼭 탈퇴하는 파트너가 ─ 이 경우에는 미국이 ─ 개입할 만큼 사활적 이익이 걸려 있으란 법은 없다(Posen, 2014: 34).

이처럼 양극단으로 입장이 갈리지만, 어느 관점을 평가하더라도 따르는 문제는 동맹공약이 그 자체로는 설명변수가 정말 아니라는 점이다. 달리 말하면 동맹공약은 각국의 이해관계, 종합적인 군사 균형, 평판과 무력 사용에 관한 지도자들의 신념 등과 무관하게 존재하지 않는다. 조지 리스카(George Liska, 1962: 3)의 기술에 의하면, "동맹을 언급하지 않고 국제관계에 대해 말하는 것은 불가능하다. 그 둘은 흔히 이름만 다르지 실질적으로는 융합된다. 같은 이유로 정세 분석 수준에서 동맹에 특유한 사항을 많이 언급하기는 항상 어려웠다". 설상가상으로 그런 각각의 요인들이 서로 영향을 미칠 수 있다. 동맹공약을 유지하거나 철회하는 것이 안정에 영향을 미친다고 말하는 것은 국제관계와 관련된 보다 근본적인 일부 이슈를 흐린다. 예컨대 1980년 대만과의 상호방위조약을 파기한다는 미국의 일방적 결정은 동아시아에서 전쟁을 야기하지 않았지만, 1938년 프랑스가 그 동맹국인 체코슬로바키아의 영토를 독일이 병합하도록 허용한 결정은 세계대전의 서막임이 드러났다. 전자의 사례에서 중국은 지금처럼 대만에 대한 수정주의 의도를 가졌겠지만, 대만해협을 가로질러 군사작전을 감행할 수단을 보유하지 않았다. 미국은 결국 그 조약의 파기에도 불구하고 대만에 방어용 무기를 공급할 권리를 활용했다. 이는 의도적으로 설계한 것이 아님이 확실한바, 카터 행정부가 그 섬나라를 다루는 방식에 좌절한 미국 의회가 1979년 '대만관계법'을 제정했기 때문이다(Romberg, 2003: 107). 후자의 사례에서 독일은 체코슬로바키아 등 중동부 유럽 국가에 대해 수정주의 의도를 가졌으며, 1930년대 말까지 인접국을 향해 효과적으로 휘두를 수 있는 대규모 군사력을 개발했다. 불행히도 프랑스는 국내의 여러 정치적·경제적 어려움으로 너무 약화되었고 이는 다시 그 군사력과 전의(戰意)에 영향을 미쳤으며, 악명 높은 뮌헨회의에 참석한 에두아르 달라디에(Edouard Daladier) 총리(원서의 'president'는 오기로 보임 ― 옮긴이)는 나치 독일이 제기하는 존망의 도전을 파악했음에도 불구하고 소심함이 강하게 주입되어 있었다(Butterworth, 1974 참조).

동맹공약의 종말에 대해 성공 아니면 실패로 못 박는 것은 기껏해야 오도일 뿐이다. 그런 평가는 동맹이 우선 종료되는 이유와 그 영향을 결정하는 복합적 요인들을 간과하는 것이다. 오늘날 동맹공약의 건강성을 평가할 때 이러한 관찰을 염두에 둘 필요가 있다. 일부 동맹을 위험에 빠뜨릴 수도 있는 다수의 스트레스 요인이 현존한다. 예컨대 정밀타격과 같은 첨단 기술이 성숙하고 확산되어 이제는 미국의 잠재 적국들 무기고에 추가될 수 있다(Mahnken, 2011). 동아시아에서 중국의 부상은 ― 특히 중국이 국부의 일부를 군사력으로 전환했기 때문에 ― 동맹국을 방어하는 비용이 증가했음을 의미한다. 한 국가가 억제에 수반되는 비용을 치르기보다 중국의 위협을 분산시키려는 거래를 중국과 성사시킬 수도 있는데, 이는 다시 동맹조약의 몰락 내지 종료까지 야기할 수 있을 것이다. 미국도 모종의 큰 흥정(grand bargain)을 쉽사리 시도할 수 있을 것이다. 미국의 동맹국들은 그런 큰 흥정에 자신들이 희생될 수 있음을 맞든 틀리든 우려할 것이다. 그리고 정말이지 미국은 의사결정자들이 국제 의제보다 국내의 정치 의제를 우선하기 시작함에 따라 꾸준히 내부 지향적으로 바뀌었다 ― 코로나 팬데믹의 경제적 여파가 이 과정을 가속화할 것이다. 이와 비슷한 경제적 도전과 씨름하는 다른 국가들도 동맹관계에 긴장을 가중시키는 방향으로 외교·국방 정책의 재조정을 선택할 수 있을 것이다. 일부 동맹관계가 왠지 가까운 장래에 종말을 맞이한다면, 우리는 이 결과를 낳은 여건을 검토해야 한다.

이러한 관찰은 동맹정치의 영향이 ― 동맹 종료와 관련된 것이라도 ― 결국 알 수 없는 것이고 따라서 무해할 수도 있음을 함축하는가? 꼭 그렇지도 않다. 재상 비스마르크를 해임하고 재보장조약을 갱신하지 않은 독일 황제 빌헬름 2세의 결정이 독일 대외정책 실수의 시발점이 되었다. 독일이 프랑스와 러시아를 모두 적대시하면서 결국에는 그 두 나라가 조약 동맹국으로 합쳐져 수십 년 뒤 제1차 세계대전에서 같은 편에서 싸우게 되었다. 프랑스가 나토의 군사령부 구조에서 탈퇴한 데 따른 위기로 나토는 새로운 협의 과정을 신설하고 군사·정치 전략에 관한 새로운 아이디어를 포용하게 되었다(Wenger, 2004). 대만과의 동맹을 파기한 미국의 결정이 지정학적·경제적 배당금을 지불했겠지만, 대만은 불안전하게 되었다. 약 40년 뒤에 대만해협에 대해 전략적 모호성을 유지하는 워싱턴의 후속 정책은 중국의 군사력 증강과 뿌리 깊은 대만 통일 의도에 비추어 압박을 받게 되었다. 특히 코로나 팬데믹의 여파로 중국의 정책에 대한 아우성이 높아진 가운데, 일부 논객은 이전 동맹국들 간의 안보관계 재점화를 촉구했다(Glaser et al., 2020). 동맹을 종료시키는 것과 같은 행동은 아무래도 부정적인 결과를 낳을 수 있으며, 비록 그 결과가 복잡한 경로로 전개되고 때로는 분산되더라도 부정적일 수 있다.

결론

　2008년을 특징지은 동맹정치가 미묘하면서도 상당히 치열했다면, 2020년에 전개된 동맹정치는 본능적이었고 틀림없이 유독했다. 임기 중에 논란이 많았던 도널드 트럼프 미국 대통령은 그 마지막 해에 미국의 군사동맹 다수를 뒤집을 태세로 보였다. 트럼프 행정부는 나토의 유럽 회원국들과 협의도 없이 약 1만 2000명의 독일 주둔 병력을 철수시켜 일부는 미국으로 귀환시키고 일부는 유럽 내 다른 부대와 사령부에 재배치하겠다는 의향을 발표했다. 2020년 11월 대선 기간에 공포 분위기가 감돌았다. 일부 논객은 만일 트럼프가 재선되면 훨씬 더 불안정해져서 중임 기간 중 미국을 나토에서 탈퇴시키는 대담한 조치를 취하기까지 할 것이라고 추측했다. 미군 기지 비용을 둘러싼 한국과의 협상이 여전히 말썽이었으며, 트럼프 행정부는 북한의 핵무기와 미사일 프로그램을 억제하려는 노력을 포기한 것처럼 보였다. 아베 신조와 스가 요시히데 총리 시절 일본은 트럼프를 관리하려고 최선을 다했지만, 백악관이 중국과 고비용의 무역전쟁을 치르는 와중에서 동아시아에 대해 변덕스러운 메시지를 보냄에 따라 인내심이 말라가고 있었다.

특히 백악관은 미국의 동맹국들과 파트너 국가들만 포함하는 역내 경제블록을 거부하면서도 반(反)중국 연합을 구축하려고 했다. 국방부 입장과 어긋나게 트럼프는 주둔군협정을 끝내려는 로드리고 두테르테 필리핀 대통령의 노력과 관련한 우려를 무시했다. 코로나 팬데믹을 극복하기 위한 국제협력이 자주 멈칫거린 것은 훨씬 더 큰 보호무역주의를 향한 서곡일 수 있었으며, 트럼프는 그런 보호무역주의를 아무런 망설임 없이 수용했을 터였다.

그러나 2021년 초 먹구름이 걷히고 있는 것으로 보였다. 조지프 바이든은 대선 운동 기간과 행정부 출범 초에 미국의 군사동맹과 글로벌한 동반자관계를 정비하고 강화하고 싶다는 바람을 거듭 표명했다. 바이든은 ≪포린어페어스(Foreign Affairs)≫ 기고문(2020: 65)에서 "대통령이 되면 나는 미국 민주주의와 동맹을 쇄신하고 미국의 경제적 미래를 보호하며 다시 한번 미국이 세계를 이끌도록 하는 조치를 즉시 취할 것"이라고 약속했다. 그는 취임사에서 이 점을 다시 강조했으며, 그의 내각 구성원들도 담당 부처 성명을 통해 그대로 따랐다. 로이드 오스틴(Lloyd Austin) 국방부 장관은 상원 인준을 받자마자 옌스 스톨텐베르그(Jens Stoltenberg) 나토 사무총장 외에 영국, 일본, 한국 등 동맹국 국방부 장관들과 통화했다. 앤서니 블링컨(Antony Blinken) 국무부 장관은 상원 인준청문회에서 나토 회원국 지위가 왜 러시아가 유럽 국가들을 공격하지 않았는지를 강력하게 설명한다고 긍정적으로 평가하고, 나토 기준을 충족하는 다른 국가들, 특히 조지아가 나토에 가입할 가능성을 환영했다(Prince, 2021). 2021년 6월 브뤼셀에서 개최된 나토 정상회의에서 바이든은 "나토 조약 제5조에 대한 미국의 공약은 바위처럼 단단하고 확고부동하다"라고 선언했다(백악관, 2021). 트럼프 행정부와 바이든 행정부 간의 언사 변화가 너무나 뚜렷했다.

물론 현시대의 동맹정치가 2008~2020년 기간의 좀 길고 특이한 위기에 더 이상 크게 함몰되지 않으리라는 것은 순진할 생각일 것이다. 또한 다음의 민주당 대통령이 공화당 전임자가 군사동맹을 매우 잘 관리하지 못해 세계 안보를 해쳤다고 주장하더라도 미국 군사동맹이 한 바퀴 돌아 원점으로 왔다고 생각하는 것은 순진한 발상일 것이다. 여기서 그보다 중요한 것은 지도자들이 동맹을 활성화하겠다고 약속할 때 약간의 회의론이 적실하다는 점이다 ― 지도자들의 의도가 진정으로 좋은 것은 아니라는 의미에서 가식적이기 때문이 아니라 그런 활성화에 수반되는 도전 때문에 그렇다. 각국이 외교·국방 정책상의 이익을 증진하기 위해 사용하는 수단으로서의 군사동맹은 관리하기는커녕 이해하기도 어렵다. 일국이 아무리 진지하게 글로벌한 동맹 네트워크를 재건하고 강화하려고 해도 자원 제약과 정책 우선순위가 여러 다른 방향으로 끌어당길 수 있다. 일부 동맹국은 자연히 실망하게 되고 일부 다른 동맹국은 놀랍도록 기쁠 것이다. 군사동맹이 첫 협상부터 최종 소멸까지 어떻게 작동하는지를 보면 모순이 가득하다.

이 책의 목적은 이러한 복잡성과 혼탁함을 드러내는 것이다. 국제안보를 연구하는 우리의 이론과 개념은 복잡하기 마련인 현실 세계를 따라가기보다 단순화하기를 열망한다. 그러나 이론적 엄격함과 인색함을 추구하는 이 분야에서, 그러한 지배적 개념들은 점차 중대한 뉘앙스를 얼버무리고 모순된 예측을 낳으며 중요한 국외자를 무시한다. 그 결과, 정책결정자들과 동맹 지도자들은 오늘날 점차 복잡하고 변화무쌍한 환경을 헤쳐나가려고 할 때 그 개념들로부터 큰 도움을 받지 못한다.

서론에서 언급된 동맹정치에 관한 통설들을 여기에서 다시 검토해보자.

통설 1: 각국은 세력균형을 위해 또는 타국에 대한 영향력을 갖기 위해 동맹을 형성한다.

일련의 직관적인 설명에 의하면, 각국은 위협에 직면해 세력균형을 이루는 수단으로서 또는 타국에 대한 영향력을 가지는 수단으로서 군사동맹을 형성한다. 특별히 이 통설에는 여러 가지 문제점이 있다. 첫째, 공유된 위협이 중대하더라도 각국으로 하여금 군사동맹을 형성하도록 촉발하는 경우는 그리 많지 않다. 둘째, 그러한 목표 – 세력균형과 억제 – 가 반드시 성문 조약을 필요로 하지는 않는다. 이러한 문제점을 아는 일부 학자는 문서화된 동맹이 공약을 위반할 때 입게 될 평판 비용을 낳으며, 따라서 동맹국과 적국 모두에게 보내는 억지 신호를 강화한다고 주장한다. 그러나 수정된 이 주장 자체가 새로운 물음을 제기한다. 동맹공약을 위반하는 것이 예를 들어 국익에 부합한다면, 그 위반이 정말로 그토록 대가가 큰 것인가? 억지력 신호의 강도가 국익, 정치 지도자, 가용 자원 등이 모두 변함에 따라 장기적으로 약화되는 것 아닌가?

제1장에서 논의되었듯이 동맹공약의 문서화가 도움이 되는 것은 명료성을 제공할 뿐만 아니라 아이러니하게도 모호성도 허용하기 때문인데, 그 모호성은 각국이 계획대로 일이 진전되지 않을 경우에 약속을 철회할 수 있을 정도다. 공동의 이해관계는 동맹 형성에 필수지만 불일치도 필수인데, 동맹조약이 이 어려운 일을 해내며 적어도 시도한다. 실로 각국이 특정 시점에서 정확히 무슨 목적, 행동, 정책을 추진할 것인지에 관해 합의하는 경우는 매우 드물 것이다. 이러한 관찰에서 나오는 자연스러운 질문으로, 왜 체결되지 않은 군사동맹이 더 많은가? 그 질문 자체가 핵심을 짚은 것인바, 동맹조약 체결 결정은 결국

지도자들이 그런 협정의 편익, 비용, 리스크를 어떻게 인식하는지에 달려 있다. 이러한 인식은 충분한 공조를 이루어야 한다. 위협 공유와 같은 어떤 요인은 각국이 동맹조약을 체결하도록 만들 확률이 높지만, 실제의 체결 결정은 특이할 것이다. 수학 공식처럼 깨끗한 체결 공식은 없다.

하나의 예를 들자면, 1990년대 이후 러시아와 중국이 상호 군사협력을 상당히 제고함으로써 한 논객은 양국이 "동맹 직전"이라는 결론을 내리게 되었다(Korolev, 2019). 양국 지도자들은 공통적으로 반민주적인 충동을 보유하고 있고, 미국과 미국의 대외정책 선택을 근본적으로 싫어한다. 그러나 양국은 또한 동맹을 형성하기에 한참 미달하는 단계에서 멈추었다. 아마도 이러한 거부감은 양국이 모두 인접국들과 여러 영토 분쟁을 벌이고 있는 상황 때문일 것이며, 따라서 체결하자마자 거추장스럽게 느껴질 문서화된 동맹을 맺기 어려울 것이다. 같은 이유에서, 나토가 조지아나 우크라이나를 곧바로 환영하지는 않을 것인바, 이는 현재 러시아와 영토 분쟁을 벌이고 있는 양국의 가입이 자동적으로 제5조에서 규정한 상황을 초래할 수 있기 때문이다. 그럼에도 이 점을 과장해서는 안 되는바, 진행되고 있는 영토 분쟁이 다른 동맹의 형성을 막은 사례가 과거에 없었다. 냉전 초기에 서독, 일본, 한국, 대만이 미국과 방위조약을 체결했을 때 모두 영토 분쟁을 벌이고 있었다. 북한이 1961년 중국 및 러시아와 동맹조약을 체결했을 때도 마찬가지였다. 각국의 동맹 형성을 고무하는 것은 충돌 예상이며, 전 세계의 충돌 대부분이 주로 영토 문제라는 점은 놀랄 일이 아니다. 모스크바와 베이징이 동맹을 체결하기 위한 필요조건이 무엇인지는 불만스럽게도 아직 분명하지 않다.

통설 2: 동맹 딜레마는 모든 군사동맹이 지닌 근본적 문제다.

동맹정치에 관한 논의에서 흔히 들리는 두 번째 상투어는 동맹 딜레마가 매우 고질적이라는 것이다. 폭넓은 공약은 동맹국에게 그것이 없을 때에 비해 더 공격적으로 행동할 비뚤어진 유인을 제공하고 따라서 수호국에 옭힘 리스크를 안긴다. 그러나 그 공약을 약화시키는 것은 유기 우려에 불을 지핌으로써 이번에는 조바심치는 동맹국이 동맹과 지역안보를 불안정하게 만들 수 있는 극적인 외교·안보 정책을 추진할 수 있다. 그래서 딜레마인데, 상충관계가 불가피하며 의사결정자가 선택할 수 있는 것은 나쁜 옵션뿐이다.

각각 옭힘과 유기를 검토한 제2장과 제3장은 더 자세히 살펴보면 딜레마가 실제로는 그다지 딜레마가 아님을 밝혔다. 첫째, 학자들이 다양한 출처에서 나오는 옭힘 리스크를 식별했다. 이 리스크는 동맹조약 자체, 공격·방어 균형과 양극성 같은 시스템 요인, 평판 우려, 초국가적 이념 네트워크 등과 관련될 수 있다. 이러한 리스크 요인이라는 것들도 일부는 서로 모순된다. 예컨대 강대국이 둘만 존재할 때 세력균형을 깨드릴 수 있는 동맹국은 없기 때문에 옭힘이 양극체제하에서는 매우 드물기 마련이다. 일부 학자들의 주장에 의하면, 미국 지도자들이 냉전 기간에 미국의 국가적 평판에 집착했으며 이는 양극체제에도 불구하고 옭힘 리스크를 증가시켰다. 가장 난폭 운전자처럼 행동한다는 국가 — 예컨대 이스라엘 — 는 어떠한 동맹공약도 갖지 못한 국가라고 상정하는 학자들도 있는데, 이론상으로는 동맹공약을 갖지 못한 국가가 가진 국가보다 훨씬 덜 난폭해야 한다. 이러한 주장들은 약소국이 동맹국인 강대국을 기만할 수 있다는 것을 함축하기 때문에 그 내재적 논리가 의심스러울 수 있다. 강대국이 공약을 완화하고 나아가 인지된 옭힘 리스크를 관리하기 위해 정확한 언어, 조약상 빠져나갈 구멍, 조건 설정 등을 고집할 수 있을 때, 어떻게든 약소국은 강대국보다 더 많은 방편을 가질 수 있다.

둘째, 동맹국이 어떤 안보 위협에 직면할 때 유기 우려는 자연스럽다. 그 동맹국은 조약 파트너로부터 절실한 지원을 받을 것이라고 결코 확신할 수 없다. 이해관계가 결코 완전히 일치하지 않는 것은 특히 다른 나라를 위해 싸우는 것이 파괴적이기 때문이다. 그러나 유기 우려는 그 강도가 다양하다. 각국이 안보 상황을 개선하기 위해 극적인 외교·안보 정책 변경이 마땅할 정도로 유기 우려가 항상 큰 것은 아니다. 유기 우려에 입각해 행동하는 것도 예를 들어 적대국의 핵무기 프로그램 또는 협상과 관련해 대가가 클 수 있다. 그래서 각국은 동맹국들과 이해관계가 겹치는 정도, 종합적인 군사력 균형, 자국의 작전지역 안팎에 동맹국들이 군사자산을 배치하고 있는지 여부 등에 비추어 자국이 받은 안전보장을 평가한다. 물론 동맹의 신뢰성은 항상 제한적일 것이다. 현시대 일부 동맹은 대규모 영토 침공을 억지하는 데는 매우 성공적이지만, 미라 랩-후퍼(2020)가 말하는 "경쟁력 있는 강압"을 제고하는 보다 미묘한 형태의 침공에 대해서는 덜 효과적이라는 문제점을 지니고 있다. 그러한 위협의 본질상, 그 위협을 무력화할 수단을 개발하는 것은 표적이 된 국가 스스로의 책임일 것이다.

간단히 말해서 강도의 차이는 있더라도 옭힘 우려는 완화될 수 있으며 유기 우려는 항상 존재한다. 동맹국과 그 수호국이 고도로 수렴되는 이해관계를 갖고 있고 공동의 적국에 대해 비슷한 태도를 공유한다면, 옭힘과 유기에 관한 우려가 모두 최소한일 것이다. 이해관계와 태도가 뚜렷하게 어긋나면 딜레마가 일반적으로 존재한다.

통설 3: 미국의 동맹국들은 공동방위 부담의 공정한 분담을 위해 더 기여해야 한다.

아마도 헤드라인에 가장 많이 등장하는 동맹 문제는 부담분담과 관련될 것이다. 트럼프 대통령은 한국에 대해 미군 기지 비용을 더 많이 충당하도록 요구하는 한편 국내총생산의 2퍼센트를 방위비로 지출하지 않는 나토 회원국들을 크게 책망했다. 그는 그들 모두를 무임승객이라고 불렀다. 방위지출의 증대를 요구하는 직관적 이유는 매우 분명하다. 즉, 동맹국들이 자국 군대에 더 많이 지출하면 동맹 전체가 더 강력해질 것이고 미국으로서는 그 역량 부족을 몽땅 혼자서 메우지 않아도 될 것이다. 동맹국들 스스로도 적국에 비해 더 강해짐으로써 이득을 볼 것이다.

제4장은 방위지출과 동맹안보 사이의 관계가 단선적이지 않음을 보여준다. 첫째, 무임승차 관념은 각국이 위협에 비해 과소 지출해도 될 만큼 충분히 안보 공약을 믿고 있음을 상정한다. 그런 믿음이 비합리적인 경우는 특히 각국이 중대한 위협에 직면해 있고 수호국은 그들을 구조할 진정한 책무를 지지 않고 있을 때다. 둘째, 각국은 핵 억지력에 비추어 방위지출 증대는 기껏 불필요하거나 심지어 동맹안보를 저해할 리스크가 있다고 결론지을지도 모른다. 냉전 기간에 일부 동맹국은 핵전쟁 방지가 동맹의 중점일 때 재래식 군사력에 대한 투자는 핵전쟁을 불사하겠다는 신호를 보내는 것이라는 견해를 취했다. 실로 냉전 시대 동맹은 대체로 이전의 역사상 기준보다 오래 존속하게 되었다. 이러한 장수는 각국이 어떻게 자원을 자국 군대에 배분해야 하는지와 관련해 모순된 유인을 낳았다. 재래식 군사력을 만드는 것은 오늘날 그에 수반되는 기술, 조직, 개인기량 면의 복잡성 때문에 더욱 어렵게 되

었다. 각국은 다른 동맹국과 적대국에 뒤지지 않기 위해 군사지출을 계속하고 싶을 것이다. 그럼에도 동맹이 억지력을 발휘하고 핵무기가 궁극적인 억지력을 제공한다면, 고강도 충돌의 확률이 떨어지며 각국은 군대에 투자할 필요성을 덜 느낄 것이다. 2퍼센트 가이드라인은 나토가 방위 기여를 평가하기가 너무 어렵기 때문에 채택한 경험적 발견(a heuristic)이며 그 이상도 그 이하도 아니다.

통설 4: 군사동맹은 역량을 총합하며 따라서 회원국들이 안보 도전에 더욱 효과적으로 대처하게 만든다.

또 다른 통설은 동맹이 역량을 총합하며 이것이 동맹을 더 효과적인 군사조직으로 만든다는 것이다. 이 주장은 세력균형이 각국이 동맹에 서명하게 되는 주된 동기라는 첫 번째 통설과 연관된다. 역량총합 모델의 문제점은 간단히 말해서 군사동맹 — 또는 보다 구체적으로 연합 — 회원국들이 작전 과정에서 많은 어려움에 봉착할 수 있다는 점이다. 방위지출과 동맹안보 간의 관계가 단선적이지 않듯이, 동맹 참가와 군사적 효과성 간의 관계도 불확실하다. 사실, 역사 기록을 보면 대부분의 다국적 군사작전의 특징은 조약 당사국들이 공식 동맹관계가 없는 국가들과 함께 협력하는 것이다.

제5장은 다국적 군사작전을 벌이는 국가들의 연합에서 많은 분규가 발생할 수 있음을 보여준다. 전략적 수준에서, 각국은 서로 다른 정치적 목적을 위해 협력하거나 참여 결의의 강도가 서로 다를 수 있는데, 이 때문에 각국이 임무에서 이탈할 수도 있다. 조직적 수준에서, 연합 참가국들은 지휘·통제 방식에 합의해야 한다. 일부 국가는 자국 주권을 빈틈없이 보호하고 나아가 작전 과정에서 독자적인 방식을 선택함

으로써 다른 국가와 마찰을 일으킬 수 있을 것이다. 그러한 국가는 자국 군대의 지리적 작전구역, 준수할 교전규칙 등과 관련해 자국 군대의 활용 방안에 대해 단서를 붙일 수도 있다. 기술적 수준에서, 연합 참가국들은 번거로운 보급망뿐만 아니라 표준화된 장비의 부족으로 고생할 수 있다. 통신 문제와 기동력 과제도 효과성을 저해할 수 있다. 역량총합 모델은 정밀한 검토를 배겨내지 못한다. 그렇긴 하지만 두려움에 찬 많은 국가들이 조약 동맹 불가입보다 가입을 선호하는 것은 전시에 결국 아무리 불완전한 동맹이 되더라도 그 동맹이 합동의 군사적 효과성을 제고할 기회를 훨씬 더 많이 제공하기 때문이다.

통설 5: 군사동맹은 그 출현을 초래한 전략적 환경이 유지되는 동안만 유용할 뿐이다.

현실주의 학파는 각국이 특정한 환경에서 자국의 이익이 증진되는 한도에서만 동맹을 유용하게 볼 것이라는 견해를 취한다. 그런 환경이 변하면 군사동맹이 쓸모없게 될 것이고 각국은 새로운 문제를 처리하기 위해서 군사동맹을 대신하는 새로운 채비를 사용할 것이다. 1848년 영국 총리 파머스턴 경(Lord Palmerston)이 말하기를, "우리에게는 영원한 동맹국이 없으며, 영속적인 적국도 없다. 우리의 이해관계는 영원하고 영속적이며, 그런 이해관계를 추구하는 것이 우리의 의무다". 이러한 견해는 균형을 강조하는 주장에서 자연스럽게 비롯되는바, 위협에 맞서거나 세력균형을 위한 동맹은 상황이 요구하는 동안에만 존속할 것이다.

이 견해는 적어도 두 가지 이유에서 맞지 않다. 첫째, 각국은 동맹을 낳게 한 특정한 환경을 넘어서 동맹이 유용하다고 본다. 파머스턴 경도 다른 기회에 "입헌국가"는 영국의 "자연스러운" 동맹국임을 인정했다(Cannadine, 2017: 184에 인용됨). 이러한 관찰과 관련된 두 번째 이유로, 동맹은 다양한 방식으로 그 종말을 맞이할 수 있다. 제6장에서 상술했듯이, 동맹은 다섯 가지 방식으로 종료될 수 있다. 첫 번째는 동맹이 핵심 임무를 성취한 후에 해산하는 것이다. 이 특별한 결과가 드문 것은 성공적 협력은 더 큰 협력을 부르기 때문인데, 특히 동맹이 발전시킨 제도적 자산이 미래의 안보 도전에 대처하는 데 유용한 데다 너무 아까워서 버릴 수 없을 경우에는 더욱 그럴 것이다. 동맹이 끝나는 두 번째는 전장에서의 군사적 패배다. 세 번째는 동맹의 몰락이다. 어떤 상황에서는 동맹을 명시적으로 종료시키는 것이 일국의 지도부에 너무 해로울 수 있으며 따라서 그 지도부는 안보협정이 점차 약화되어 '좀비'가 되도록 방치한다. 네 번째는 거부하는 국가가 그러한 걸림돌도 없이 일방적으로 동맹을 파기하는 경우인데, 아마도 이전 적국의 협력을 확보하는 데 진정한 관심이 있음을 보여주려는 목적일 것이다. 동맹이 종료할 수 있는 다섯 번째 방식은 변환이다. 이 경우에는 동맹이 다른 제도 속에 통합됨으로써 동맹이 살아 있어도 눈에 띄지 않는다. 이러한 결말의 일부는 핵심 문제가 지속되는 동안에만 동맹이 존속한다는 현실주의 견해와 일치하는 것이 분명하다. 그러나 때로는 동맹이 해결하려던 문제가 동맹 자체보다 더 오래간다.

21세기의 군사동맹과 세계 질서

기능장애는 동맹정치의 일시적 증상이 아니라 항구적 특성이다. 동맹정치는 다양한 군사 강국들의 상호작용을 수반하고 공동의 - 꼭 동일하지는 않은 - 안보 관심사를 처리하려는 확고한 정치적 의지를 수반한다. 동맹정치는 특히 리스크가 클 수 있기 때문에 종종 감정적이다. 일국이 1939년의 폴란드처럼 극적인 운명을 겪는 경우는 매우 드문 일이지만, 일반적으로 각국은 독립, 주권, 영토보전을 소중히 여긴다. 적국이 가하는 물리적 위해나 정치적 협박에 잠재적으로 노출되는 것은 다양한 감정을 촉발할 수 있다. 예를 들어 적국이 자국의 소중한 것을 장악할 수 있다는 두려움, 적국 군대가 자국 국민에 대해 군사력을 사용할 수 있을 것이라는 불안감, 동맹국의 거중조정(居中調停)이 아무리 옳더라도 그 배신에서 밀려오는 분노, 지원에 대한 높은 기대가 어긋났음을 인식할 때 느끼는 씁쓸함, 결국에는 더 이상 어찌할 도리가 없다고 체념할 때의 비참함 등이다. 이러한 감정은 모두 그 자체로 해롭기 때문에 동맹정치는 이를 가급적 피하거나 적어도 완화하는 것에 주력한다.

동맹정치에 관한 이러한 견해는 일반적인 인식과 대조된다. 많은 사람이 흔히 군사동맹에 관해 생각하는 것은 협력, 단결, 합동성(jointness), 의기투합 등이 대표적이다. 이런 가치가 중요함은 물론인바, 동맹은 협력을 촉진하는 역할을 하고 내부 단결을 과시하기 위해 조치를 취하며, 동맹 회원국들은 함께 작전을 수행할 때 합동성 성취를 갈망하고 적어도 여러 핵심 정책 차원에서 뜻이 맞는다. 그러나 현시대의 국제관계에서 무정부상태와 현대성이 낳은 문제들이 안보 필요성을 가중시켰다. 이해관계, 우선순위, 위협 평가에서의 차이는 알력을 불가피하게 만들며, 특히 동맹국들의 목표가 일차적으로 군사동맹을 형성할 만큼 충분히 비슷할 때 그렇다.

이러한 종류의 알력이 국제정치의 심층 추세에 비추어 앞으로 많은 동맹관계에 영향을 미칠 것이다. 나토의 방향을 둘러싼 논쟁이 지속될 것인바, 예를 들어 러시아를 어떻게 다루어야 하는지, 중국을 어떻게

할 것인지 또는 기후변화, 팬데믹, 중동과 북아프리카의 불안정 등과 같은 비전통적 도전을 어떻게 다룰 것인지 등의 문제가 있다. 특히 그러한 도전이 증가함에 따라 부담분담 논쟁도 마찬가지로 지속될 것이다. 그러나 이러한 원심력 작용에도 불구하고, 나토는 회원국들에게 가치가 클 핵심 제도적 자산을 계속 유지할 것이다. 나토 내 일부 국가 그룹이 자체 관점에 따른 특정 과제에 착수하면서 이 동맹의 분화가 거듭된다면, 나토는 계속해서 그런 활동에 다자주의 외피를 제공하고 복잡한 이슈에 대한 폭넓은 협력을 허용할 것이다. 다른 지역에서는 중국의 부상이 과거에는 연결되지 않았던 국가들이 더욱 긴밀한 관계를 형성하도록 부추기고 있는데, 호주·인도·일본·미국 간 쿼드가 바로 그런 경우다. 비록 그렇게 긴밀해진 관계가 새로운 군사동맹을 낳더라도 그들의 안보 요구(needs), 지리적 노출, 정치체제, 지도자들 신념 등의 편차로 인해 의사결정의 여러 단계에서 협력하기 쉽지 않을 것이다. 이 것은 미국이 일본, 필리핀, 한국, 태국과 맺고 있는 기존의 양자동맹에서 이미 현실이다.

미국은 변덕스러운 파트너로 남을 것이다. 미국이 변덕스러운 구조적인 이유는 분명한바, 워싱턴이 국제체제의 다른 구성원에 비해 국력(power) ― 어떻게 정의하든 ― 점유율이 상대적으로 줄었음에도 불구하고 전 세계에 걸쳐 공약을 유지하고 있기 때문이다. 이 점을 과장할 필요가 없는 것은 확실하다. 각 시대별로 나름의 도전이 등장하며, 지배적 기술 수준에 따라 그런 도전이 뚜렷할 경우도 있다. 미국이 군사력과 경제력의 우세를 보인 냉전 초기, 미국의 조약 동맹국들은 소련, 중국, 북한과 무력충돌 위기가 발생할 경우 정말로 미국의 지원을 받을 것인지에 대해 의심을 품었다. 당시 그런 문제의 일부는 핵무기와 미사일을 가져온 획기적 기술 변화를 어떻게 다룰 것인지의 불확실성이었다. 핵무기 사용에 수반될 엄청난 전쟁 비용을 감안할 때, 많은 국가가 - 미국의 역량과 독트린에 대해 처음에는 무지했지만 - 워싱턴이 정말로 자기들 편에서 싸울지 여부를 의심하는 가운데 적국의 군사력에 대해 몹시 취약하다고 느꼈다.

그러한 불확실성은 오늘날에도 존재한다. 확장 핵 억지력에 관한 현행의 우려는 차치하더라도, 신생 기술이 침공 길을 더욱 넓힐 것이고 적국이 넘을 수 있는 전쟁 문턱에 관한 일반적 관념에 그 기술이 도전할 것이다.

미국의 내부 결속이 문제를 더욱 어렵게 만든다. 트럼프의 2016년 대선 운동과 재임으로 인해 찬물을 뒤집어쓴 사람은 가끔 동맹국의 이해관계와 어긋나는 정책을 채택함에도 안정성과 어느 정도의 예측가능성을 보이는 미국 행정부에 오랫동안 익숙해진 이들이었다. 트럼프는 와일드카드 성격이 너무 강했는데, 미숙한 지도자로서 그는 국수주의 언사에 매달리면서도 여러 정책적 입장 사이에서 오락가락함으로써 국제사회의 오랜 파트너들과 자기 행정부 인사들을 모두 당황스럽고 곤란하게 만들었다. 트럼프의 2020년 대선 패배에도 불구하고, 그가 구현한 성난 대중영합주의(populism)는 오래 남아 더 유능한 정치인이 이용할 것이다. 그런 지도자가 대통령이 될 수 있을지 여부는 의문이지만, 어느 의미에서는 핵심을 벗어난 질문일 것이다. 역사적인 트럼프 시대 - 2021년 1월 6일 의사당 난입 사건으로 막을 내림 - 는 양극화 심화, 민주주의가 퇴보할 잠재성, 미국 국내 정치에서 흐르고 있는 난기류 등을 부각시켰다. 그리고 정말이지 2008년 금융위기가 미국의 전략적 파산에 관해 의심을 낳았다면, 코로나 팬데믹의 여파로 그러한 우려가 증폭될 수 있다. 간단히 말해서 미국이 자체 문제에 너무 사로잡힌 나머지, 꾸준한 지도자가 집권하더라도 미국의 지원을 기대하는 동맹국들이 느끼는 안도감은 제한적일 뿐이다.

그러나 안전보장국으로서 미국의 가치에 관해 너무 비관하지 않을 이유들이 있다. 첫째, 동맹이 미국의 안보 이익에 이로울 수 있다는 견해에 트럼프가 동조한 적이 없음에도 불구하고, 미국의 동맹들은 트럼프 대통령 4년에서 살아남았다. 물론 우리는 트럼프가 연임에 성공했을 때 무슨 일이 발생했을지 알 수 없다. 어떤 관계가 파기되었을 것이라는 것은 가능하다. 그러나 누가 백악관의 주인이 되든지 미국이라는 국가 자체가 강하다. 예컨대 중국과 러시아가 제기하는 인지된 위협을 제압하는 것에 대해 의회 내에서 비교적 강력한 초당적 지지가 존재한다. 트럼프 대통령 재임 중 행정부 내에서도 그러한 우려와 관련한 최선의 대응 방안을 둘러싸고 동맹관계를 함축하는 독자적 견해를 견지한 여러 분파가 있었다(Rogin, 2021). 둘째, 그처럼 변덕스러운 지도자 밑에서 일부 동맹관계는 잘 버티고 일부는 그러지 못함으로써 중요한 차이가 있었다. 예를 들어 트럼프 행정부 시절에 폴란드는 후임 행정부와의 관계에서 약간의 리스크를 안고서 군사적·정치적 수준에서 미국과 관계를 개선했다(Lanoszka, 2020a). 반면에 독일과 같은 다른 나라는 급격한 관계 악화를 겪었다. 이것은 부분적으로 각국 정부의 이해관계와 가치관이 상호보완적인 정도에 차이가 있었기 때문일 것이다. 이러한 편차는 놀랍지 않은바, 앞서 논의한 대로 각국은 정치적 견해 차이를 알고 따라서 이해관계가 결국 충돌한다는 것을 예상하기 때문에 동맹조약을 체결한다. 셋째, 특히 코로나 이후 시대에 미국이 그러한 안보 사안을 처리하기 위해 어떻게 지리적 관심과 군사 자원을 배분할 것인지에 관해 질문이 아주 많겠지만, 그런 질문이 전혀 새로운 것은 아니다. 동맹국들이 이런 문제를 못 보지 않는다. 트럼프 행정부는 중국을 주된 위협으로 보면서 유럽에 제공할 수 있는 것과 동아시아에서 할 수 있는 것 사이의 잠재적 상충관계를 다소 부각시켰을 것이다. 그러나 냉전 기간 중에도 미국의 동맹국들은 워싱턴이 어느 지역에 번갈아서 우선순위를 두는지 보았는데, 예를 들어 관심과 자원이 유럽에서 베트남전쟁으로 전환되었다. 게다가 동맹국들이 어느 지역에 위치하든 진정으로 적국을 두려워한다면 미국의 행동과 관계없이 자체 군비활동으로 동맹을 보완할 것이다. 그럼에도 미국으로서는 유럽과 동아시아에서 — 주로 다른 강대국에 의한 지배를 막기 위해서 — 지속적인 이해관계를 가지고 있으며 따라서 양 지역에 일정 수준의 군사적·정치적 관여를 유지할 강력한 유인을 가지고 있다. 트럼프 행정부조차 이 전략을 추구했다.

미국에 관해 다소 낙관할 만한 또 다른 이유는 미국이 문제를 안고 있지만 중국과 러시아도 여러 문제를 안고 있다는 점이다. 중국의 부상과 관련해 불가피한 것은 없으며, 미국은 중국과 일종의 대타협을 타결함으로써 자신의 동맹을 훼손하면서까지 중국의 등장에 순응할 필요는 없을 것이다(Beckley, 2018). 경제 둔화, 인구 위기 도래, 권위주의 강화, 환경 악화 등은 베이징이 워싱턴의 진정한 동급 경쟁자가 될 잠재력을 제한할 것이다. 현재까지 중국은 조약 동맹국이 하나 — 북한 — 밖에 없으며 동맹국을 추가할 수 없을 것 같다. 물론 토머스 크리스텐센(Thomas Christensen, 2001)이 언급한 대로, 중국은 그 역량 제고와 정치적 목표에 비추어 미국을 따라잡지 않고도 문제를 일으킬 수 있다. 이러한 관측은 여러 가지 제약에 직면한 러시아에도 똑같이 적용된다. 경제 면에서 러시아의 성장은 빈혈 상태이며 천연가스와 석유에 지나치게 의존한다. 정치 면에서 러시아 지도부는 자국민을 더 두려워하게 되었으며 따라서 블라디미르 푸틴 치하에서 더 독재화되었다. 러시아의 동맹국 대부분이 권위주의 체제이며 중앙아시아에 위치한다. 단 하나의 예외인 아르메니아는 부분적 자유국가인데, 인접한 아제르바이잔과 벌이고 있는 분쟁에서 러시아의 지원을 받아내는 데 실패하고 말았다. 미국이 유럽에서 신뢰할 수 없는 안전보장국으로 보일지 모르지만, 러시아도 거대 국가는 아니다. 이러한 낙관론에 힘을 보태는 매슈 크로니그(Matthew Kroenig, 2020)의 관찰에 의하면, 독재국가는 민주국가와 강대국 경합을 벌일 때 불리한 입장인데, 이는 특히 독재국가가 잠재적 파트너 국가를 쫓아버리고 장기간 혁신에 몸부림치는 경향이 있기 때문이다. 민주국가도 의당 퇴보할 수 있지만 독재국가는 그냥 실패한다.

중국과 러시아가 미국과 그 동맹국·협력국에 대응해 자신들의 부족함을 메우고 자강하기 위해 훨씬 더 긴밀한 관계를 형성할 수 있다. 그러나 양국이 동맹공약을 문서화하더라도 그런 조약이 중·장기적으로 외교적 상호관계에 안정성을 보장하지는 않을 것이다. 모스크바와 베이징이 1950년대 초 상호방위조약을 체결했지만 10년도 안 되어서 공개적 다툼을 벌이고 심각한 국경충돌이 발생했다. 미국의 동맹들이 비교적 공개적이고 투명한 정치체제를 가진, 크고 작은 민주국가들로 대체로 구성되어 있어 기능장애를 겪기 쉽지만, 중·러 양 강대국은 폐쇄적 독재체제, 비교적 큰 군대, 수정주의 의도 및 상이한 정치적·경제적 목표를 가지고 있어 미국의 동맹들 못지않게 서로를 불신하기 쉽다. 중국과 러시아가 공식 동맹을 체결한다면 확실히 큰 사건이겠지만, 그 결과로 생기는 동반자관계는 결코 일체적이지 않을 것이다. 그 동맹은 미국과 그 동맹국들에게 안보협력을 훨씬 더 강화할 필요성을 가중시킬 것이고, 이는 다시 원하지 않는 충돌 리스크를 높임으로써 모스크바와 베이징 사이에 균열을 일으킬 수 있을 것이다.

우리가 이러한 관측을 내놓으면서 러시아의 위대한 작가 레오 톨스토이(Leo Tolstoy)가 소설 『안나 카레니나(Anna Karenina)』를 시작한 구절을 소환하자면, "행복한 가정은 모두 비슷하다. 모든 불행한 가정은 그 나름으로 불행하다". 공식 군사동맹이 가정이라면 — 필자는 군사동맹을 법률혼에 비유한 바 있음 — 톨스토이의 명구는 전혀 맞지 않는다. 행복한 동맹 같은 것은 없으며, 모든 동맹이 어느 정도 그 나름으로 불행하다.

참고문헌

Abadi, J. 2019. "Saudi Arabia's rapprochement with Israel: The national security imperatives." *Middle Eastern Studies*, 55(3), pp. 433~449.

Alexander, M. S. 1992. *The republic in danger: General Maurice Gamelin and the politics of French defence, 1933~1940.* Cambridge: Cambridge University Press.

Alic, J. A. 2007. *Trillions for military technology: How the Pentagon innovates and why it costs so much.* New York: Springer.

Altman, D. 2020. "The evolution of territorial conquest after 1945 and the limits of the territorial integrity norm." *International Organization*, 74(3), pp. 490~522.

Asoni, A., A. Gilli, M. Gilli and T. Sanandaji. 2020. "A mercenary army of the poor? Technological change and the demographic composition of the post-9/11 US military." *Journal of Strategic Studies*, 45(4), pp. 1~47.

Auslin, M. 2016. "Japan's new realism: Abe gets tough." *Foreign Affairs*, 95(2), pp. 125~134.

Bardach, J. 1970. "L'union de Lublin: Ses origines et son rôle historique." *Acta Poloniae Historica*, 21, pp. 69~92.

Barnett, M. N. and J. S. Levy. 1991. "Domestic sources of alliances and alignments: The case of Egypt, 1962~73." *International Organization*, 45(3), pp. 369~395.

Becker, J. 2017. "The correlates of transatlantic burden sharing: Revising the agenda for theoretical and policy analysis." *Defense & Security Analysis*, 33(2), pp. 131~157.

Becker, J. and E. Malesky. 2017. "The continent or the 'grand large'? Strategic culture and operational burden-sharing in NATO." *International Studies Quarterly*, 61(1), pp. 163~180.

Beckley, M. 2015. "The myth of entangling alliances: Reassessing the security risks of US defense pacts." *International Security*, 39(4), pp. 7~48.

_____. 2018. *Unrivaled: Why America will remain the world's sole superpower.* Ithaca, NY: Cornell University Press.

Beissinger, M. R. 2002. *Nationalist mobilization and the collapse of the Soviet State.* Cambridge: Cambridge University Press.

Belkin, P., D. E. Mix and S. Woehrel. 2014. "NATO: Response to the crisis in Ukraine and security concerns in Central and Eastern Europe." *Congressional Research Service*, R43478.

Bensahel, N. 2007. "International alliances and military effectiveness: Fighting alongside allies and partners." in R. A. Brooks and E. A. Stanley(eds.). *Creating military power: The sources of military effectiveness*, pp. 187~206. Stanford, CA: Stanford University Press.

Benson, B. V. 2012. *Constructing international security: Alliances, deterrence, and moral hazard.* Cambridge: Cambridge University Press.

Berger, T. U. 1998. *Cultures of antimilitarism: National security in Germany and Japan.* Baltimore, MD: Johns Hopkins University Press.

Berkemeier, M. and M. Fuhrmann. 2018. "Reassessing the fulfillment of alliance commitments in war." *Research & Politics*, 5(2), pp. 1~5.

Biddle, S. D. 2004. *Military power: Explaining victory and defeat in modern battle.* Princeton, NJ: Princeton University Press.

Biden, J. R. 2020. "Why America must lead again: Rescuing US foreign policy after Trump." *Foreign Affairs*, 99(2), pp. 64~76.

Bluth, C. 1995. *Britain, Germany and Western nuclear strategy.* Oxford: Clarendon Press.

Bow, B. 2009. "Defence dilemmas: Continental defence cooperation, from Bomarc to BMD." *Canadian Foreign Policy Journal*, 15(1), pp. 40~59.

Bowers, I. and H. S. Hiim. 2020/21. "Conventional counterforce dilemmas: South Korea's deterrence strategy and stability on the Korean peninsula."

International Security, 45(3), pp. 7~39.

Brands, H. 2017. "US grand strategy in an age of nationalism: Fortress America and its alternatives." *The Washington Quarterly*, 40(1), pp. 73~94.

Braumoeller, B. F. 2019. *Only the dead: The persistence of war in the modern age*. New York: Oxford University Press.

Brawley, M. R. 2004. "The political economy of balance of power theory." in T. V. Paul, J. J. Wirtz and M. Fortmann(eds.). *Balance of Power: Theory and Practice in the 21st Century*, pp. 76~101. Stanford, CA: Stanford University Press.

Brigham Young University Library. 2020. *The World War I Documentary Archive*. https://wwi.lib.byu.edu/index.php/Main_Page.

Brooks, R. A. 2007. "Introduction: The impact of culture, society, institutions, and international forces on military effectiveness." in R. A. Brooks and E. A. Stanley(eds.). *Creating military power: The sources of military effectiveness*. Stanford, CA: Stanford University Press. pp. 1~26.

Brooks, S. G. and W. C. Wohlforth. 2008. *World out of balance: International relations and the challenge of American primacy*. Princeton, NJ: Princeton University Press.

_____. 2016. *America abroad: The United States' global role in the 21st century*. New York: Oxford University Press.

Bunce, V. 1985. "The empire strikes back: The evolution of the Eastern Bloc from a Soviet asset to a Soviet liability." *International Organization*, 39(1), pp. 1~46.

Bury, P. 2017. "Recruitment and retention in British Army reserve logistics units." *Armed Forces & Society*, 43(4), pp. 608~631.

Buszynski, L. 1981. "SEATO: Why it survived until 1977 and why it was abolished." *Journal of Southeast Asian Studies*, 12(2), pp. 287~296.

Butt, A. I. 2019. "Why did the United States invade Iraq in 2003?" *Security Studies*, 28(2), pp. 250~285.

Butterworth, S. B. 1974. "Daladier and the Munich crisis: A reappraisal." *Journal of Contemporary History*, 9(3), pp. 191~216.

Cannadine, D. 2017. *Victorious century: The United Kingdom, 1800~1906.* London, UK: Penguin.

Carley, M. J. 1976. "The origins of the French intervention in the Russian Civil War, January-May 1918: A reappraisal." *The Journal of Modern History*, 48(3), pp. 413~439.

Cha, V. D. 2000. "Abandonment, entrapment, and neoclassical realism in Asia: The United States, Japan, and Korea." *International Studies Quarterly*, 44(2), pp. 261~291.

_____. 2016. *Powerplay: The origins of the American alliance system in Asia.* Princeton, NJ: Princeton University Press.

Chalmers, M. 2001. "The Atlantic burden-sharing debate: Widening or fragmenting?" *International Affairs*, 77(3), pp. 569~585.

Chalmers, M. and L. Unterseher. 1988. "Is there a tank gap? Comparing NATO and Warsaw Pact tank fleets." *International Security*, 13(1), pp. 5~49.

Chongkittavorn, V. 2020. "Thai-US alliance comes with new twists." *Bangkok Post*, July 14. https://www.bangkokpost.com/opinion/opinion/195097 6/thai-us-alliance-comes-with-new-twists.

Christensen, T. J. 2001. "Posing problems without catching up: China's rise and challenges for US security policy." *International Security*, 25(4), pp. 5~40.

_____. 2011. *Worse than a monolith: Alliance politics and problems in coercive diplomacy in Asia.* Princeton, NJ: Princeton University Press.

Christensen, T. J. and J. Snyder. 1990. "Chain gangs and passed bucks: Predicting alliance patterns in multipolarity." *International Organization*, 44(2), pp. 137~168.

Christie, E. H. 2019. "The demand for military expenditure in Europe: The role of fiscal space in the context of a resurgent Russia." *Defence and Peace Economics*, 30(1), pp. 72~84.

Chung, J. H. and M. H. Choi. 2013. "Uncertain allies or uncomfortable neighbors? Making sense of China-North Korea relations, 1949~2010." *The Pacific Review*, 26(3), pp. 243~264.

Ciorciari, J. D. 2010. *The limits of alignment: Southeast Asia and the great powers since 1975.* Washington, DC: Georgetown University Press, 2010.

Clark, C. 2012. *The sleepwalkers: How Europe went to war in 1914.* London: Penguin.

Coe, A. J. and J. Vaynman. 2015. "Collusion and the nuclear nonproliferation regime." *The Journal of Politics*, 77(4), pp. 983~997.

Cohen, J. B. and A. Lanoszka. n.d. "The reliability of alliance reliability." Working paper.

Coker, C. 1982. "The Western Alliance and Africa 1949~81." *African Affairs*, 81 (324), pp. 319~335.

Cooley, A. 2008. *Base politics: Democratic change and the US military overseas.* Ithaca, NY: Cornell University Press.

Cooley, A. and D. H. Nexon. 2016. "Interpersonal networks and international security: US-Georgia relations during the Bush administration." in D. D. Avant and O. Westerwinter(eds.). *The new power politics: Networks and transnational security governance.* Oxford: Oxford University Press. pp. 74~102.

Cooley, A. and H. Spruyt. 2009. *Contracting states: Sovereign transfers in international relations.* Princeton, NJ: Princeton University Press.

Copeland, D. C. 2001. *The origins of major war.* Ithaca, NY: Cornell University Press.

Cosmas, G. A. 2009. *The Joint Chiefs of Staff and the war in Vietnam: 1960~1968* (part 2). Office of Joint History, Office of the Chairman of the Joint Chiefs of Staff.

Costa Buranelli, F. 2018. "Spheres of influence as negotiated hegemony: The case of Central Asia." *Geopolitics*, 23(2), pp. 378~403.

Coticchia, F. 2011. "The 'enemy' at the gates? Assessing the European military contribution to the Libyan War." *Perspectives on Federalism*, 3(3), pp. 48~70.

Crawford, T. W. 2008. "Wedge strategy, balancing, and the deviant case of Spain, 1940~41." *Security Studies*, 17(1), pp. 1~38.

_____. 2011. "Preventing enemy coalitions: How wedge strategies shape power politics." *International Security*, 35(4), pp. 155~189.

_____. 2014. "The alliance politics of concerted accommodation: Entente bargaining and Italian and Ottoman interventions in the First World War." *Security Studies*, 23(1), pp. 113~147.

Cropsey, S. 2020. "Strengthening the US-Taiwan alliance." *Hudson Institute*, January 9. https://www.hudson.org/research/15623-strengthening-the-u-s-taiwan-alliance.

Crump, L. 2015. *The Warsaw Pact reconsidered: International relations in Eastern Europe, 1955~1969.* London: Routledge.

Cruz De Castro, R. 2020. "Abstract of crisis in Philippine-US security relations: From an alliance to security partnership?" *The Pacific Review*, 35(3), pp. 477~505. 10.1080/09512748.2020.1845227.

Dafoe, A. and D. Caughey. 2016. "Honor and war: Southern US presidents and the effects of concern for reputation." *World Politics*, 68(2), pp. 341~381.

Dafoe, A., J. Renshon and P. Huth. 2014. "Reputation and status as motives for war." *Annual Review of Political Science*, 17, pp. 371~393.

David, S. R. 1991. "Explaining third world alignment." *World Politics*, 43(2), pp. 233~256.

Davidson, J. 2011. *America's allies and war: Kosovo, Afghanistan, and Iraq.* New York: Palgrave Macmillan.

Davis, C. L. 2009. "Linkage diplomacy: Economic and security bargaining in the Anglo-Japanese alliance, 1902~23." *International Security*, 33(3), pp. 143~179.

Dawisha, K. 1990. *Eastern Europe, Gorbachev, and reform: The great challenge* (2nd ed.). Cambridge: Cambridge University Press.

Debs, A. and N. P. Monteiro. 2014. "Known unknowns: Power shifts, uncertainty, and war." *International Organization*, 68(1), pp. 1~31.

_____. 2018. "Cascading chaos in nuclear Northeast Asia." *The Washington Quarterly*, 41(1), pp. 97~113.

Delcour, L. and K. Wolczuk. 2015. "Spoiler or facilitator of democratization? Russia's role in Georgia and Ukraine." *Democratization*, 22(3), pp. 459~478.

Deni, J. R. 2017. *Rotational deployments vs. forward stationing: How can the Army achieve assurance and deterrence efficiently and effectively.* Carlisle, PA: US Army War College.

Driscoll, J. and D. Maliniak. 2016. "With friends like these: Brinkmanship and chain-ganging in Russia's near abroad." *Security Studies*, 25(4), pp. 585~607.

Duchin, B. R. 1992. "The 'agonizing reappraisal': Eisenhower, Dulles, and the European defense community." *Diplomatic History*, 16(2), pp. 201~221.

Duffield, J. S. 1995. *Power rules: The evolution of NATO's conventional force posture.* Stanford, CA: Stanford University Press.

Edelstein, D. M. and J. R. I. Shifrinson. 2018. "It's a trap! Security commitments and the risks of entrapment." in A. T. Thrall and B. H. Friedman(eds.). *US Grand Strategy in the 21st Century.* Abingdon, UK: Routledge. pp. 19~41.

Elleman, B. 1996. "Sino-Soviet Relations and the February 1979 Sino-Vietnamese conflict." Lubbock: Texas Tech University.

Epstein, R. A. 2005. "NATO enlargement and the spread of democracy: Evidence and expectations." *Security Studies*, 14(1), pp. 63~105.

Evans, L., P. Wasielewski and C. R. von Buseck. 1982. "Compulsory seat belt usage and driver risk-taking behavior." *Human Factors*, 24(1), pp. 41~48.

Fazal, T. M. 2007. *State death: The politics and geography of conquest, occupation, and annexation.* Princeton, NJ: Princeton University Press.

_____. 2014. "Dead wrong? Battle deaths, military medicine, and exaggerated reports of war's demise." _International Security_, 39(1), pp. 95~125.

_____. 2018. _Wars of law: Unintended consequences in the regulation of armed conflict_. Ithaca, NY: Cornell University Press.

Fearon, J. D. 1994. "Domestic political audiences and the escalation of international disputes." _American Political Science Review_, 88(3), pp. 577~592.

_____. 1995. "Rationalist explanations for war." _International Organization_, 49(3), pp. 379~414.

_____. 1997. "Signaling foreign policy interests: Tying hands versus sinking costs." _Journal of Conflict Resolution_, 41(1), pp. 68~90.

Fettweis, C. J. 2013. _The pathologies of power: Fear, honor, glory, and hubris in US foreign policy_. Cambridge: Cambridge University Press.

Fierke, K. M. and A. Wiener. 1999. "Constructing institutional interests: EU and NATO enlargement." _Journal of European Public Policy_, 6(5), pp. 721~742.

Fischer, F. 1974. _World power or decline: The controversy over Germany's aims in the first world war_. New York: W. W. Norton.

Foley, R. T. 2005. _German strategy and the path to Verdun: Erich von Falkenhayn and the development of attrition, 1870~1916_. Cambridge: Cambridge University Press.

Ford, M. 2017. _Weapon of choice: Small arms and the culture of military innovation_. Oxford: Oxford University Press.

Friedman, J. A. 2019. _War and chance: Assessing uncertainty in international politics_. New York: Oxford University Press.

Fuhrmann, M. 2020. "When do leaders free-ride? Business experience and contributions to collective defense." _American Journal of Political Science_, 64(2), pp. 416~431.

Gannon, J. A. and D. Kent. 2021. "Keeping your friends close, but acquaintances closer: Why weakly allied states make committed coalition partners." _Journal of Conflict Resolution_, 65(5), pp. 889~918.

Gartzke, E. and K. S. Gleditsch. 2004. "Why democracies may actually be less reliable allies." *American Journal of Political Science*, 48(4), pp. 775~795.

Gaubatz, K. T. 1996. "Democratic states and commitment in international relations." *International Organization*, 50(1), pp. 109~139.

Gavin, F. J. 2001. "The myth of flexible response: United States strategy in Europe during the 1960s." *International History Review*, 23(4), pp. 847~865.

_____. 2004. *Gold, dollars, and power: The politics of international monetary relations, 1958~1971*. Chapel Hill, NC: UNC Press.

_____. 2015. "Strategies of inhibition: US grand strategy, the nuclear revolution, and nonproliferation." *International Security*, 40(1), pp. 9~46.

German Bundestag. 2020. *Annual Report 2019(61st Report)*. by the Parliamentary Commissioner for the Armed Forces. January 28. Berlin, Germany.

Gerzhoy, G. 2015. "Alliance coercion and nuclear restraint: How the United States thwarted West Germany's nuclear ambitions." *International Security*, 39(4), pp. 91~129.

Gholz, E., D. G. Press and H. M. Sapolsky. 1997. "Come home, America: The strategy of restraint in the face of temptation." *International Security*, 21(4), pp. 5~48.

Gilboa, E. 2013. "Obama in Israel: Fixing American-Israeli relations." *Israel Journal of Foreign Affairs*, 7(2), pp. 19~28.

Gill, T. D. and P. A. L. Ducheine. 2013. "Anticipatory self-defense in the cyber context." *International Law Studies*, 89(438), pp. 438~471.

Gilli, A. and M. Gilli. 2016. "The diffusion of drone warfare? Industrial, organizational, and infrastructural constraints." *Security Studies*, 25(1), pp. 50~84.

_____. 2019. "Why China has not caught up yet: Military-technological superiority and the limits of imitation, reverse engineering, and cyber espionage." *International Security*, 43(3), pp. 141~189.

Glaser, B. S., M. J. Green and R. C. Bush. 2020. *Toward a stronger US-Taiwan relationship*. Washington, DC: Center for Strategic and International

Studies.

Goldberg, J. 2016. "The Obama doctrine." *The Atlantic*, April. https://www.the atlantic.com/magazine/archive/2016/04/the-obama-doctrine/471525.

Gordon, J., S. Johnson, F. S. Larrabee and P. A. Wilson. 2012. "NATO and the challenge of austerity." *Survival*, 54(4), pp. 121~142.

Gould-Davies, N. 2020. "Belarus and Russian policy: Patterns of the past, dilemmas of the present." *Survival*, 62(6), pp. 179~198.

Goulter, C. 2015. "The British experience: Operation Ellamy." in K. P. Mueller (ed.). *Precision and purpose: Airpower in the Libyan Civil War*, pp. 153~182. Washington, DC: RAND.

Government Printing Office. 1971. *Public Papers of the Presidents of the United States: Richard Nixon, 1969.* Washington, DC: Government Printing Office.

_____. 1983. *Foreign Relations of the United States, 1952~1954*(Vol. V). Washington, DC: Government Printing Office.

_____. 1993. *Foreign Relations of the United States, 1958~1960*(Vol. VII). Washington, DC: Government Printing Office.

_____. 1994. *Foreign Relations of the United States, 1961~1963*(Vol. XIII). Washington, DC: Government Printing Office.

Gowa, J. 1995. *Allies, adversaries, and international trade.* Princeton, NJ: Princeton University Press.

Granatstein, J. L. 2020. "Mackenzie King and Canada at Ogdensberg, August 1940." in J. L. Granatstein(ed.). *Canada at War: Conscription, Diplomacy, and Politics.* Toronto, ON: University of Toronto Press. pp. 137~154.

Gray, J. 2018. "Life, death, or zombie? The vitality of international organizations." *International Studies Quarterly*, 62(1), pp. 1~13.

Green, B. R. 2020. *The revolution that failed: Nuclear competition, arms control, and the Cold War.* Cambridge: Cambridge University Press.

Greenhalgh, E. 2005. *Victory through coalition: Britain and France during the First World War.* Cambridge: Cambridge University Press.

Grynaviski, E. 2015. "Brokering cooperation: Intermediaries and US cooperation with non-state allies, 1776~1945." *European Journal of International Relations*, 21(3), pp. 691~717.

Haesebrouck, T. 2021. "Belgium: The reliable free rider." *International Politics*, 58(1), pp. 37~48.

Haftendorn, H. 1996. *NATO and the nuclear revolution: A crisis of credibility, 1966~1967.* Oxford: Oxford University Press.

Haftendorn, H., R. O. Keohane and C. A. Wallander. 1999. *Imperfect unions: Security institutions over time and space.* New York: Oxford University Press.

Haglund, D. 1997. "The NATO of its dreams?: Canada and the co-operative security alliance." *International Journal*, 52(3), pp. 463~482.

Han, Z. and M. Papa. 2020. "Alliances in Chinese international relations: Are they ending or rejuvenating?" *Asian Security*, pp. 1~20.

Harrison, G. A. 1951. *Cross-channel attack.* Washington, DC: US Army Center of Military History.

Helwig, N. 2020. "Out of order? The US alliance in Germany's foreign and security policy." *Contemporary Politics*, 26(4), pp. 439~457.

Hemmer, C. and P. J. Katzenstein. 2002. "Why is there no NATO in Asia? Collective identity, regionalism, and the origins of multilateralism." *International Organization*, 56(3), pp. 575~607.

Henke, M. E. 2019. *Constructing allied cooperation: Diplomacy, payments, and power in multilateral military coalitions.* Ithaca, NY: Cornell University Press.

Henry, I. D. 2020. "What allies want: Reconsidering loyalty, reliability, and alliance interdependence." *International Security*, 44(4), pp. 45~83.

Hensley, G. 2013. *Friendly fire: Nuclear politics and the politics of ANZUS, 1984~1987.* Auckland, NZ: Auckland University Press.

Herzog, S. 2011. "Revisiting the Estonian cyber attacks: Digital threats and multinational responses." *Journal of Strategic Security*, 4(2), pp. 49~60.

Heuser, B. 1998. "Victory in a nuclear war? A comparison of NATO and WTO war aims and strategies." *Contemporary European History*, 7(3), pp. 311~327.

Hodges, B., T. Lawrence and R. Wojcik. 2020. *Until something moves: Reinforcing the Baltic region in crisis and war.* Tallinn, Estonia: International Centre for Defence and Security.

Hoffman, F. 2009. *Hybrid warfare and challenges.* Washington, DC: Institute for National Strategic Studies.

Horowitz, M. C., P. Poast and A. C. Stam. 2017. "Domestic signaling of commitment credibility: Military recruitment and alliance formation." *Journal of Conflict Resolution*, 61(8), pp. 1682~1710.

Horowitz, M. C., S. Pasandideh, A. Gilli and M. Gilli. 2019. "Correspondence: Military-technological imitation and rising powers." *International Security*, 44(2), pp. 185~192.

Hunzeker, M. A. 2021. *Dying to learn: Wartime lessons from the Western Front.* Ithaca, NY: Cornell University Press.

Hunzeker, M. A. and A. Lanoszka. 2016. "Landpower and American credibility." *Parameters*, 45(4), pp. 17~26.

Hura, M. et al. 2000. *Interoperability: A continuing challenge in coalition air operations.* Santa Monica, CA: RAND Corporation.

Ikenberry, G. J. 2001. *After victory: Institutions, strategic restraint, and the rebuilding of order after major wars.* Princeton, NJ: Princeton University Press.

_____. 2005. "Power and liberal order: America's postwar world order in transition." *International Relations of the Asia-Pacific*, 5(2), pp. 133~152.

_____. 2017. "The plot against American foreign policy: Can the liberal order survive?" *Foreign Affairs*, 96(3), pp. 2~9.

_____. 2020. *A world safe for democracy: Liberal internationalism and the crises of global order.* New Haven, CT: Yale University Press.

İek, P. 2007. "The role of oil and gas in Kazakhstan's foreign policy: Looking east or west?" *Europe-Asia Studies*, 59(7), pp. 1179~1199.

Izumikawa, Y. 2020. "Network connections and the emergence of the hub-and-spokes alliance system in East Asia." *International Security*, 45(2), pp. 7~50.

Jackson, V. 2018a. Buffers, not bridges: "Rethinking multilateralism and the resilience of Japan-South Korea friction." *International Studies Review*, 20(1), pp. 127~151.

_____. 2018b. *On the brink: Trump, Kim, and the threat of nuclear war.* Cambridge: Cambridge University Press.

Jakobsen, J. 2018. "Is European NATO *really* free-riding? Patterns of material and non-material burden-sharing after the Cold War." *European Security*, 27(4), pp. 490~514.

Jakobsen, J. and T. G. Jakobsen. 2019. "Tripwires and free-riders: Do forward-deployed US troops reduce the willingness of host-country citizens to fight for their country?" *Contemporary Security Policy*, 40(2), pp. 135~164.

Jervis, R. 1978. "Cooperation under the security dilemma." *World Politics*, 30(2), pp. 167~214.

_____. 1979. "Deterrence theory revisited." *World Politics*, 31(2), pp. 289~324.

_____. 1982. "Security regimes." *International Organization*, 36(2), pp. 357~378.

_____. 1989. *The meaning of the nuclear revolution.* Ithaca, NY: Cornell University Press.

_____. 2001. "Was the Cold War a security dilemma?" *Journal of Cold War Studies*, 3(1), pp. 36~60.

_____. 2020. "Liberalism, the Blob, and American foreign policy: Evidence and methodology." *Security Studies*, 29(3), pp. 434~456.

Jinks, J. and P. Hennessy. 2015. *The silent deep: The Royal Navy Submarine Service since 1945.* London, UK: Penguin.

Jockel, J. T. and J. J. Sokolsky. 2009. "Canada and NATO: Keeping Ottawa in, expenses down, criticism out … and the country secure." *International*

Journal, 64(2), pp. 315~336.

Johannes, C. 2018. *Achieving multinational tactical radio interoperability*. Canadian Forces College, JSCP 44 Service Paper.

Johnson, D. D. and M. D. Toft. 2013/14. "Grounds for war: The evolution of territorial conflict." *International Security*, 38(3), pp. 7~38.

Johnson, J. C. 2015. "The cost of security: Foreign policy concessions and military alliances." *Journal of Peace Research*, 52(5), pp. 665~679.

Jones, M. 2010. *After Hiroshima: The United States, race and nuclear weapons in Asia, 1945~1965*. Cambridge: Cambridge University Press.

_____. 2016. "The alliance that wasn't: Germany and Austria-Hungary in World War I." in P. R. Mansoor and W. Murray(eds.). *Grand strategy and military alliances*. Cambridge: Cambridge University Press. pp. 284~312.

Kaldor, M. 2012. *New and old wars: Organized violence in a global era*(3rd ed.). Cambridge: Polity.

Kallis, A. A. 2000. *Fascist ideology: Territory and expansionism in Italy and Germany, 1922~1945*. London: Routledge.

Kann, R. 1976. "Alliances vs. ententes." *World Politics*, 28(4), pp. 611~621.

Kaufmann, W. W. 1954. *The requirements of deterrence, memorandum #7*. Princeton, NJ: Center for International Studies.

Kenwick, M. R., J. A. Vasquez and M. A. Powers. 2015. "Do alliances really deter?" *The Journal of Politics*, 77(4), pp. 943~954.

Keohane, R. O. 1988. "Alliances, threats, and the uses of neorealism." *International Security*, 13(1), pp. 169~176.

Khanna, P. 2008. *The second world: Empires and influence in the new global order*. New York: Random House.

Kim, T. 2011. "Why alliances entangle but seldom entrap states." *Security Studies*, 20(3), pp. 350~377.

Kim, Y. 2019. "North Korea's relations with China and Russia in the security realm." in J. Choo, Y. Kim, A. Lukin and E. Wishnick(eds.). *The China-*

Russia Entente and the Korean Peninsula(NBR Special Report No. 78). Washington, DC: The National Bureau of Asia Research. pp. 13~19.

Kitchen, V. M. 2009. "Argument and identity change in the Atlantic security community." *Security Dialogue*, 40(1), pp. 95~114.

Knopf, J. W. 2011. "Varieties of assurance." *Journal of Strategic Studies*, 35(3), pp. 375~399.

Koremenos, B., C. Lipson and D. Snidal. 2001. "The rational design of international institutions." *International Organization*, 55(4), pp. 761~799.

Korolev, A. 2019. "On the verge of an alliance: Contemporary China-Russia military cooperation." *Asian Security*, 15(3), pp. 233~252.

Krasner, S. D. 1999. *Sovereignty: Organized hypocrisy*. Princeton, NJ: Princeton University Press.

Kraus, C. 2017. "'The danger is two-fold': Decolonisation and cold war in anti-communist Asia, 1955~7." *The International History Review*, 39(2), pp. 256~273.

Krebs, R. R. and J. Spindel. 2018. "Divided priorities: Why and when allies differ over military intervention." *Security Studies*, 27(4), pp. 575~606.

Kreps, S. 2010. "Elite consensus as a determinant of alliance cohesion: Why public opinion hardly matters for NATO-led operations in Afghanistan." *Foreign Policy Analysis*, 6(3), pp. 191~215.

Kroenig, M. 2011. *Exporting the bomb: Technology transfer and the spread of nuclear weapons*. Ithaca, NY: Cornell University Press.

_____. 2013. "Nuclear superiority and the balance of resolve: Explaining nuclear crisis outcomes." *International Organization*, 67(1), pp. 141~171.

_____. 2018. *The logic of American nuclear strategy: Why strategic superiority matters*. New York: Oxford University Press.

_____. 2020. *The return of great power rivalry: Democracy versus autocracy from the ancient world to the US and China*. New York: Oxford University Press.

Kunda, Z. 1990. "The case for motivated reasoning." *Psychological Bulletin*, 108(3), pp. 480~498.

Kunz, D. B. 1991. *The economic diplomacy of the Suez crisis*. Chapel Hill: University of North Carolina Press.

Kuo, R. 2021. *Following the leader: International order, alliance strategies, and emulation*. Stanford, CA: Stanford University Press.

Kwon, E. 2018. "South Korea's deterrence strategy against North Korea's WMD." *East Asia*, 35(1), pp. 1~21.

Kyle, J. 2019. "Perspectives roadblocks: Georgia's long road to NATO membership." *Demokratizatsiya*, 27(2), pp. 237~247.

Lai, B. and D. Reiter. 2000. "Democracy, political similarity, and international alliances, 1816~1992." *Journal of Conflict Resolution*, 44(2), pp. 203~227.

Lake, D. A. 2011. *Hierarchy in international relations*. Ithaca, NY: Cornell University Press.

Lambeth, B. S. 2001. *NATO's air war for Kosovo: A strategic and operational assessment*. Santa Monica, CA: RAND.

Lanoszka, A. 2015. "Do allies really free ride?" *Survival*, 57(3), pp. 133~152.

_____. 2016. "Russian hybrid warfare and extended deterrence in eastern Europe." *International Affairs*, 92(1), pp. 175~195.

_____. 2018a. "Alliances and nuclear proliferation in the Trump era." *The Washington Quarterly*, 41(4), pp. 85~101.

_____. 2018b. *Atomic assurance: The alliance politics of nuclear proliferation*. Ithaca, NY: Cornell University Press.

_____. 2018c. "Nuclear proliferation and nonproliferation among Soviet allies." *Journal of Global Security Studies*, 3(2), pp. 217~233.

_____. 2018d. "Tangled up in rose? Theories of alliance entrapment and the 2008 Russo-Georgian war." *Contemporary Security Policy*, 39(2), pp. 234~257.

_____. 2020a. "Poland in a time of geopolitical flux." *Contemporary Politics*,

26(4), pp. 458~474.

_____. 2020b. "Thank goodness for NATO enlargement." *International Politics*, 57(3), pp. 451~470.

Lanoszka, A. and L. Simón. 2021. "A military drawdown from Europe? US force posture from Trump to Biden." *The Washington Quarterly*, 44(1), pp. 199~218.

Lanoszka, A. and M. A. Hunzeker. 2019. *Conventional deterrence and landpower in Northeastern Europe*. Carlisle, PA: US Army War College.

Lanoszka, A., C. Leuprecht and A. Moens. 2020. *Lessons from the Enhanced Forward Presence, 2017~2020*. Rome: NATO Defence College.

Layne, C. 2006. *The peace of illusions: American grand strategy from 1940 to the present*. Ithaca, NY: Cornell University Press.

Lebow, R. N. and J. G. Stein. 1995. "Deterrence and the Cold War." *Political Science Quarterly*, 110(2), pp. 157~181.

Leeds, B. A. 2003. "Alliance reliability in times of war: Explaining state decisions to violate treaties." *International Organization*, 57(4), pp. 801~827.

Leeds, B. A. and B. Savun. 2007. "Terminating alliances: Why do states abrogate agreements?" *The Journal of Politics*, 69(4), pp. 1118~1132.

Leeds, B. A., A. G. Long and S. M. Mitchell. 2000. "Reevaluating alliance reliability: Specific threats, specific promises." *Journal of Conflict Resolution*, 44(5), pp. 686~699.

Leeds, B. A., J. M. Ritter, S. M. Mitchell and A. G. Long. 2002. "Alliance treaty obligations and provisions, 1815~1944." *International Interactions*, 28, pp. 237~260.

Leeds, B. A., M. Mattes and J. S. Vogel. 2009. "Interests, institutions, and the reliability of international commitments." *American Journal of Political Science*, 53(2), pp. 461~476.

Levy, J. S. 1981. "Alliance formation and war behavior: An analysis of the great powers, 1495~1975." *Journal of Conflict Resolution*, 25(4), pp. 581~613.

_____. 2004. "What do great powers balance against and when?" in T. V. Paul, J. J. Wirtz and M. Fortmann(eds.). *Balance of power: Theory and practice in the 21st century*. Stanford, CA: Stanford University Press. pp. 29~51.

Liberman, P. 1998. *Does conquest pay? The exploitation of occupied industrial societies*. Princeton, NJ: Princeton University Press.

Lieber, K. A. 2005. *War and the engineers: The primacy of politics over technology*. Ithaca, NY: Cornell University Press.

Lieber, K. A. and D. G. Press. 2020. *The myth of the nuclear revolution: Power politics in the atomic age*. Ithaca, NY: Cornell University Press.

Liff, A. P. 2016. "Whither the balancers? The case for a methodological reset." *Security Studies*, 25(3), pp. 420~459.

Lind, J. M. 2004. "Pacifism or passing the buck? Testing theories of Japanese security policy." *International Security*, 29(1), pp. 92~121.

Lindsay, J. M. 1992/3. "Congress and foreign policy: Why the Hill matters." *Political Science Quarterly*, 107(4), pp. 607~628.

Lindsay, J. R. 2015. "The impact of China on cybersecurity: Fiction and friction." *International Security*, 39(3), pp. 7~47.

Lipson, C. 2005. *Reliable partners: How democracies have made a separate peace*. Princeton, NJ: Princeton University Press.

Liska, G. 1962. *Nations in alliance: The limits of interdependence*. Baltimore, MD: Johns Hopkins University Press.

Logevall, F. 2001. *Choosing war: The lost chance for peace and the escalation of war in Vietnam*. Berkeley: University of California Press.

Lüthi, L. M. 2010. *The Sino-Soviet split: Cold War in the communist world*. Princeton, NJ: Princeton University Press.

MacDonald, P. K. and J. M. Parent. 2018. *Twilight of the titans: Great power decline and retrenchment*. Ithaca, NY: Cornell University Press.

Macinnes, A. I. 2007. *Union and empire: The making of the United Kingdom in 1707*. Cambridge: Cambridge University Press.

Macmillan, M. 2014. *The war that ended peace: The road to 1914.* New York: Random House.

Mahnken, T. G. 2011. "Weapons: The growth and spread of the precision-strike regime." *Daedalus*, 140(3), pp. 45~57.

Mann, M. 2018. "Have wars and violence declined?" *Theory and Society*, 47(1), pp. 37~60.

Marin, A. 2020. *The Union State of Belarus and Russia: Myths and realities of political-military integration.* Vilnius: Vilnius Institute for Policy Analysis.

Martin, D. 2018. "NATO hits back at President Trump's Montenegro World War III remarks." *Deutsche Welle*, July 18. https://www.dw.com/en/nato-hits-back-at-president-trumps-montenegro-world-war-iii-remarks/a-44 734118.

Massie, J. 2016. "Why democratic allies defect prematurely: Canadian and Dutch unilateral pullouts from the war in Afghanistan." *Democracy and Security*, 12(2), pp. 85~115.

Matĕka, Z. 1997. "How the Warsaw Pact was dissolved." *Perspectives*, 8, pp. 55~65.

Mattes, M. 2012. "Democratic reliability, precommitment of successor governments, and the choice of alliance commitment." *International Organization*, 66(1), pp. 153~172.

Mattes, M. and G. Vonnahme. 2010. "Contracting for peace: Do nonaggression pacts reduce conflict?" *The Journal of Politics*, 72(4), pp. 925~938.

Mattis, J. 2018. *Summary of the National Defense Strategy: Sharpening the American military's competitive edge.* Arlington, VA: US Department of Defense.

Mazarr, M. J. 2012. "The risks of ignoring strategic insolvency." *The Washington Quarterly*, 35(4), pp. 7~22.

McKoy, M. K. and M. K. Miller. 2012. "The patron's dilemma: The dynamics of foreign-supported democratization." *Journal of Conflict Resolution*, 56

(5), pp. 904~932.

Mearsheimer, J. J. 1990. "Back to the future: Instability in Europe after the Cold War." *International Security*, 15(1), pp. 5~56.

_____. 2018. *The great delusion: Liberal dreams and international realities*. New Haven, CT: Yale University Press.

Mëhilli, E. 2017. *From Stalin to Mao: Albania and the socialist world*. Ithaca, NY: Cornell University Press.

Mello, P. A. 2019. "National restrictions in multinational military operations: A conceptual framework." *Contemporary Security Policy*, 40(1), pp. 38~55.

_____. 2020. "Paths towards coalition defection: Democracies and withdrawal from the Iraq War." *European Journal of International Security*, 5(1), pp. 45~76.

Menon, A. 2011. "European defence policy from Lisbon to Libya." *Survival*, 53(3), pp. 75~90.

Menon, R. 2003. "The end of alliances." *World Policy Journal*, 20(2), pp. 1~20.

Miller, C. 2016. *The struggle to save the Soviet economy: Mikhail Gorbachev and the collapse of the USSR*. Chapel Hill, NC: UNC Press.

Miller, G. D. 2003. "Hypotheses on reputation: Alliance choices and the shadow of the past." *Security Studies*, 12(3), pp. 40~78.

Ministry of Foreign Affairs of Japan. n.d. *Japan-US Security Treaty*. https://www.mofa.go.jp/region/n-america/us/q&a/ref/1.html.

Moller, S. B. 2016. *Fighting friends: Institutional cooperation and military effect-iveness in multinational war*. Doctoral dissertation, Columbia University.

Moller, S. B. and S. Rynning. 2021. "Revitalizing transatlantic relations: NATO 2030 and beyond." *The Washington Quarterly*, 44(1), pp. 177~197.

Monson, R. A. 1986. "Star Wars and AirLand Battle: Technology, strategy, and politics in German-American relations." *German Studies Review*, 9(3), pp. 599~624.

Moody, S. J. 2017. "Enhancing political cohesion in NATO during the 1950s or:

How it learned to stop worrying and love the (táctical) bomb." *Journal of Strategic Studies*, 40(6), pp. 817~838.

Morrow, J. D. 1991. "Alliances and asymmetry: An alternative to the capability aggregation model of alliances." *American Journal of Political Science*, 35 (4), pp. 904~933.

_____. 1993. "Arms versus allies: Trade-offs in the search for security." *International Organization*, 47(2), pp. 207~233.

_____. 2000. "Alliances: Why write them down?" *Annual Review of Political Science*, 3(1), pp. 63~83.

Mueller, J. 1988. "The essential irrelevance of nuclear weapons: Stability in the postwar world." *International Security*, 13(2), pp. 55~79.

_____. 1989. *Retreat from doomsday: The obsolescence of major power war.* New York: Basic Books. NATO. 1949(2019). The North Atlantic Treaty. April 10. https://www.nato.int/cps/en/natolive/official_texts_17120.htm.

NATO. 1997(2009). "Founding Act." May 27. https://www.nato.int/cps/en/natohq/official_texts_25468.htm.

_____. 2006. "Backgrounder: Interoperability for Joint Operations." July. https://www.nato.int/nato_static_fl2014/assets/pdf/pdf_publications/20120116_interoperability-en.pdf.

_____. 2008(2014). "Bucharest Summit Declaration." April 3. https://www.nato.int/cps/en/natolive/official_texts_8443.htm.

_____. 2019. "Defence expenditure of NATO countries(2013~2019)." *NATO Public Diplomacy Division Press Release*, November 29.

_____. n.d. "France and NATO." https://www.nato.int/cps/en/natohq/declassified_160672.htm.

Nedal, D. K. and D. H. Nexon. 2019. "Anarchy and authority: International structure, the balance of power, and hierarchy." *Journal of Global Security Studies*, 4(2), pp. 169~189.

Nichol, J. 2020. *Lancaster: The forging of a very British legend.* London: Simon and Schuster.

Nixon, R. M. 1969(n.d.). "Informal remarks in Guam with newsmen online." in Gerhard Peters and John T. Woolley, *The American Presidency Project*. https://www.presidency.ucsb.edu/node/239667.

North, D. C. 1991. *Institutions, institutional change and economic performance*. Cambridge: Cambridge University Press.

Nossal, K. R. 2016. *Charlie foxtrot: Fixing defence procurement in Canada*. Toronto, ON: Dundurn.

Nye, J. S. Jr. 2011. "A shift in perceptions of power." *The Los Angeles Times*, April 6, p. 17.

Oberdorfer, D. 1999. *The two Koreas: A contemporary history*. New York: Basic Books.

Olson, M. 1971. *The logic of collective action: Public goods and the theory of groups*. Cambridge, MA: Harvard University Press.

Owen, R. C. 2017. "US Air Force airlift and the Army's relevance." *Parameters*, 47(2), pp. 103~112.

Oye, K. A. 1985. "Explaining cooperation under anarchy: Hypotheses and strategies." *World Politics*, 38(1), pp. 1~24.

Pannier, A. 2020. *Rivals in arms: The rise of UK-France defence relations in the twenty-first century*. Kingston, ON: McGill-Queen's University Press.

Paquette, G. 2020. "Anglo-Portuguese relations in the mid-nineteenth century: Informal Empire, arbitration, and the durability of an asymmetrical alliance." *The English Historical Review*, 135(575), pp. 836~859.

Park, H. and J. J. Park. 2017. "How not to be abandoned by China: North Korea's nuclear brinkmanship revisited." *Korean Journal of Defense Analysis*, 29(3), pp. 371~387.

Philpott, W. J. 1996. *Anglo-French relations and strategy on the Western Front, 1914~18*. Houndsmills, UK: Palgrave Macmillan.

Pinker, S. 2012. *The better angels of our nature: Why violence has declined*.

New York: Penguin.

Poast, P. 2013. "Can issue linkage improve treaty credibility? Buffer state alliances as a 'hard case'." *Journal of Conflict Resolution*, 57(5), pp. 739~764.

_____. 2019. *Arguing about alliances: The art of agreement in military-pact negotiations.* Ithaca, NY: Cornell University Press.

Pollack, J. 2003. "Anti-Americanism in contemporary Saudi Arabia." *Middle East Review of International Affairs*, 7(4), pp. 30~43.

Pollack, J. D. 2011. *No exit: North Korea, nuclear weapons, and international security.* London, UK: Routledge.

Popescu, N. 2020. "A captive ally: Why Russia isn't rushing to Armenia's aid." *European Council on Foreign Relations*, October 8. https://ecfr.eu/article/a_captive_ally_why_russia_isnt_rushing_to_armenias_aid.

Posen, B. R. 2014. *Restraint: A new foundation for US grand strategy.* Ithaca, NY: Cornell University Press.

Poznansky, M. 2020. *In the shadow of international law: Secrecy and regime change in the postwar world.* New York: Oxford University Press.

Prince, T. 2021. "Biden's top diplomat pick says US seeks 'stronger' Iran nuclear deal, condemns Russia over Navalny arrest." *Radio Free Europe/Radio Liberty*, January 20. https://www.rferl.org/a/blinken-iran-nuclear-russianavalny-/31053093.html.

Rabinowitz, O. and N. L. Miller. 2015. "Keeping the bombs in the basement: US nonproliferation policy toward Israel, South Africa, and Pakistan." *International Security*, 40(1), pp. 47~86.

Ramsay, K. W. 2008. "Settling it on the field: Battlefield events and war termination." *Journal of Conflict Resolution*, 52(6), pp. 850~879.

Rapp-Hooper, M. 2014. "Ambivalent Albion, ambitious ally: Britain's decision for no separate peace in 1914." *Security Studies*, 23(4), pp. 814~844.

_____. 2015. *Absolute alliances: Extended deterrence in international politics.* Doctoral dissertation, Columbia University.

_____. 2020. *Shields of the republic: The triumph and peril of America's alliances.* Cambridge, MA: Harvard University Press.

Rathbun, B. C. 2007. "Uncertain about uncertainty: Understanding the multiple meanings of a crucial concept in international relations theory." *International Studies Quarterly*, 51(3), pp. 533~557.

Ravenal, E. C. 1982. "Counterforce and alliance: The ultimate connection." *International Security*, 6(4), pp. 26~43.

_____. 1988. "Coupling and decoupling: The prospects for extended deterrence." in P. T. Hopmann and F. Barnaby(eds.). *Rethinking the nuclear weapons dilemma in Europe.* London: Palgrave Macmillan. pp. 59~70.

Reiter, D. 1995. "Exploding the powder keg myth: Preemptive wars almost never happen." *International Security*, 20(2), pp. 5~34.

Resnick, E. N. 2010/11. "Strange bedfellows: US bargaining behavior with allies of convenience." *International Security*, 35(3), pp. 144~184.

Rice, A. J. 1997. "Command and control: The essence of coalition warfare." *Parameters*, 27(1), pp. 152~167.

Rice, C. 1984. *The Soviet Union and the Czechoslovak army, 1948~1983: Uncertain allegiance.* Princeton, NJ: Princeton University Press.

Ringsmose, J. 2010. "NATO burden-sharing redux: Continuity and change after the Cold War." *Contemporary Security Policy*, 31(2), pp. 319~338.

Robb, T. K. and D. J. Gill. 2019. *Divided allies: Strategic cooperation against the communist threat in the Asia-Pacific during the early Cold War.* Ithaca, NY: Cornell University Press.

Rogin, J. 2021. *Chaos under heaven: Trump, Xi, and the battle for the twenty-first century.* New York: Houghton Mifflin Harcourt.

Romberg, A. D. 2003. *Rein in at the brink of the precipice: American policy toward Taiwan and US-PRC relations.* Washington, DC: The Henry L. Stimson Center.

Rosendorff, B. P. and H. V. Milner. 2001. "The optimal design of international trade institutions: Uncertainty and escape." *International Organization*, 55(4), pp. 829~857.

Sabrosky, A. 1980. "Interstate alliances: Their reliability and the expansion of war." in J. D. Singer(ed.). *The Correlates of War II, Testing some realpolitik models*. Glencoe, IL: Free Press. pp. 161~198.

Sagan, S. D. 1986. "1914 revisited: Allies, offense, and instability." *International Security*, 11(2), pp. 151~175.

_____. 1990. *Moving targets: Nuclear strategy and national security*. Princeton, NJ: Princeton University Press.

Saideman, S. M. and D. P. Auerswald. 2012. "Comparing caveats: Understanding the sources of national restrictions upon NATO's mission in Afghanistan." *International Studies Quarterly*, 56(1), pp. 67~84.

Sartre, J.-P. 1948(1984). *Being and nothingness: A phenomenological essay on ontology*. New York: Washington Square Press.

Sayle, T. A. 2019. *Enduring alliance: A history of NATO and the postwar global order*. Ithaca, NY: Cornell University Press.

_____. 2020. "A nuclear education: The origins of NATO's Nuclear Planning Group." *Journal of Strategic Studies*, 43(6-7), pp. 920~956.

Schelling, T. C. 1966(2009). *Arms and influence*. New Haven, CT: Yale University Press.

Schmitt, O. 2018. *Allies that count: Junior coalition partners in wartime*. Washington, DC: Georgetown University Press.

Schroeder, P. W. 2004. "Alliances, 1815~1945: Weapons of power and tools of management." in P. W. Schroeder(ed.). *Systems, stability, and statecraft: Essays on the international history of modern Europe*, pp. 195~222. New York: Palgrave Macmillan.

Schweller, R. L. 1994. "Bandwagoning for profit: Bringing the revisionist state back in." *International Security*, 19(1), pp. 72~107.

_____. 1996. "Neorealism's status-quo bias: What security dilemma?" *Security*

Studies, 5(3), pp. 90~121.

Shapiro, A. J. 2012. "A new era for US security assistance." *The Washington Quarterly*, 35(4), pp. 23~35.

Shen, J. C. H. 1983. *The U.S. and free China: How the U.S. sold out its ally*. Washington, DC: Acropolis Books.

Shlapak, D. A. and M. W. Johnson. 2016. *Reinforcing deterrence on NATO's eastern flank: Wargaming the defense of the Baltics*. Santa Monica, CA: RAND Corporation.

Silaev, N. 2021. "Russia and its allies in three strategic environments." *Europe-Asia Studies*, pp. 1~12. https://doi.org/10.1080/09668136.2021.1887087.

Simón, L. and D. Fiott. 2014. "Europe after the US Pivot." *Orbis*, 58(3), pp. 413~428.

Simón, L., A. Lanoszka and H. Meijer. 2021. "Nodal defence: The changing structure of US alliance systems in Europe and East Asia." *Journal of Strategic Studies*, 44(3), pp. 360~388.

Simon, M. W. and E. Gartzke. 1996. "Political system similarity and the choice of allies: Do democracies flock together, or do opposites attract?" *Journal of Conflict Resolution*, 40(4), pp. 617~635.

Slantchev, B. L. 2005. "Territory and commitment: The Concert of Europe as self-enforcing equilibrium." *Security Studies*, 14(4), pp. 565~606.

Snyder, G. H. 1965. "The balance of power and the balance of terror." in P. Seabury(ed.). *The Balance of Power*, pp. 184~201. San Francisco, CA: Chandler.

_____. 1997. *Alliance politics*. Ithaca, NY: Cornell University Press.

Sperling, J. and M. Webber. 2019. "Trump's foreign policy and NATO: Exit and voice." *Review of International Studies*, 45(3), pp. 511~526.

Steinberg, J. and C. Cooper. 1990. "Political and economic issues within the alliance: The future of burdensharing and the southern region." Santa

Monica, CA: RAND.

Stoicescu, K. and M. Lebrun. 2019. *Estonian-French defence cooperation: Where Estonian pragmatism meets French vision.* Tallinn, Estonia: International Centre for Defence and Security.

Stoltenberg, J. 2019. "NATO will defend itself." *Prospect*, October 4.

Strachan, H. 2004. *The outbreak of the First World War.* Oxford: Oxford University Press.

Sukin, L. 2020. "Credible nuclear security commitments can backfire: Explaining domestic support for nuclear weapons acquisition in South Korea." *Journal of Conflict Resolution*, 64(6), pp. 1011~1042.

Swenson-Wright, J. 2005. *Unequal allies? United States security and alliance policy toward Japan, 1945~1960.* Stanford, CA: Stanford University Press.

Szalontai, B. and S. S. Radchenko. 2006. "North Korea's efforts to acquire nuclear technology and nuclear weapons: Evidence from Russian and Hungarian archives." Working paper No. 53. Washington, DC: Woodrow Wilson International Center for Scholars.

Taliaferro, J. W. 2004. *Balancing risks: Great power intervention in the periphery.* Ithaca, NY: Cornell University Press.

_____. 2019. *Defending frenemies: Alliances, politics, and nuclear nonproliferation in US foreign policy.* Oxford: Oxford University Press.

Talmadge, C. 2015. *The dictator's army: Battlefield effectiveness in authoritarian regimes.* Ithaca, NY: Cornell University Press.

Tamm, H. 2016. "The origins of transnational alliances: Rulers, rebels, and political survival in the Congo Wars." *International Security*, 41(1), pp. 147~181.

Tannenwald, N. 2007. *The nuclear taboo: The United States and the non-use of nuclear weapons since 1945.* Cambridge: Cambridge University Press.

Tertrais, B. 2004. "The changing nature of military alliances." *The Washington Quarterly*, 27(2), pp. 133~150. *The Economist.* 2019. "Emmanuel Macron

in his own words(French)." November 9. https://www.economist.com/
europe/2019/11/07/emmanuel-macron-in-his-own-words-french.

Thies, W. J. 2003. *Friendly rivals: Bargaining and burdenshifting in NATO.* London: Routledge.

Thrall, A. T., J. Cohen and C. Dorminey. 2020. "Power, profit, or prudence? US arms sales since 9/11." *Strategic Studies Quarterly*, 14(2), pp. 100~126.

Thucydides. 2008. *The landmark Thucydides: A comprehensive guide to the Peloponnesian War*, R. B. Strassler(ed.). New York: Simon and Schuster.

Tierney, D. 2011. "Does chain-ganging cause the outbreak of war?" *International Studies Quarterly*, 55(2), pp. 285~304.

Trachtenberg, M. 1999. *A constructed peace: The making of the European settlement, 1945~1963.* Princeton, NJ: Princeton University Press.

_____. 2011. "The French factor in US foreign policy during the Nixon-Pompidou period, 1969~1974." *Journal of Cold War Studies*, 13(1), pp. 4~59.

Tracy, C. L. and D. Wright. 2020. "Modeling the performance of hypersonic boost-glide missiles." *Science & Global Security*, pp. 1~27.

Trubowitz, P. 1998. *Defining the national interest: Conflict and change in American foreign policy.* Chicago, IL: University of Chicago Press.

Tsygankov, A. P. and M. Tarver-Wahlquist. 2009. "Duelling honors: power, identity and the Russia-Georgia divide." *Foreign Policy Analysis*, 5(4), pp. 307~326.

Tucker, N. B. 2005. "Taiwan expendable? Nixon and Kissinger go to China." *The Journal of American History*, 92(1), pp. 109~135.

Tuminez, A. S. 2003. "Nationalism, ethnic pressures, and the breakup of the Soviet Union." *Journal of Cold War Studies*, 5(4), pp. 81~136.

United Nations. 1955. "Treaty of Friendship, Co-operation and Mutual Assistance." Signed at Warsaw, on May 14, 1955. *United Nations Treaty Collection*, 219(2962).

United States Forces Korea. n.d. "Mission of the ROK/US Combined Forces Command." https://www.usfk.mil/About/Combined-Forces-Command.

US Department of Defense. 2004. *JP 1-02: Department of Defense Dictionary of Military and Associated Terms.* Arlington, VA.

_____. 2011. "Remarks by Secretary Gates at the Security and Defense Agenda." Brussels, Belgium, June 10. https://archive.defense.gov/Transcripts/Transcript.aspx?TranscriptID=4839.

Van Evera, S. 1984. "The cult of the offensive and the origins of the First World War." *International Security*, 9(1), pp.58~107.

Vasilyan, S. 2017. "'Swinging on a pendulum': Armenia in the Eurasian Economic Union and with the European Union." *Problems of Post-communism*, 64(1), pp.32~46.

Vermeiren, J. 2016. *The First World War and German national identity.* Cambridge: Cambridge University Press.

von Borzyskowski, I. and F. Vabulas. 2019. "Hello, goodbye: When do states withdraw from international organizations?" *Review of International Organizations*, 14(2), pp.335~366.

von Hlatky, S. 2013. *American allies in time of war: The great asymmetry.* New York: Oxford University Press.

Vysotskaya Guedes Vieira, A. 2014. "The politico-military alliance of Russia and Belarus: Re-examining the role of NATO and the EU in light of the intra-alliance security dilemma." *Europe-Asia Studies*, 66(4), pp.557~577.

Wallander, C. A. 2000. "Institutional assets and adaptability: NATO after the Cold War." *International Organization*, 54(4), pp.705~735.

Walt, S. M. 1987. *The origins of alliances.* Ithaca, NY: Cornell University Press.

_____. 1996. *Revolution and war.* Ithaca, NY: Cornell University Press.

_____. 1997. "Why alliances endure or collapse." *Survival*, 39(1), pp.156~179.

_____. 2009. "Alliances in a unipolar world." *World Politics*, 61(1), pp.86~120.

Waltz, K. N. 1979(2010). *Theory of international politics.* Long Grove, IL: Waveland Press.

_____. 1981. "The spread of nuclear weapons: More may be better." *The Adelphi Papers*, 21(171).

Wandycz, P. S. 1962. *France and her eastern allies, 1919~1925: French-Czechoslovak-Polish relations from the Paris Peace Conference to Locarno*. Minneapolis, MN: University of Minnesota Press.

_____. 1988. *The twilight of French eastern alliances, 1926~1936: French-Czechoslovak-Polish relations from Locarno to the remilitarization of the Rhineland*. Princeton, NJ: Princeton University Press.

Wagrowska, M. 2004. *Polish participation in the armed intervention and stabilization mission in Iraq*. Warsaw, Poland: Center for International Relations.

Washington, G. 1892. *The writings of George Washington 1794~1798* (Vol. XIII), W. C. Ford(ed.). New York: G. G. Putnam's Sons.

Weisiger, A. and K. Yarhi-Milo. 2015. "Revisiting reputation: How past actions matter in international politics." *International Organization*, 69(2), pp. 473~495.

Weitsman, P. A. 1997. "Intimate enemies: The politics of peacetime alliances." *Security Studies*, 7(1), pp. 156~193.

Wenger, A. 2004. "Crisis and opportunity: NATO's transformation and the multilateralization of detente, 1966~1968." *Journal of Cold War Studies*, 6(1), pp. 22~74.

Wheeler, D. L. 1986. "The price of neutrality: Portugal, the wolfram question, and World War II." *Luso-Brazilian Review*, 23(1), pp. 107~127.

White House. 2021. "Remarks by President Biden in press conference." June 14. https://www.whitehouse.gov/briefing-room/speeches-remarks/2021/06/14/remarks-by-president-biden-in-press-conference-3.

Wigell, M. 2019. "Hybrid interference as a wedge strategy: A theory of external interference in liberal democracy." *International Affairs*, 95(2), pp. 255~275.

Wilkins, T. S. 2012. "'Alignment,' not 'alliance' - the shifting paradigm of international security cooperation: Toward a conceptual taxonomy of alignment." *Review of International Studies*, 38(1), pp. 53~76.

Williams, B. 2020. "US covert action in Cold War Japan: The politics of cultivating conservative elites and its consequences." *Journal of Contemporary Asia*, 50(4), pp. 593~617.

Williams, C. 2013. "Accepting austerity: The right way to cut defense." *Foreign Affairs*, 92(6), pp. 54~64.

Williams, P. 1976. "Whatever happened to the Mansfield amendment?" *Survival*, 18(4), pp. 146~153.

Wohlforth, W. C., R. Little, S. J. Kaufman, D. Kang, C. A. Jones, V. Tin-Bor Hui, A. Eckstein, D. Deudney and W. L. Brenner. 2007. "Testing balance-of-power theory in world history." *European Journal of International Relations*, 13(2), pp. 55~185.

Yale Law School. 2008a. "The Dual Alliance between Austria-Hungary and Germany - October 7, 1879." *The Avalon Project: Documents in Law, History, and Diplomacy.* https://avalon.law.yale.edu/19th_century/dualalli.asp.

_____. 2008b. "Mutual Defense Treaty Between the United States and the Republic of Korea; October 1, 1953." *The Avalon Project: Documents in Law, History, and Diplomacy.* https://avalon.law.yale.edu/20th_century/kor001.asp.

_____. 2008c. "Mutual Defense Treaty Between the United States and the Republic of the Philippines; August 30, 1951." *The Avalon Project: Documents in Law, History, and Diplomacy.* https://avalon.law.yale.edu/20th_century/phil001.asp.

_____. 2008d. "Thomas Jefferson First Inaugural Address." *The Avalon Project: Documents in Law, History, and Diplomacy.* https://avalon.law.yale.edu/19th_century/jefinau1.asp.

Yarhi-Milo, K. 2018. *Who fights for reputation: The psychology of leaders in international conflict.* Princeton, NJ: Princeton University Press.

Yarhi-Milo, K., A. Lanoszka and Z. Cooper. 2016. "To arm or to ally? The patron's dilemma and the strategic logic of arms transfers and alliances." *International Security*, 41(2), pp. 90~139.

Young, R. J. 1978. *In command of France: French foreign policy and military planning, 1933~1940.* Cambridge, MA: Harvard University Press.

Young, T. 2001/2. "NATO command and control for the 21st century." *Joint Forces Quarterly*, 29, pp. 40~45.

Zaborowski, M. 2004. *From America's protege to constructive European: Polish security policy in the twenty-first century.* Occasional paper No. 56. Brussels, Belgium: European Union Institute for Security Studies.

Zaborowski, M. and K. Longhurst. 2007. *The new Atlanticist: Poland's foreign and security policy priorities.* Oxford: Blackwell.

Zimmermann, H. 2002. *Money and security: Troops, monetary policy, and West Germany's relations with the United States and Britain, 1950~1971.* Cambridge: Cambridge University Press.

지은이

알렉산더 라노츠카 Alexander Lanoszka

캐나다 워털루 대학교 국제관계학 조교수다. 동맹정치와 국제안보 분야에서 활발하게 활
동하고 있는 소장 학자다. 『핵 보장: 핵 확산의 동맹정치(Atomic Assurance: The Alliance
Politics of Nuclear Proliferation)』(2018) 등을 썼다.

옮긴이

박동철

서울대학교 국제경제학과를 졸업하고 미국 오하이오 대학교에서 경제학 석사 학위를 받
았다. 주EU대표부 일등서기관, 이스라엘과 파키스탄 주재 참사관을 지냈고, 현재는 정보
평론연구소를 운영하면서 연구와 집필 활동에 종사하고 있다. 『트럼프의 미국 우선주의』
(2018)의 해제를 달았다. 옮긴 책으로 『스파이 세계사(I, II, III)』(2021), 『글로벌 트렌드
2040』(2021), 『미래의 초석, 네덜란드 교육』(2017), 『창조산업』(2015), 『포스너가 본 신자
유주의의 위기』(2013), 『정보 분석의 혁신』(2010), 『중국과 인도의 전략적 부상』(2010)
등 10여 종이 있다.

한울아카데미 2466

21세기 군사동맹론

지은이 ㅣ 알렉산더 라노츠카
옮긴이 ㅣ 박동철
펴낸이 ㅣ 김종수
펴낸곳 ㅣ 한울엠플러스(주)

초판 1쇄 인쇄 ㅣ 2023년 7월 20일
초판 1쇄 발행 ㅣ 2023년 8월 25일

주소 ㅣ 10881 경기도 파주시 광인사길 153 한울시소빌딩 3층
전화 ㅣ 031-955-0655
팩스 ㅣ 031-955-0656
홈페이지 ㅣ www.hanulmplus.kr
등록번호 ㅣ 제406-2015-000143호

Printed in Korea.
ISBN 978-89-460-7467-5 93340

※ 책값은 겉표지에 표시되어 있습니다.